I0826663

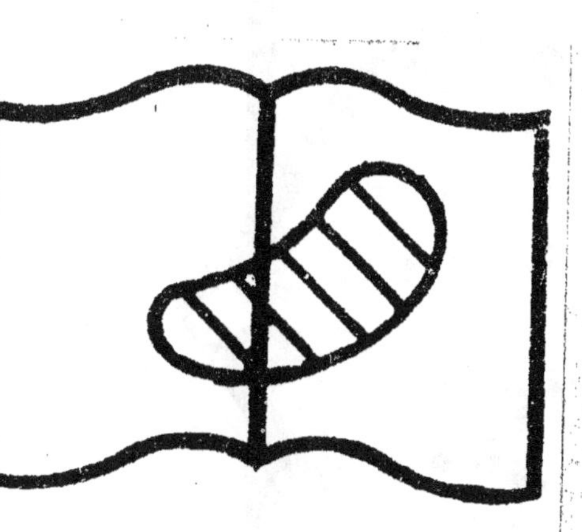

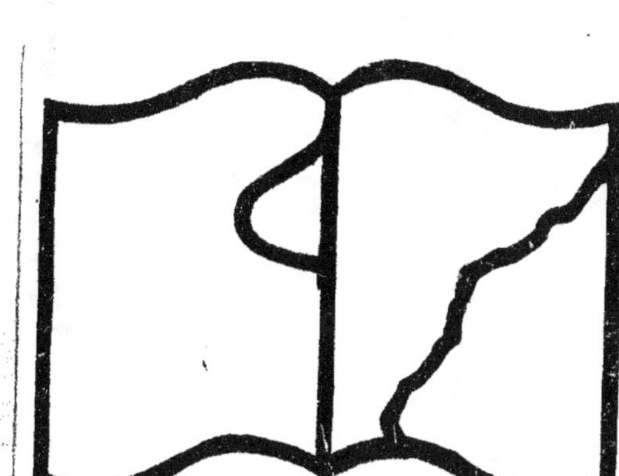

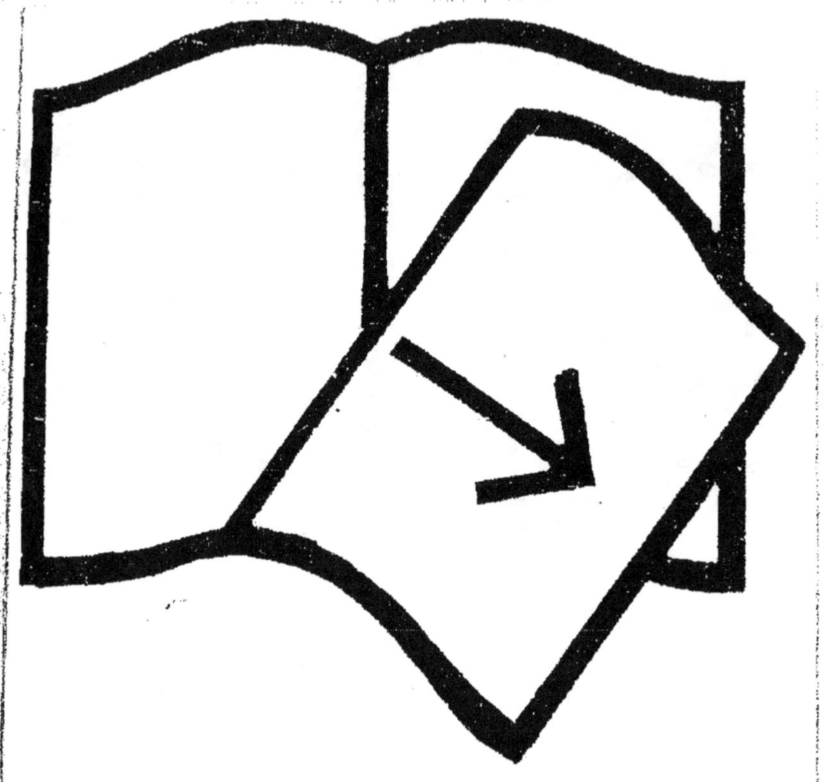

LES ROMANS

DE

LA TABLE RONDE

III

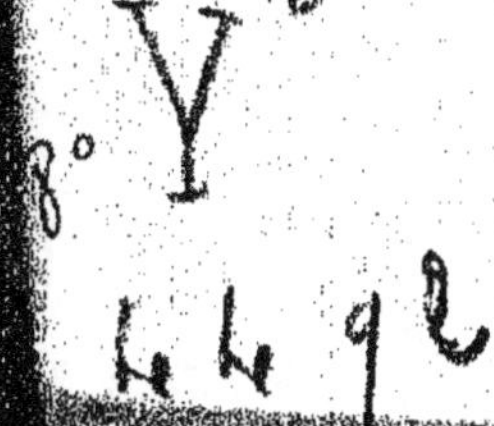

CE VOLUME CONTIENT :

LANCELOT DU LAC.

Paris. — Typographie Georges Chamerot rue des Saints-Pères, 19.

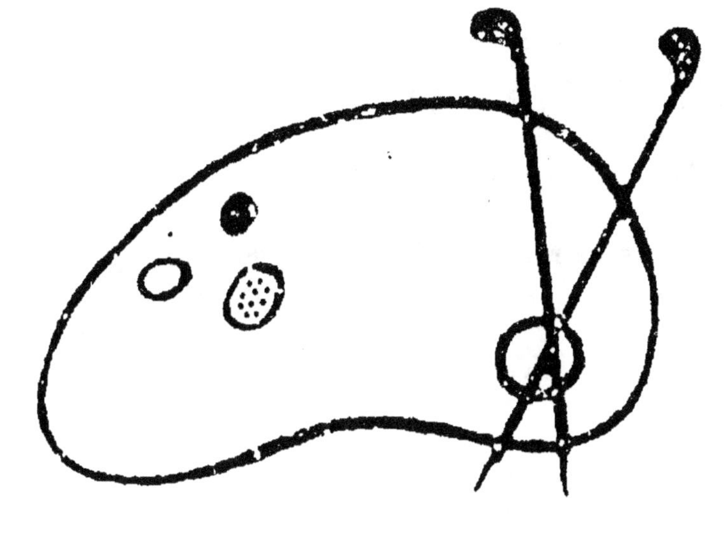

Typographie de couleur

LES ROMANS

DE

LA TABLE RONDE

MIS EN NOUVEAU LANGAGE

ET ACCOMPAGNÉS DE RECHERCHES SUR L'ORIGINE
ET LE CARACTÈRE DE CES GRANDES COMPOSITIONS

PAR

P. PAULIN PARIS

Membre de l'Institut, Professeur de langue et littérature du Moyen âge
au Collége de France.

TOME TROISIÈME

PARIS
LÉON TECHENER, LIBRAIRE,
RUE DE L'ARBRE-SEC, 52.

MDCCCLXXII

LE ROMAN

DE

LANCELOT DU LAC.

LANCELOT DU LAC.

I.

En la marche de Gaule et de la petite Bretagne régnaient jadis deux frères, époux de deux sœurs. Ban, l'aîné, était roi de Benoïc, Bohor était roi de Gannes. Au moment où l'histoire commence, Ban avait atteint un grand âge, et de la reine Hélène, issue de la race de Joseph d'Arimathie, il n'avait qu'un enfant, nommé Galaad en baptême, mais qu'on appela toujours Lancelot, en mémoire de son aïeul (1).

Les royaumes de Benoïc et de Gannes devaient hommage à celui de la petite Bretagne,

(1) *Saint-Graal*, p. 349.

dont le souverain, nommé Aramont, mais plus ordinairement Hoël, étendait son autorité d'un côté jusqu'aux marches d'Auvergne et de Gascogne, de l'autre jusqu'aux terres soumises aux Romains et à leur vassal le roi de Gaule. Le Berry était également inféodé à la petite Bretagne : mais, dès le temps du roi Aramont, le roi Claudas de Bourges avait refusé l'hommage et s'était déclaré vassal du roi de Gaule qui, lui-même, dépendait de l'empereur de Rome. Ces rois de Gaule se faisaient alors par élection. Claudas, avec l'aide des Gaulois et des Romains, étant parvenu à s'emparer de Benoïc, Aramont eut recours au roi de la Grande-Bretagne, qu'il reconnut pour suzerain. Alors Uter-Pendragon passa sur le continent, chassa Claudas non-seulement de Benoïc, mais de Bourges, et les Bretons désolèrent si bien la terre de Berry qu'elle perdit son nom pour prendre celui de *la Déserte*. Bourges, la cité principale, fut seule épargnée, en reconnaissance de l'accueil qu'y avait reçu Uter-Pendragon, quand Wortigern les avait contraints, lui et son frère, à sortir de la Grande-Bretagne (1).

Mais, après la mort d'Uter-Pendragon, Artus

(1) *Merlin*, p. 41. Les deux fils du roi Constant, Uter et Uter-Pendragon, se réfugient vers Orient, c'est-à-dire en Bretagne. Il faut que quelque lai non conservé ait parlé de leur séjour dans Bourges.

eut à répondre à tant d'ennemis qu'il ne put protéger ses grands vassaux du continent. Les deux royaumes de Gannes et Benoïc, d'abord réunis sous le sceptre du roi Lancelot, avaient été partagés entre les deux fils de ce prince. Claudas profita de l'éloignement des Bretons insulaires pour réclamer une seconde fois l'appui des Gaulois et des Romains. Il rentra dans la Déserte, envahit les terres de Benoïc, et saisit peu à peu toutes les bonnes villes du roi Ban. Il offrait bien de les rendre à la condition d'en recevoir l'hommage ; mais, pour rien au monde, Ban n'eût manqué à la foi qu'il devait au roi Artus.

Il ne restait plus au roi de Benoïc que le château de Trebes, qui, par l'avantage de sa situation entre une rivière et de fortes murailles, défiait tous les assauts : toutefois il n'était pas à l'abri de la disette ou de la trahison. Ban y avait conduit la reine Hélène et leur fils, le petit Lancelot. Claudas arriva bientôt devant les barrières ; tout moyen de sortir et de communiquer avec le dehors fut enlevé aux assiégés. Ban était décidé à mourir plutôt que de céder aux conditions de Claudas ; mais il prenait en pitié les souffrances de la reine et de ses chevaliers. Claudas ne cessait de lui représenter que rien ne le mettrait à l'abri de la faim ; qu'Artus ne viendrait pas à son aide ; que son

frère le roi Bohor était trop malade pour le seconder. Un jour il offrit de le laisser sortir pour se rendre en Grande-Bretagne, à la condition que, si dans quarante jours il n'était pas de retour, ou revenait sans avoir obtenu de secours, le château serait rendu. Ban hésitait, et Claudas, qui pratiquait volontiers les traîtres, tout en ne les aimant pas, parvenait à gagner Aleaume, le sénéchal de Benoïc, en s'engageant à l'investir de ce royaume, dont il lui ferait l'hommage. Un jour le roi Ban prit en conseil un loyal chevalier, nommé Banin, son filleul, et le sénéchal : il leur exposa les offres de Claudas : le sénéchal insista fortement pour en montrer les avantages. « Artus, disait-il, bien que fort occu-
« pé des Saisnes et de ses hauts barons, ne re-
« fusera pas de vous venir en aide. La garni-
« son de Trebes tiendra jusqu'à votre retour,
« et Claudas, à l'approche des Bretons, lèvera
« le siége, trop heureux de regagner la Dé-
« serte. »

Ban se rendit à ces raisons : il avertit la reine, et, suivi de deux écuyers, l'un pour tenir l'enfant, l'autre pour conduire les sommiers chargés du trésor de Benoïc, ils passèrent la porte, franchirent le pc , abaissé, et ne trouvèrent personne qui tentât de les arrêter.

II.

Mais à peine étaient-ils entrés dans la forê qui s'étendait le long de la rivière, que le traître sénéchal allait avertir Claudas de faire avancer ses gens vers la porte qu'ils trouveraient déformée. Malheureusement pour lui, Banin, toujours aux aguets, le vit rentrer. « — Com-« ment! sénéchal, dit-il, à cette heure sur pied! « D'où venez-vous donc? — J'ai voulu m'as-« surer que Claudas ne tenterait rien contre « nous, pendant l'absence du roi. — Vous avez « choisi singulièrement votre heure, pour par-« lementer avec l'ennemi. — Eh quoi! dou-« teriez-vous de ma loyauté? — Non, car, si « je pouvais le croire, je vous défierais aussi-« tôt. »

Le sénéchal remonta dans la tour, et bientôt on entendit un grand mouvement d'hommes et de chevaux. Les gens de Claudas étaient déjà dans le château et commençaient le pillage. Pour éloigner les soupçons, le sénéchal se mit à crier : « A l'arme! trahi, trahi! — Ah! traître, « ah! félon! lui cria Banin de son côté, puisses-« tu comme Juda être payé de ta fausseté! » Cependant le feu prenait aux faubourgs, à la ville; maisons, moulins, tout croulait, il ne demeurait de Trebes que le donjon (1). Banin s'y enferma avec trois preux sergents. Maître de la ville incendiée, Claudas en commença le siége; mais il eut beau faire jouer ses perrières et ses mangonneaux, il ne put entrer dans la tour, et fut arrêté devant les murs aussi longtemps qu'il avait fait devant la ville entière.

Banin eut alors à redouter un ennemi plus terrible que Claudas; c'était la faim. La rivière qui baignait un côté de la tour étanchait leur soif, mais leur donnait à de trop rares intervalles quelque petit poisson qu'ils se partageaient avidement. Le troisième jour, ils découvrirent entre deux pierres un chat-huant dont la chair leur parut délicieuse. Comment cependant tenir pendant un mois? Un matin Claudas demanda à parler : « Banin, je reconnais en toi un loyal et « preux chevalier. Mais de quoi servira ta pru- « d'homie? Veux-tu laisser mourir ici de faim tes « compagnons? Fais mieux : prends quatre de « mes bons chevaux, et sortez ensemble de la « tour en toutes armes; vous chevaucherez où il « vous plaira; ou, si tu consentais à rester avec

(1) Ce donjon de Trebes ou Trèves existe encore, ou du moins la tour, construite au quinzième siècle sur les ruines du château du onzième siècle. Elle a été gravée dans l'ouvrage de M. Godart-Faultrier, t. II, p. 114. Trèves est à peu de distance de Saumur, sur la Loire, au pied de coteaux encore boisés.

« moi, je prends Dieu à témoin (il tendait la « main droite vers une chapelle voisine) que je « t'aimerais plus que nul de mes anciens « amis. »

Banin repoussa les offres à plusieurs reprises, mais à la fin il trouva moyen de sauver son honneur en cédant aux prières de ses trois compagnons, mourants de faim. « Je consentirai, « leur dit-il, à rendre la tour, à des conditions « qui ne nous feront pas honte. » Lors revenant à Claudas : « Sire, j'ai pris conseil de mes « amis ; nous sortirons de la tour, et, comme je « vous tiens à prud'homme, je veux bien de« meurer avec vous, mais sous une condition : « vous ferez droit, pour nous ou contre nous, « sans autre égard que la justice. » Claudas consentit ; les Saints furent apportés, la convention jurée et les portes de la tour ouvertes.

Banin demeura plusieurs jours auprès du roi, dont il recevait le meilleur accueil ; le traître sénéchal du roi Banin était, de son côté, impatient de recevoir le loyer de sa félonie. Le roi Claudas cherchait à gagner du temps ; non qu'il voulût se parjurer, mais dans l'espoir de trouver moyen de se dégager. Un jour, Aleaume, en présence des barons de Claudas, rappela la promesse qui lui avait été faite, et, le roi ne se pressant pas de répondre, Banin se leva en pieds et demanda à parler.

« Roi Claudas, dit-il, vous m'avez promis de « faire droit contre moi, pour mes accusateurs, « et pour moi contre ceux que j'accuserais. Je « vous demande raison de l'ancien sénéchal de « Benoïc, que j'accuse de parjure et de trahi- « son. S'il me dément, je suis prêt à faire preuve, « les armes à la main, au jour et lieu qu'il vous « plaira d'assigner. »

Claudas sentit une joie secrète en écoutant Banin :

« Aleaume, dit-il, vous entendez ce qu'on « avance contre vous. Aurais-je donné ma con- « fiance à un traître?

« — Sire, répond Aleaume, je suis prêt à « prouver contre le plus fort chevalier du monde « que jamais je n'eus envers vous pensée « vilaine. »

Et Banin : « Voici mon gage. Je montrerai « que j'ai vu de mes yeux la trahison dont il « s'est rendu coupable envers son seigneur lige.

« — Voyons, sénéchal, reprit Claudas, que « pensez-vous faire?

« — Mais, sire, cette cause est vôtre plus que « mienne. Mon seul crime est de vous avoir « bien servi. »

« — Si vous n'êtes pas coupable, défendez- « vous. Vous êtes aussi fort, aussi hardi cham- « pion que Banin, vous avez droit : que pou- « vez-vous craindre? »

Tant dit le roi Claudas que le sénéchal fut contraint de se soumettre à l'épreuve. Les gages furent mis entre les mains du roi, qui dit en les recevant : « Sénéchal, je vous tiens pour che-
« valier loyal envers moi, comme vous l'avez
« été envers votre premier seigneur. Je vous
« investis du royaume de Benoïc, avec les rentes
« et revenus qui en dépendent. Et, dès que vous
« aurez convaincu de fausseté votre accusateur,
« je recevrai votre hommage. Mais s'il arrive
« que vous soyez mis hors des lices, c'est Banin
« qui devra tenir, au lieu de vous, le royaume
« de Benoïc. »

Le combat eut lieu à quatre jours de là dans la prairie de Benoïc, entre Loire et Arsie. Banin eut raison de la trahison du sénéchal, dont il fit voler la tête sur l'herbe sanglante. Quand il vint reprendre son gage, Claudas l'accueillit avec honneur; car, s'il pratiquait volontiers les traîtres, il ne leur accordait jamais sa confiance. Il offrit donc au vainqueur l'honneur du royaume de Benoïc.

« Sire, répondit Banin, je suis resté près de
« vous juqu'à présent, dans l'espoir de satis-
« faire au droit, et de punir le traître qui vous
« livra le château de Trebes. J'ai, grâce à Dieu,
« rempli ce devoir; rien ne doit plus me retenir
« près de vous. Je n'ai pas cessé d'être au roi
« Ban et je ne puis voir en vous qu'un ennemi;

« l'hommage que je vous rendrais ferait sortir « mon cœur de ma poitrine. — J'ai, dit Claudas, « grand regret de votre résolution, mais je vous « accorde le congé que vous souhaitez. » Banin, sur cette réponse, demanda son cheval et s'éloigna de Trebes, sans attendre la fin du jour.

On le trouve, dans une autre laisse, à la cour du roi Artus, emportant les prix des behours et des quintaines, méritant d'être admis parmi les chevaliers de la Reine, de la Table ronde et de l'*Escarguette* ou garde du Roi. Il avait, dit le romancier, recueilli dans ses guerres contre le roi Claudas un butin assez fort pour faire bonne figure au milieu des chevaliers bretons. Mais Artus, quand il apprenait que le nom de Banin lui venait du roi de Benoïc, était entré dans une profonde et douloureuse rêverie; car ce nom lui rappelait que la mort du roi Ban n'était pas vengée. Banin, ajoute notre livre (1), « fit beaucoup parler de lui et attacha son nom à « mainte belle aventure ; mais c'est dans le « *Conte du Commun* qu'elles sont racontées et « où il convient mieux de les lire (2). »

(1) Msc. 754; f° 61.

(2) Quel est ce conte du *Commun?* c'est un point qu'il est malaisé de résoudre. Peut-être est-ce notre Banin qu'on retrouve sous le nom de *Balaan*, *Balaham* ou *Balan*, dans le texte inédit de Merlin, suivi par un traducteur anglais du quinzième siècle, sir Thomas

III.

Revenons au roi Ban, que nous avons laissé franchissant la petite porte du château de Trebes, avec la reine, leur enfant et un fidèle sergent. Ils chevauchèrent une heure avant le retour du jour, et gagnèrent ainsi la forêt qui devait les conduire à l'entrée du royaume de Gannes. Là se dressait une haute montagne d'où l'on pouvait découvrir tout le pays. L'aube venait de crever; Ban ne put résister au désir de jeter un dernier regard sur son château bien-aimé. Il fit arrêter la reine au bas du tertre et chevaucha péniblement jusqu'au sommet. Mais quelle douleur, en voyant les murs éclairés de sinistres lueurs, les moutiers crouler, le feu jaillir çà et là, l'air tellement embrasé que la flamme semblait en montant joindre le ciel à la terre! Trebes avait été sa dernière espérance; que lui restait-il? Une jeune femme nourrie dans les grandeurs, maintenant réduite au dernier dénûment : celle dont les ancêtres remontaient au

Maleore ou Malory. Balaham y devient le Chevalier aux deux épées. Victime de la fatalité, il combat son frère, qu'il reconnaît après l'avoir frappé et en avoir reçu des blessures également mortelles.

roi David (1) allait être réduite à réclamer la pitié des autres, à nourrir son enfant du pain amer de l'exil. Et lui, pauvre vieillard, naguère riche d'amis et d'avoir, l'honneur de toutes les bonnes compagnies, comment pourrait-il soutenir une fortune aussi contraire? Toutes ces pensées refoulent alors son cœur avec tant d'amertume que les sanglots l'étouffent, il se pâme et glisse à terre sans mouvement. Quand il revint à lui : « Ah ! Seigneur, je vous rends « grâces de la fin qu'il vous plaît m'envoyer. « Vous avez vous-même souffert la pauvreté « et les tourments. Je n'ai pu sans de grands « péchés vivre dans le siècle ; je vous en réclame « pardon. Ne perdez pas mon âme, vous qui « êtes venu de votre sang nous racheter. Faites « que mes torts reçoivent ici leur châtiment, « ou, si mon esprit doit être tourmenté par delà, « qu'au moins un jour plus ou moins éloigné me « réunisse à vous. Ah ! beau Père spirituel, « prenez pitié de ma femme Hélène, sortie du « haut lignage que vous avez conduit au « royaume aventureux : remembrez-vous de « mon fils, pauvre et tendre orphelin ; car les « pauvres sont en votre garde et vous les devez « protéger avant tous les autres. »

(1) Le romancier fait descendre la reine Hélène de Joseph d'Arimathie, qu'il confond ici avec S. Joseph, époux de la Sainte Vierge.

Ces paroles dites, le bon roi se frappa la poitrine en pleurant de contrition ; il arracha trois brins d'herbe, et les mit dans sa bouche au nom de la Sainte Trinité ; puis il eut un dernier serrement de cœur, ses yeux se troublèrent, il s'étendit, les veines du cœur se rompirent, et il expira, les mains en croix, les yeux au ciel et la tête tournée vers Orient.

Cependant le cheval, effrayé du bruit qu'avait fait le roi dans sa chute, s'était mis à fuir jusqu'au bas de la montagne. La reine, le voyant revenir seul, dit à l'écuyer chargé de tenir en selle le petit Lancelot de lui apporter l'enfant et d'aller voir ce qui pouvait retarder le roi. Tout-à-coup elle entend les cris perçants de l'écuyer, quand il arrive à l'endroit où son seigneur était étendu sans vie. Tout effrayée, la reine dépose l'enfant sur l'herbe, et se met à gravir le tertre. Elle a bientôt croisé l'écuyer, qui la conduit devant le corps de son cher époux. Quelle douleur ! Elle se jette sur lui, déchire ses habits, frappe son beau corps, égratigne son visage ; la montagne, la vallée, le lac voisin, tout retentit de ses gémissements et de ses cris.

Puis la pensée lui revint de l'enfant laissé aux pieds des chevaux : « Ah ! mon fils ! » et elle redescend tout échevelée au bas de la montagne ; elle cherche les chevaux, ils s'étaient rapprochés du lac pour s'y abreuver. Sur la rive, elle voit son fils entre les bras d'une demoiselle qui le serre tendrement sur son sein, en lui baisant la bouche et les yeux. « Belle douce amie, » lui dit la reine, « pour Dieu ! rendez-moi mon « enfant. Il est assez malheureux d'avoir perdu « son père et son héritage. » A toutes ses paroles, la demoiselle ne répond mot ; mais, quand elle voit la reine avancer de plus près, elle se lève avec l'enfant, se tourne vers le lac, joint les pieds et disparaît sous les eaux.

La reine, à cette nouvelle épreuve, voulut s'élancer et suivre dans le lac la demoiselle : mais le valet qui s'était hâté de revenir la retint de force ; elle s'étendit sur l'herbe, perdue dans les sanglots. En ce moment vint à passer près de là une abbesse accompagnée de deux nonnes, d'un chapelain, d'un frère convers (1) et de deux écuyers. Des cris frappant son oreille, elle se détourna pour aller vers le point d'où ils partaient. Quand elle vit la reine : « Dieu, madame, « vous donne joie ! dit-elle. — Hélas, il n'est « pas en son pouvoir de consoler la plus malheu- « reuse femme du monde. J'ai perdu toutes les « joies, tous les honneurs. — Dame, qui êtes- « vous donc? — Une dolente qui a trop vécu. » Le chapelain tirant alors l'abbesse par la guimpe : « Croyez-moi, madame, dit-il, cette dame est

(1) « Un rendu ».

« la reine. » L'abbesse ne put retenir ses larmes. « Pour Dieu ! madame, lui dit-elle, veuillez ne « rien me cacher, je le sais, vous êtes la reine. « — Oui, oui, la reine aux grandes douleurs. » Cette réponse a fait que la première branche de notre histoire est ordinairement appelée l'*Histoire de la Reine aux grandes douleurs.*

« Laquelle que je sois, reprit Hélène, faites-moi nonne, je ne désire que cela. — Volontiers, madame, mais dites-nous la cause de vos douleurs. » La reine, rassemblant toutes ses forces, raconta comment ils étaient sortis de Trebes, comment le roi n'avait pu soutenir la vue de l'embrasement de son château ; comment on l'avait retrouvé sans vie, et comment enfin un démon sous la forme d'une demoiselle avait enlevé son cher enfant. « Vous voyez mainte- « nant, ajouta-t-elle, si j'ai raison de haïr le « siècle. Faites prendre le grand trésor d'or, « d'argent et de vaisselle que porte ce cheval, « et employez-les à faire un moutier dans « lequel on ne cessera de chanter pour l'âme de « monseigneur le roi.

« Ah! madame, dit l'abbesse, vous ne savez « pas combien il est difficile de vivre en reli- « gion. C'est le travail des corps et le péril des « âmes. Demeurez avec nous, sans revêtir l'ha- « bit; soyez toujours madame la reine ; notre « maison est vôtre, les ancêtres de monsei-

« gneur le roi l'ont fondée. — Non, non; le « siècle ne m'est plus rien : je vous prie de me « recevoir comme nonne, et, si vous refusez, je « m'enfuirai dans ces forêts sauvages et j'y « perdrai bientôt et le corps et l'âme. — S'il est « ainsi, je rends grâce à Dieu qui nous donne « la compagnie d'une si bonne et si haute « dame. » Et, sans attendre davantage, l'abbesse trancha les tresses de ses cheveux; il était aisé de voir, malgré sa profonde affliction, qu'Hélène était la plus belle femme du monde. On tira des sommiers que conduisaient les sergents de l'abbaye les noirs draps et le voile qu'elle ne devait plus quitter. Et quand l'écuyer de Trebes vit la reine ainsi rendue, il dit qu'il n'entendait pas l'abandonner; on le revêtit de la robe de frère convers. Avant de suivre leur chemin, le chapelain, les deux convers et les deux écuyers se chargèrent de transporter le roi à l'abbaye, qui n'était pas éloignée. Le service fut digne d'un roi; on mit honorablement le corps en terre, jusqu'au moment où fut construit, sur la montagne où il avait expiré, le moutier que la reine avait demandé. Le corps y fut transporté, et la reine voulut demeurer dans un logis qui en dépendait, avec deux autres nonnains, deux chapelains et trois convers. Tous les matins, après la messe, elle se rendait au bord du lac où son fils lui avait été ravi, elle y lisait le psautier avec abondance de larmes. Quand on sut que la reine avait pris les draps de nonne, les gens du pays l'appelèrent le Moutier-royal, et l'on vit s'y rendre les plus gentilles dames de la contrée, pour l'amour de Dieu et de la reine.

IV.

Cependant Claudas soumettait le pays de Gannes comme il avait fait celui de Benoïc. Bohor n'avait survécu que de quelques jours à son frère, et laissait deux enfants encore au berceau, Lionel et Bohor. Les barons du pays résistèrent aussi longtemps qu'ils purent; la reine était enfermée dans Monteclair, son dernier château, quand elle apprit que Claudas allait l'attaquer. Dans la crainte de tomber entre ses mains, elle sortit de la forteresse, passa la rivière qui en baignait les murs et gagna, avec ses deux enfants et quelques serviteurs dévoués, une forêt assez voisine de l'abbaye où sa sœur la reine Hélène avait pris le voile.

Comme elle chevauchait dans cette forêt, elle fit rencontre d'un chevalier qui longtemps avait servi loyalement le roi Bohor, mais qui avait été deshérité et banni pour cause d'homicide; car ce prince était grand justicier, comme son frère le roi Ban. Ce chevalier, nommé Pharien (1), avait pris les soudées du roi de Bourges et en avait reçu de bonnes terres. Justement à l'heure où la reine de Gannes traversait la forêt, le roi Claudas y chassait au sanglier, et le chevalier qui l'accompagnait s'était arrêté au trépas d'une grande haie, quand il vit arriver la reine de Gannes et ses enfants. Il s'élance au frein des chevaux et fait descendre le berceau dans lequel dormaient les enfants. Ne demandez pas si la reine fut transie; elle inclina sur son palefroi, on l'y retint avec peine. Le chevalier, ému d'une profonde pitié, lui dit : « Madame, « le roi Bohor de Gannes m'a fait bien du mal; « mais je n'aurai pas la dureté de vous livrer à « votre ennemi, devenu mon seigneur. Je n'ou- « blie pas que vous avez été dolente de mon « exil et que vous m'avez alors garanti de mort. « Laissez-moi vous conduire au bout de cette « forêt, et confiez-moi la garde de vos enfants. « J'en prendrai soin jusqu'à ce qu'ils soient en « âge de porter les armes, et, s'ils rentrent dans « leur héritage, je ne pourrai leur venir en « aide, mais j'en aurai bien de la joie. »

La dame, après s'être un instant recueillie, dit au chevalier qu'elle avait confiance dans sa

(1) Dans le livre d'Artus, Pharien, sénéchal du roi de Gannes, est tué dans un dernier combat contre Claudas. (Tom. II, p. 389.)

loyauté et qu'elle laissait en sa garde ce qui lui restait de plus cher au monde. Il ordonna à son sergent de conduire les deux enfants à sa maison, et pour lui, après avoir guidé la reine jusqu'à l'extrémité de la forêt, où se trouvait une abbaye qui la recueillit, il prit congé d'elle et revint vers Claudas, au moment où un message annonçait que Monteclair ne pouvait tenir longtemps. Claudas prit aussitôt le chemin du château, et les portes lui en furent ouvertes.

A compter de là, il fut maître incontesté des anciens domaines des rois Ban et Bohor.

Le moutier où la reine de Gannes venait d'être conduite était assez voisin de celui que la reine de Benoïc avait choisi. Les deux sœurs furent bientôt réunies, et l'on peut comprendre leur joie et leur douleur en se revoyant, en écoutant le récit mutuel de leurs récentes infortunes. L'abbesse, arrivée près de la reine de Gannes, lui coupa ses longs cheveux et lui donna le voile qu'elle avait demandé, pour se mettre entièrement à l'abri des entreprises et des inquiétudes de Claudas. Nous laisserons les deux sœurs dans leur pieuse retraite, pour nous informer de ce que devient le petit Lancelot.

V.

La dame (1) qui venait d'emporter Lancelot au fond du lac était une fée. En ce temps-là on donnait le nom de fées à toutes les femmes qui se mêlaient de sorts et d'enchantements. « Elles « savaient, dit le conte des Bretes, la vertu des « paroles, des pierres et des herbes : elles « avaient trouvé le secret de se maintenir en « jeunesse, en beauté, en merveilleuse puis- « sance. On les rencontrait surtout dans les « deux Bretagnes (2) au temps de Merlin, qui « possédait toute la sagesse que le démon peut « donner aux hommes. » En effet, Merlin était regardé chez les Bretons, tantôt comme un saint prophète, tantôt comme un dieu. C'est de lui que la Dame du lac tenait le savoir qui la

(1) Dans l'original, elle est presque toujours appelée la Damoiselle; mais il serait plus tard assez difficile aux lecteurs de la distinguer des pucelles et demoiselles chargées de ses nombreux messages. Il suffit d'avertir ici de cette infidélité.

(2) « En la Grant-Bretagne », msc. 339 et 754. Mais l'ensemble des récits oblige de lire « les deux Bretagnes »; car Ban, Bohor, Lancelot, Bourges, tout cela ne peut être transporté dans la Bretagne insulaire.

mettait au-dessus de toutes les femmes de son temps.

On ne peut douter que Merlin n'eût été engendré dans une femme par un de ces malins esprits qui fréquentent notre monde et sont tellement possédés d'une ardeur impure qu'il leur suffit de regarder une femme pour perdre le pouvoir d'accomplir leurs mauvais desseins. Ils avaient la même ardeur d'imagination avant leur désobéissance et la création d'Ève. Enivrés d'admiration les uns pour les autres, un seul regard suffisait pour porter au comble leur bonheur réciproque. Merlin avait dû pourtant sa naissance à l'un d'entre eux (1). Sur les marches d'Écosse vivait un vavasseur de condition assez médiocre : il avait une fille qui, venant en âge de prendre un époux, déclara qu'elle ne partagerait jamais la couche d'un homme qu'elle aurait vu de ses yeux. Les parents firent ce qu'ils purent pour lui ôter cette aversion étrange ; elle répondit toujours que, si on la mariait contre son gré, elle deviendrait folle ou se donnerait la mort. Non qu'elle ne fût assez curieuse de savoir en quoi consistait le secret d'union conjugale; seulement, il lui répugnait

(1) Le récit qu'on va lire diffère assez de celui qu'on a lu dans le Merlin, pour démontrer que le même auteur n'a pas fait le Merlin et le Lancelot.

de voir celui qui viendrait pour le lui apprendre. Le père, n'ayant pas d'autre enfant, ne voulut pas contraindre sa résolution : mais, après sa mort, le démon, instruit de tout, vint de nuit trouver la demoiselle, et lui murmura dans l'oreille quelques douces et flatteuses paroles : « Je suis, ajouta-t-il, un jeune étranger : je ne « connais ici personne ; j'ai appris que vous ne « vouliez pas voir celui que vous pourriez « aimer ; je viens vous dire que j'avais pris une « résolution pareille. » La demoiselle lui permit d'approcher, et reconnut qu'il était parfaitement taillé en chair et en os : car, bien que les démons soient de simples esprits et n'aient pas de formes corporelles, ils peuvent travailler l'air de façon à simuler la matière qui leur fait défaut. Ainsi fut trompée la demoiselle ; elle prit en grande affection l'inconnu qu'elle ne voyait pas, et ne lui refusa rien de ce qu'il voulut lui demander.

A cinq mois de là, elle sentit qu'elle avait conçu, et, quand le terme arriva, elle mit secrètement au monde un enfant qu'on appela Merlin, comme l'avait recommandé celui qui l'avait engendré. On ne le baptisa pas ; et il avait douze ans quand il fut conduit à la cour d'Uter-Pendragon, ainsi que le témoigne l'histoire de sa vie.

Après la mort du duc de Tintagel, quand

Uter-Pendragon eut appris les moyens de tromper la duchesse, Merlin s'en alla demeurer dans les forêts profondes. Il avait les inclinations déloyales et trompeuses de son père, et comme lui possédait tous les secrets de la science humaine. Or, sur les marches de la Petite-Bretagne, était une demoiselle de grande beauté, nommée Viviane; Merlin conçut pour elle un violent amour. il vint aux lieux qu'elle habitait, et la visita de jour et de nuit. Elle était sage et bien apprise; tout en se défendant de ses entreprises, elle sut lui arracher l'aveu de sa science. « Je suis « prête, lui dit-elle, à faire ce que vous de-« manderez de moi, si vous m'apprenez une « partie de vos secrets. » Merlin, que l'amour rendait aveugle, consentit à lui dire de bouche tout ce qu'elle voudrait savoir. « Enseignez-moi « d'abord, fit-elle, comment, par la vertu des « paroles, je pourrais fermer une enceinte que « personne n'apercevrait, et dont on ne pourrait « sortir. — Ensuite, comment je pourrais tenir « un homme aussi longtemps endormi qu'il me « plairait. — Mais, dit Merlin, quel besoin avez-« vous de pareils secrets? — Pour en user envers « mon père; car, s'il venait jamais à découvrir « que vous ou tout autre eût partagé mon lit, « il me tuerait. Vous voyez combien il m'im-« porte de connaître un moyen de l'endormir. »

Merlin lui enseigna l'un et l'autre secret qu'elle

se hâta d'écrire en parchemin; car elle avait été mise aux lettres. Puis elle parut céder aux désirs de Merlin; mais, toutes les fois qu'il venait vers elle, elle lui posait deux noms de conjuration sur les genoux; il s'endormait et perdait tout moyen de lui ravir le doux nom de pucelle. Quand venait le point du jour et qu'elle l'éveillait, il croyait avoir obtenu tout ce qu'il avait désiré; car ce qu'il tenait de sa nature d'homme le laissait exposé aux mêmes méprises que nous autres, et la dame n'eût pu le tromper s'il avait été tout à fait démon. Les démons, on le sait, veillent toujours; ils ne connaissent pas le sommeil, et c'est un de leurs plus grands supplices.

Enfin la dame apprit encore tant de choses de Merlin qu'elle finit par l'enfermer dans une grotte de la périlleuse forêt de Darnantes, qui confine à la mer de Cornouaille et au royaume de Sorelois. Depuis ce temps Merlin ne fut plus jamais vu, et personne ne put dire l'endroit où il était retenu.

Or la dame qui trompa Merlin fut celle qui venait d'emporter Lancelot dans le lac; jamais, on peut le dire, mère ne fut plus tendre et ne donna plus de soins à son enfant. Elle n'était pas isolée dans le séjour qu'elle avait choisi; chevaliers, dames et demoiselles lui faisaient compagnie. D'abord elle s'enquit d'une bonne nourrice, et, quand l'enfant fut en âge de s'en passer, elle choisit un maître pour lui apprendre ce qu'il devait savoir afin de bien se contenir dans la vie du monde. On l'appelait tantôt le *Beau trouvé*, tantôt le *Riche orphelin;* mais la dame ne lui donnait pas d'autre nom que celui de *Fils de roi.* Il eut à huit ans la vigueur et le sens d'un adolescent, et témoignait déjà d'une grande passion pour les violents exercices. Il ne sortait pourtant jamais de la forêt, qui se prolongeait du point où le roi Ban avait rendu le dernier soupir jusqu'aux rivages de la mer. Pour le lac dans lequel la dame avait paru se plonger, ce n'était qu'une illusion et l'effet d'un enchantement. Dans la forêt s'élevaient de belles maisons, serpentaient des ruisseaux peuplés de poissons savoureux; le tout interdit aux yeux des étrangers par cette apparence de lac qui en occupait toute l'étendue.

Ici l'histoire laisse la Dame du lac et le petit Lancelot, pour parler des deux cousins, Lionel et Bohor, fils du roi Bohor de Gannes.

VI.

Pharien n'avait pas oublié les recommandations de la bonne reine de Gannes; il pourvut à la nourriture des deux enfants, prit un soin particulier de l'aîné et donna la maîtrise du plus jeune à son neveu Lambegue. D'ailleurs il n'avait confié le secret de la naissance de ces enfants à nul autre qu'à ce neveu et à sa femme, jeune et belle dame qui devait plus tard trahir sa confiance, et céder aux poursuites amoureuses du roi de la Déserte. Claudas, comme pour racheter ses torts, avait revêtu Pharien de la charge de sénéchal du pays de Gannes (1). Mais il arriva que Lambegue eut connaissance de la mauvaise conduite de la dame, et à compter de ce moment il avait voué une haine implacable au roi qui portait ainsi le déshonneur dans sa parenté. Pharien, averti par Lambegue, eut grande peine à croire à son malheur, car il pensait être aimé de sa femme épousée autant que lui-même l'aimait. Un jour que Claudas l'avait chargé d'un message, il fit semblant d'obéir et, à la tombée de la nuit, revint à son logis où il trouva le roi. Dans un premier mouvement de fureur, il avança pour le frapper : Claudas le prévint en s'élançant hors de la maison par une fenêtre. Le coupable échappé, Pharien jugea prudent de dissimuler : il vint au palais le lendemain, et tirant à l'écart Claudas : « Sire, dit-il, je suis votre homme lige, j'ai

(1) Dans le livre d'Artus, il remplit déjà cette charge près du roi Bohor, son premier seigneur. (Voy. t. II, p. 207 et suiv.)

« besoin de votre conseil. La nuit dernière, j'ai « surpris dans la compagnie de ma femme « épousée un de vos chevaliers. — Quel est-il? « demanda vivement Claudas. — Je ne sais; « ma femme a refusé de le nommer : mais il est « de votre maison. Que dois-je faire? Et si telle « chose vous arrivait, que feriez-vous? — En « vérité, Pharien, répondit Claudas, si je le pre- « nais sur le fait, comme cela paraît vous être « arrivé, je le tuerais. — Cent mercis, mon sei- « gneur! » Mais le roi n'avait ainsi parlé que pour mieux aller au-devant des soupçons de Pharien.

Rentré chez lui, le sénéchal ne dit pas un mot de reproche ou de plainte, mais il alla prendre sa femme par la main et la conduisit dans la tour de sa maison. Une vieille matrone eut charge de pourvoir à son manger, à tout ce qui pouvait lui être nécessaire. La chose demeura longtemps secrète : enfin la dame trouva moyen de faire avertir Claudas qui, allant à quelques jours de là chasser dans la forêt de Gannes, envoya vers Pharien un écuyer pour lui annoncer qu'il viendrait dîner chez lui. Le sénéchal accueillit le message avec de grands semblants de joie; la dolente prisonnière fut tirée de la tour et froidement avertie de bien recevoir le roi. Puis il alla au-devant de Claudas, le remercia de l'honneur qu'il recevait, et mit la maison à sa disposition. Au lever des tables, il sortit et Claudas prit place auprès de la dame sur une belle et riche couche (1). Il apprit d'elle que Pharien l'avait reconnu et qu'elle était, depuis ce temps, enfermée dans la tour, où elle menait la plus malheureuse vie du monde. « Vous pourriez « aisément me délivrer et tirer vengeance de « Pharien. Il garde depuis trois ans chez lui les « deux fils du roi Bohor, apparemment pour « les aider à ressaisir leur héritage, quand ils « seront en âge. — Je vous remercie, dit Clau- « das, de l'avis, et je saurai bien en faire mon « profit. »

Il prit congé de Pharien, sans témoigner de ressentiment. Dans le nombre de ses barons, il comptait le proche parent d'un chevalier que Pharien avait mis à mort, au temps du roi Bohor, et c'est pour cela qu'il avait été dépouillé de ses fiefs. Claudas le fit venir : « Je veux bien, « lui dit-il, vous donner moyen de vous venger « de Pharien. Il nourrit en secret les enfants de « Bohor; accusez-le de trahison, et, s'il nie, « demandez à le prouver de votre corps contre « le sien. Je vous promets après le combat la « charge de sénéchal. »

(1) La couche, dont le diminutif est *coussin*, répond toujours dans nos romans à ce que nous appelons *divan* ou *canapé*.

Il n'en fallait pas tant pour décider le chevalier. Quand Pharien reparut en cour accompagné de Lambegue, ils reçurent du roi bon accueil. Mais le lendemain, au sortir de la messe, le chevalier aborde Claudas et lui dit assez haut pour être entendu de tous : « Sire, je demande « raison de Pharien votre sénéchal. Je l'accuse « de trahison. S'il me dément, je prouverai « qu'il a recueilli secrètement les deux enfants « du roi Bohor de Gannes. »

Claudas se tournant alors vers Pharien : « Sénéchal, vous entendez ce que ce chevalier « avance contre votre honneur. Je ne puis « croire que vous ayez ainsi répondu à ma con- « fiance.

« — Je demande, répond Pharien, le temps « de prendre conseil.

« — Quand on est atteint de félonie, on n'a « pas, dit le chevalier, à demander conseil. On « prend une hart, on la met à son cou, ou bien « on dément l'accusation. Êtes-vous innocent, « qu'avez-vous à craindre ? Loyauté donne cœur « à qui n'en aurait pas : et le meilleur chevalier « se montre le pire de tous, quand il n'a pas le « droit pour lui. »

Lambegue s'élançant alors : « Je me porte « garant et champion de l'honneur de mon sei- « gneur oncle.

« — Non, Lambegue, reprit froidement Pha-

« rien, je ne laisserai personne prendre un écu « pour défendre mon droit en ma place. Voici « mon gage : je suis prêt à prouver que je ne « fis jamais trahison.

« — Vous n'avez donc pas nourri secrètement « les fils de Bohor ?

« — Eh! qu'importe, dit Lambegue, qu'il les « ait ou non recueillis? Nourrir deux enfants, « est-ce un cas de trahison?

« — C'est là pourtant ce qui le fait accuser, « dit Claudas. Il faut qu'il le nie ou le recon-« naisse.

« — Eh bien! reprit Lambegue, si l'on dit « que ce soit un cas de trahison, je suis prêt à le « démentir. Voyons, est-il ici quelqu'un prêt à « soutenir que recueillir les fils d'un ancien « seigneur soit forfaiture? »

Le chevalier, voyant l'assemblée applaudir à ces paroles de Lambegue, ne répondait pas : « Comment! dit Claudas, pensez-vous ne pas « aller plus loin? » Alors le chevalier déposa son gage, Pharien tendit le sien, et ils allèrent s'armer. Mais, avant d'entrer dans la lice, le sénéchal avertit Lambegue de regagner sa maison sans perdre de temps, et de conduire les deux enfants à l'abbaye où la reine Hélène leur mère avait revêtu les draps de religion. Lambegue obéit, et déjà suivait avec les deux enfants le chemin de Moutier royal, quand Pharien combattit le chevalier accusateur et lui arracha la vie.

Comme il sortait victorieux des barrières, on vint apprendre à Claudas que les deux enfants n'étaient plus dans la maison de Pharien. Il fit approcher le sénéchal : « Rendez-moi, lui dit-il, « les fils du roi Bohor : j'en prendrai soin, et je « veux bien promettre sur les saints, dès qu'ils « seront en âge de recevoir l'adoubement, que « je les mettrai en possession de tout leur hé- « ritage. J'y joindrai le royaume de Benoïc, car, « ainsi qu'on me l'a dit, le fils du roi Ban a « cessé de vivre, et j'en ai grand regret ; à mon « âge, il est temps de penser à sauver son âme. « J'ai dépouillé les pères parce qu'ils ne vou- « laient pas tenir de moi : les enfants, auxquels « je rendrai leur héritage, ne me refuseront pas « l'hommage. »

Les saints furent apportés, et sur les reliques Claudas, devant tous ses barons, jura de garder et protéger les fils du roi Bohor, et de les remettre en possession de leur patrimoine quand ils seraient en âge de chevalerie. Pharien, après avoir entendu le serment de Claudas, ne perdit pas un moment pour aller au-devant de son neveu. Il le rejoignit comme il était déjà en vue de l'abbaye de Moutier royal, et revint avec eux à Benoïc, où Claudas fit aux enfants la plus belle chère du monde. Toutefois il prit le parti de les enfermer dans une tour de son palais, sans les séparer de leurs deux maîtres Pharien et Lambegue. « Car, disait-il, on pourrait atten-« ter à leur vie ; il est à propos de les tenir sous « bonne garde, jusqu'au jour où nous les arme-« rons chevaliers et les investirons de leur ancien « héritage. »

VII.

Ainsi Claudas, redouté de tous ses voisins, tint longtemps en paix les trois royaumes de Bourges, de Gannes et de Benoïc. Il avait un fils âgé de quinze ans, beau de visage, mais violent, orgueilleux et de si mauvais naturel que le roi tardait à le faire chevalier, pour ne pas lui laisser une liberté dont il aurait abusé.

Claudas était le prince du monde le plus outrageux, le plus inquiet et le moins large. Il ne donnait jamais ce qu'il pouvait retenir. De sa personne, il était de grand air, de haute taille ; le visage gros et noir, les sourcis épais, les yeux enfoncés et très-éloignés l'un de l'autre ; le nez court et retroussé, la barbe rousse, les cheveux entre noir et roux, la bouche large, les dents mal rangées et le cou épais. Des épaules et du tronc, aussi bien formé que possible. C'était un mélange de qualités bonnes et mauvaises. Par inquiétude, il se défiait de tous ceux qui pouvaient se comparer à lui en puissance : il recherchait ceux qui parmi ses chevaliers étaient les plus pauvres, leur demandant plutôt conseil. Il allait volontiers au moutier, mais sans faire plus de bien aux gens besoigneux. Il se levait et déjeunait de grand matin, jouait assez rarement aux échecs et autres jeux de table. Mais il aimait à chasser en bois, à voler en rivière avec le faucon plutôt que l'épervier. Lent à tenir ses engagements, il espérait toujours que sans parjure il pourrait s'en affranchir. Une seule fois dans sa vie, il avait aimé d'amour : quand on lui demandait pourquoi il y avait renoncé : « Par ce, « disait-il, que je veux vivre longtemps. Il faut « qu'un cœur amoureux vise toujours à sur« monter en prouesse tous les autres, et qu'il « passe sa vie à défier la mort. Mais si le corps « pouvait satisfaire à tout ce que le cœur peut « demander, je ne cesserais pas d'aimer un « jour de ma vie, et je voudrais passer tout « ce qu'on raconte des meilleurs chevaliers. »

Ainsi parlait Claudas entre les gens, et il disait vrai : au temps de son amour, il avait été merveilleux en prouesses ; on avait chanté ses louanges jusque dans les pays lointains. Il y avait deux ans qu'il tenait paisiblement les deux royaumes de Gannes et de Benoïc, quand la pensée lui vint de passer en Grande-Bretagne, pour y voir si tout ce qu'on disait de la largesse, des prouesses et de la courtoisie du roi Artus était véritable. Si la renommée lui paraissait mensongère, si le roi Artus n'était pas entouré de tous ces intrépides chevaliers dont le monde s'entretenait, il était résolu de lui déclarer la guerre et de réclamer l'hommage de la Grande-Bretagne. Il entra dans une nef, arriva dans Londres et y resta plusieurs mois sous le costume d'un soudoyer étranger. C'était au temps de la guerre d'Artus contre le roi Rion, contre Aguisel d'Écosse, contre le roi d'outre les marches de Galone. Claudas vit Artus triompher de tant d'ennemis, à l'aide de Notre-Seigneur et des preux qui sur le renom de sa largesse et de sa valeur accouraient à lui de toutes les contrées. Chaque jour, pour l'amour d'Artus, des païens, des Sarrasins, venaient réclamer le baptême et faisaient à ses yeux assaut de prouesses. Claudas eut tout le temps de voir sa noble contenance, sa cour magnifique, la puissance dont il disposait. Il retourna dans les Gaules entièrement persuadé que le fils d'Uter-Pendragon était un souverain sans pair, et qu'il y aurait autant de folie que de déloyauté à tenter de le réduire à la condition de roi feudataire. Mais revenons mainnant à Lancelot.

VIII.

La dame qui avait voulu prendre soin des premières années du fils de la reine de Benoïc l'avait mis d'abord, ainsi qu'on a vu plus haut, sous la garde particulière d'une de ses demoiselles. Comme il était plus grand, plus formé que les enfants de son âge, il sortit dès sa quatrième année de la dépendance des femmes, pour entrer dans celle d'un maître et apprendre ce qu'un fils de roi devait savoir. On lui mit d'abord à la main un petit arc et de minces bouzons (1) qu'il tirait à courte visée. Quand il eut la main plus sûre, il visa aux oiseaux, aux lièvres. Puis il alla sur un petit cheval, sans franchir la visible étendue du lac, et toujours suivi de gentils compagnons.

Il apprit les jeux de tables et d'échecs, et s'y rendit en peu de temps des plus habiles. Donnons maintenant une idée de sa personne à ceux qui

(1) « Un boson légier que il le fit traire avant au berceau. » *Bouzon* est encore en Champagne, et sans doute ailleurs, le bâton posé en travers de l'échelle et formant échelon. Le *berceau* est, je crois, une espèce de haie dressée en demi-cercle, vers lequel on poussait le gros gibier, pour le tirer plus facilement.

volontiers entendent parler de beauté d'enfants.

Il avait la chair de son visage heureusement entremêlée de blanc, de brun et de vermillon. La teinte rouge s'étendait et s'affaiblissait sans disparaître sur un fond de blancheur de lait, qui en tempérait l'éclat trop vif et l'ardeur trop grande. Sa bouche était fine et bien faite, ses lèvres fraîches et épaissettes, les dents petites, blanches et serrées, le nez légèrement aquilin, les yeux bleus, riants, si ce n'est quand il avait sujet d'être courroucé, car alors ils semblaient charbons embrasés et le sang paraissait jaillir des joues, il fronçait du nez, soufflait comme un cheval, serrait les dents et broyait ce qu'il tenait en main. Il avait le front élevé et bien tracé, les sourcils bruns et fournis, les cheveux fins, blonds et naturellement lustrés. En avançant en âge, ils changèrent de nuance et devinrent fauves sans cesser d'être luisants et bouclés. Ses bras étaient longs et nerveux, ses mains blanches comme d'une dame, sinon que les doigts en étaient moins effilés et plus charnus. Jamais buste ne fut mieux pris, jambes plus solides et mieux formées. Que dire maintenant de son cou gracieusement posé sur ses larges épaules? La poitrine seule était plus ample, plus gonflée peut-être que n'eût voulu la perfection de l'ensemble. Au moins était-ce le seul point où l'on pût, à tort ou raison, trouver à reprendre. Bien des gens, en rendant justice à son incomparable beauté, disaient qu'elle eût été plus complète s'il avait eu l'avant du corps moins fourni. Mais la vaillante reine Genievre, à laquelle on en demanda plus tard le jugement, dit que Dieu avait dû commander à dame Nature de prendre sur l'ampleur du cœur mesure de la poitrine ; car, dans la proportion ordinaire, ce cœur eût nécessairement crevé. Elle ajoutait : « Si j'avais été Notre Seigneur « céleste, je n'aurais su rien mettre de plus ni « de moins dans Lancelot. »

Il chantait bien quand il voulait, mais l'envie lui en prenait assez rarement, car il était de nature sérieuse et calme. Cependant, quand il avait juste occasion d'être gai, personne ne l'égalait en paroles vives, enjouées, plaisantes. Sans jamais penser à se faire valoir et à vanter ses prouesses, il n'hésitait pas à dire qu'il croyait pouvoir obtenir de son corps tout ce que pouvait demander un grand cœur. Et cette confiance lui permit d'accomplir les hauts faits que nous aurons à raconter. Il est vrai que maintes gens, l'entendant ainsi parler, penchaient à l'accuser d'orgueil et d'outrecuidance, mais non : cela venait de ce qu'il connaissait mieux que personne la force de son bras et la puissance de sa volonté.

Il n'avait pas seulement droit au prix de la

beauté du corps; vous ne trouverez jamais d'enfant ordinairement plus doux et plus débonnaire, bien qu'à l'égard des félons il fût passe-félon. Sa largesse ne connaissait pas de bornes : il donnait bien plus volontiers qu'il ne recevait. Prévenant, affectueux pour les gentils hommes, il témoignait une bienveillance naturelle pour tous ceux qu'il n'avait pas de bonnes raisons de mépriser. Il savait discerner les choses et les hommes; il voyait juste, et cette sûreté de sens lui faisait tenir à ce qu'il avait une fois entrepris, en dépit de tout ce qu'on pouvait dire pour l'en détourner.

Un jour il était allé en chasse à la poursuite d'un chevreuil : il dépassa bientôt ceux qui l'accompagnaient. Le maître voulut le rejoindre, mais son cheval trop pressé des éperons finit par le jeter à terre. Lancelot cependant chevauche à travers bois, atteint le chevreuil et le perce d'une flèche, au passage d'une voie ferrée. Puis il descend, lève le gibier en trousse et remonte, tenant sur le devant de la selle le brachet qui l'avait conduit sur les pistes. Comme il revenait sur ses pas et vers ses compagnons, il fait rencontre d'un valet marchant à pied et tenant en laisse un roncin épuisé de lassitude. C'était un jouvenceau de prime barbe, le bliaud serré dans la ceinture, le chaperon rejeté sur l'épaule, les éperons rougis du sang de son cheval.

Confus d'être rencontré en si mauvais point, le valet baisse la tête en passant devant l'enfant. « Qui êtes-vous? demande Lancelot; où comptez-« vous aller? — Beau sire, répond l'inconnu, « Dieu vous croisse honneur! Je suis un malheu-« reux, près de l'être plus encore, à moins que « Dieu ne se lasse de m'éprouver. Je suis pour-« tant de ma mère et de mon père gentil de « race; mais je n'en ai que plus de regrets : un « vilain souffre sans être malheureux, par son « habitude de souffrir. »

Lancelot se sentit ému de compassion. « Com-« ment! dit-il, vous êtes gentil homme et vous « vous désolez pour mauvaise fortune! Sauf la « perte d'un ami, ou la honte qu'on n'aurait « pas moyen d'effacer, cœur d'homme doit-il « mener grand deuil? »

Le valet comprit à ces mots que l'enfant était de haut lieu. « Sire, répondit-il, je ne pleure « pas de bien perdu ou de honte que j'aie reçue : « mais je suis ajourné à la cour du roi Claudas, « où je dois combattre un traître qui pour une « affaire de femmes a surpris dans son lit et tué « sans défense un preux chevalier de ma pa-« renté. J'étais parti hier soir de mon logis, « accompagné de plusieurs amis : le traître me « fit épier dans le bois où je devais passer; des « gens armés sortirent d'une embuscade, nous « attaquèrent à l'improviste et blessèrent mon

« cheval auquel il resta cependant assez de vie « pour me tirer de ce guet-apens. Un prud'« homme que je rencontrai me donna celui-ci; « mais je l'ai si vivement éperonné pour arriver « à temps, qu'il refuse maintenant d'avancer. « Ainsi, j'ai vu mourir ceux qui m'accompa« gnaient sans les venger, et je ne serai pas « demain à la cour du roi.

« — Mais, fait Lancelot, si vous aviez un bon « cheval, pourriez-vous arriver à temps? — « Assurément, quand bien même je ferais à « pied le dernier tiers de la route. — Vous ne « serez donc pas honni, faute d'un cheval. »

Il descend, et donne au valet son bon roncin. Le valet consolé, ravi, monte et s'éloigne en prenant à peine le temps de remercier. Pour Lancelot, il replace le chevreuil sur la croupe de son nouveau cheval qu'il suit à pied, tenant le brachet en laisse.

Il n'avait pas fait grand chemin quand vient à passer un vavasseur sur un palefroi, la verge en main, et devant lui deux lévriers en laisse. C'était un homme déjà sur le retour d'âge; aussi Lancelot s'empressa-t-il de le saluer. « Que Dieu, « beau sire, vous maintienne et fasse croître! « répond le vavasseur; qui êtes-vous? — De ce « pays. — Mon enfant, vous êtes aussi beau que « bien enseigné. Voulez-vous bien me dire d'où « vous venez? — De chasser, comme vous voyez;

« je vous ferais part de ma venaison, si vous le « souhaitiez; elle ne saurait, je pense, être mieux « employée. — Cher et bel enfant, grand merci ! « une offre faite de si bonne grâce ne doit pas « être refusée. D'ailleurs, le don vient bien à « propos : j'ai marié ma fille aujourd'hui, j'étais « allé chasser dans l'espoir de rapporter de quoi « réjouir ceux qui sont de la noce ; mais je re- « venais sans avoir rien pris. » Le vavasseur alors descend, détache le chevreuil et demande à l'enfant quelle part il entend lui faire. « Sire, « dit Lancelot, n'êtes-vous pas chevalier ? em- « portez le chevreuil tout entier, il ne peut être « mieux employé que pour les noces d'une « demoiselle. »

Le vavasseur est charmé de si généreuses paroles : « Ah ! bel enfant, ne viendrez-vous pas « avec moi ? Ne me laisserez-vous aucun moyen « de reconnaître tant de courtoisie ? — Mes « compagnons, reprit Lancelot, s'inquiètent en « ce moment de ce que je suis devenu. A Dieu « soyez-vous recommandé ! » Et il s'éloigna du vavasseur, qui tout en le suivant des yeux cherchait à se rendre compte de ce que les traits du jeune chasseur lui rappelaient. « Oh ! oui, se « dit-il tout à coup, c'est au roi Ban qu'il res- « semble. » Et, revenant sur ses pas, il rejoint bientôt Lancelot que son mauvais chasseur avait peine à traîner. « Bel enfant, lui dit-il,

« veuillez me dire qui vous êtes : vous m'avez « remis en mémoire un noble prud'homme au« trefois mon seigneur. — Quel était ce prud'« homme? — C'était le roi Ban de Benoïc, et « ce pays dépendait de sa terre. Il en a été dé« pouillé et son jeune fils déshérité. — Et qui « donc l'en déshérita? — Un roi voisin nommé « Claudas de la Terre déserte. Oh! si vous êtes « le fils du roi Ban, au nom de Dieu, ne me le « cachez pas. Vous trouverez en moi le sergent « le plus fidèle, le chevalier le plus désireux de « vous garder. — Sire, fait Lancelot, fils de roi « ne suis-je pas; cependant il m'arrive souvent « d'être ainsi nommé, et je vous aime pour me « l'avoir rappelé.» Le vavasseur reprit : «Enfant, « qui que vous soyez, vous venez assurément « de bonne race. Voyez ces deux lévriers, il « n'en est pas de meilleurs au monde. Prenez « un des deux, je vous prie. » Lancelot regardant les lévriers : « Je le veux bien et je vous en « rends grâces; mais donnez-moi le meilleur. » Le vavasseur sourit et lui met aux mains la chaîne qui retenait le lévrier. Puis ils se séparèrent en se recommandant à Dieu.

Ne demeura guère que l'enfant rejoignît son maître et trois des compagnons : ils s'étonnèrent de le voir revenir sur un maigre roncin, tenant deux chiens en laisse, l'arc passé au col, le carquois à la ceinture. « Ce cheval n'est pas à

« vous, dit le maître ; qu'est devenu le vôtre ? —
« Je l'ai donné. — Et celui-ci, où l'avez vous pris?
« — On me l'a donné. — Je n'en crois rien : par
« la foi que vous devez à ma dame, qu'avez-vous
« fait? » — L'enfant, qui n'eût voulu pour rien au monde se parjurer, dit l'échange du roncin, la rencontre du chevalier, le don de son chevreuil. — « Comment, reprend sévèrement le
« maître, avez-vous pu donner un bon roncin qui
« n'était pas à vous, et la venaison des forêts de
« ma dame ? — Ne vous courroucez pas, maître;
« ce lévriér vaut deux bons roncins. — Par
« Sainte Croix ! vous avez agi follement, et pour
« vous ôter la pensée de recommencer... » Il n'achève pas, mais il lève la main et la laisse lourdement tomber sur l'enfant qu'il abat du cheval. Lancelot se relève, sans jeter un cri, sans faire une plainte. « J'aime pourtant mieux,
« dit-il, ce lévrier que deux roncins. » Le maître, de plus en plus irrité, saisit une de ces verges flexibles qu'on nomme encore courgie, et en cingle les côtes du pauvre lévrier qui jette de longs cris. Lancelot avait reçu patiemment la buffe de son maître, mais, en voyant frapper son chien, il entre dans une rage furieuse et, s'élançant sur le maître, il le frappe du bois de son arc, au point de lui entr'ouvrir le crâne et d'en faire jaillir le sang. L'arc s'était brisé, il en reprend les tronçons, revient au maître et lui en donne

encore sur les bras, les épaules. Vainement les trois compaignons essaient de le retenir, il se retourne vers eux, tire trois flèches de sa trousse et menace de les frapper s'ils osent avancer. Ils aiment mieux lui céder la place : alors, montant sur un de leurs chevaux, l'enfant soulève le lévrier, le place devant lui, le brachet derrière, et c'est ainsi qu'ils arrivent à l'entrée d'une lande où broutait un troupeau de biches (1). D'un premier mouvement il lève la main pour prendre son arc, et ne le trouvant plus : « Ah! « maudit soit le maître, dit-il, qui m'empêche « d'atteindre une de ces biches! » Et tout en regrettant d'avoir manqué une si belle occasion, il arrive au lac, franchit la porte, descend de cheval, salue sa dame et lui montre avec orgueil le beau lévrier qu'il ramène. Mais le maître ruisselant de sang avait déjà fait sa plainte. « Fils « de roi, » dit la dame, d'un ton qui voulait paraître irrité, « comment n'avez-vous pas craint « d'outrager ainsi le maître aux soins duquel « je vous avais confié?

« — Madame, répond Lancelot, il n'a pas « rempli sa charge, car il s'est avisé de me re« prendre d'avoir bien fait. J'ai souffert qu'il me « frappât, mais je n'ai pu voir frapper mon beau « lévrier. Le maître a fait plus encore; il m'a

(1) Une grant herce de biches.

« empêché de tuer une belle biche que j'aurais « eu grande joie à vous rapporter. » La dame l'écoute avec un plaisir secret ; mais elle le voit sortir en jetant au maître un regard menaçant et elle le rappelle : « Comment avez-vous pu don- « ner un roncin, une venaison qui ne vous ap- « partenaient pas ; comment n'avez-vous pas « hésité à frapper le maître auquel vous deviez « obéir en tout ? — Dame, je le sais : tant que « je serai sous votre garde, il me conviendra de « prendre beaucoup sur moi. Un jour, peut-être, « s'il plaît à Dieu, recouvrerai-je ma liberté. « Cœur d'homme, je le sens, est mal à l'aise « en restant trop longtemps sous la garde des « autres ; il doit renoncer parfois à ce qui le « ferait monter en prix. Je ne veux plus avoir « de maître ; je dis *maître*, non seigneur ou « dame. Mais malheur à fils de roi qui, donnant « volontiers ce qu'il a, ne peut donner ce qui est « aux autres ! — Comment ! reprend la dame, « pensez-vous que j'aie dit la vérité, en vous « appelant fils de roi ? — Oui, dame, je suis fils « de roi et j'entends pour tel être tenu. — En- « fant, qui vous a dit que vous étiez fils de roi « s'est apparemment mépris. — J'en ai grand « regret, car je sens bien à mon cœur que je « serais digne de l'être. »

Il s'éloignait tristement ; la dame le rappelle encore, et, l'ayant tiré à l'écart, elle lui baise les yeux, la bouche, avec la tendresse d'une mère. « Consolez-vous, beau fils, dit-elle ; je vous per-« mets de donner à l'avenir roncin, venaison, « tout ce qu'il vous plaira. Vous auriez qua-« rante ans au lieu de douze, qu'encore seriez-« vous à louer d'avoir fait abandon largement « de ce que vous aviez. Soyez maintenant votre « seigneur et maître ; vous êtes en état de choi-« sir entre le bien et le mal. Si vous n'êtes pas « fils de roi, au moins avez-vous le cœur d'un « roi. »

Ici le conte laisse un peu Lancelot pour revenir à la reine sa mère et à sa tante la reine de Gannes, qui sont demeurées tristes et résignées dans le Moutier-Royal.

IX.

Chaque jour, après la messe, la reine Hélène de Benoïc allait prier sur la montagne où le roi Bohor avait rendu son âme à Dieu ; puis elle revenait s'asseoir tristement devant le lac où son enfant lui avait été ravi. Un jour que ses yeux noyés dans les larmes demeuraient attachés sur cette grande plaine liquide, un homme de religion, qui chevauchait accompagné d'un seul sergent, vint à l'apercevoir. Il était vêtu d'une longue robe serrée et recouverte d'une chape noire. La dame, perdue dans sa douleur, ne le vit ni ne l'entendit approcher. Mais lui, rejetant son chaperon sur les épaules : « Madame, dit-il, « Dieu vous rende la joie que vous avez perdue ! » Hélène, d'abord un peu troublée, rendit le salut, car tout dans le religieux annonçait un prud'-homme ; la taille haute, les cheveux noirs entremêlés de blancs, les yeux grands et noirs, les épaules larges, les poings gros, carrés et gonflés de veines, la tête, le visage traversé de cicatrices. « Veuillez bien m'apprendre, Madame, « reprit-il, comment, étant au service de Notre-« Seigneur, vous pouvez démener un tel deuil. « On ne doit plus, une fois en religion, se dé-« soler de rien, sinon des péchés qu'on a com-« mis dans le siècle. — Sire, répondit la reine, « ce ne sont pas les pertes terriennes qui m'af-« fligent, toute reine de Benoïc que l'on m'ait « longtemps nommée ; mais c'est la perte du roi « mon seigneur, et celle de mon jeune enfant « que je vis emporté de ce lieu même au fond « de ce lac, par une dame ou, peut-être, un « démon. Je viens ici tous les jours prier pour « la moitié de ma chair, ainsi que dit Sainte « Église, et j'espère que mes larmes me ren-« dront plus favorable la bonté divine. Quand je « me représente que Dieu, dans la même heure, « a voulu me séparer de mon seigneur et de mon

« fils, je tremble de lui avoir donné, sans le « vouloir, sujet de me haïr. »

Le prud'homme répondit : « Je vois, Madame, « que vous avez grande raison de pleurer : mais « vous ne devez pas vous affliger sans mesure. « Puisque vous avez pris les draps de religion, « vous feriez mieux de mener votre deuil dans « l'abbaye, en vous contentant de pleurer dans « votre cellule. Dieu pardonne au roi que vous « avez perdu ! Mais rassurez-vous sur le sort de « votre fils ; il est vivant et en santé. — Sire, « que me dites-vous là ? » s'écria la reine, en se jetant à ses pieds. — « J'atteste mon manteau, « que votre fils Lancelot est en aussi bon point « que possible. — Et comment le savez-vous ? — « Par ceux qui sont de sa compagnie. Il serait « avec vous, et vous seriez encore dame de « Benoïc qu'il n'aurait pas un meilleur hôtel. « — Mais, sire, cet hôtel, où est-il ? Si je ne dois « plus penser à rejoindre mon enfant, ne pour« rai-je au moins tourner les yeux vers les lieux « qui le retiennent ? — Non, dame, j'ai promis « de garder le secret qu'on m'en a confié, et vous « ne voulez pas que je me parjure. » La reine n'insista pas, mais invita le prud'homme à l'accompagner jusqu'à l'abbaye. Là trouverait-il peut-être des dames dont le nom lui serait familier. Le prud'homme y consentit.

Arrivés au Moutier-Royal, plusieurs dames le

reconnurent et lui firent fête. C'est qu'après avoir longtemps marqué parmi les bons chevaliers du siècle, il avait enfin laissé la gloire terrienne pour se consacrer au service de Dieu dans un ermitage, transformé en monastère de la règle de Saint-Augustin. Les dames le prièrent de partager leur repas; mais il était, dit-il, trop matin; car, suivant la règle de son ordre, il ne mangeait qu'une fois le jour.

« Cette noble dame, leur dit-il, m'a fait com-
« passion et je remercie Dieu de m'offrir l'occa-
« sion de reconnaître ses anciennes bontés. Un
« jour d'Épiphanie, le roi Ban, Dieu ait son
« âme! tenait grande cour. Il y eut belle dis-
« tribution de robes aux chevaliers; et il n'en
« restait plus à donner quand j'arrivai, la veille
« de la fête. La reine, m'ayant aperçu, dit qu'un
« prud'homme tel que je semblais ne devait pas
« être moins bien traité que les autres. Elle
« avait commandé pour elle un surcot de ri-
« che tissu de soie; elle le fit ajuster à ma
« mesure et me le présenta, si bien que je fus le
« plus richement vêtu de l'assemblée. N'était-
« ce pas là grande courtoisie de sa part? Aussi
« voudrai-je la servir de mon corps et de ma pa-
« role. Je me suis fait écouter plus d'une fois de
« grands princes, je veux aller encore parler à
« ceux qui peuvent servir la cause de son fils
« et, de ses neveux. C'est grande pitié de voir les

« terres de Gannes et de Benoïc aux mains de « Claudas ; les droits héritiers en ont le dom-« mage et le suzerain la honte. Dès demain j'en-« tends passer la mer et faire ma clameur au « roi Artus. »

Avant de prendre congé, le prud'homme vit la reine de Gannes et lui apprit qu'elle n'avait rien à craindre pour la vie de ses deux enfants; qu'ils étaient, il est vrai, chez le roi Claudas avec leurs maîtres, mais que Claudas se garderait d'attenter à leurs jours, par la crainte des nombreux amis qui leur étaient demeurés. Il fut, à quelques jours de là, dans la ville de Logres où il trouva le roi Artus revenant de combattre Aguisel, roi d'Écosse, après l'avoir contraint à demander la paix. Artus était aussi convenu avec le roi d'Outre les marches d'une trêve qui devait se prolonger jusqu'à Pâques. Comme il était assis au manger, entouré de ses barons et chevaliers, le prud'homme entra dans la salle, et, s'avançant au pied de la grande table, il dit d'une voix haute et assurée : « Roi Artus, Dieu « te sauve ! comme le plus preux et le meilleur « des rois, fors un seul point. — Sire rendu, « répond le roi, que je mérite ou non votre « blâme et votre louange, Dieu vous bénisse ! « Dites au moins ce qui m'empêche d'être un « bon roi. — Volontiers, sire. Oui, tu maintiens « noblement chevalerie; tu as conquis grand hon-

« neur devant Dieu et le siècle ; mais tu tar-
« des trop à venger les injures qu'on te fait ; jus-
« qu'à toi remonte la honte qu'on inflige à tes
« hommes. Tu oublies ceux qui t'ont servi no-
« blement de leur corps, et qui ont perdu leur
« terre pour n'avoir pas voulu prendre un autre
« suzerain. »

Le roi rougit de confusion en écoutant ces paroles. Les chevaliers assis autour de lui laissaient le manger pour attendre ce que le prud'homme allait ajouter; mais le connétable Beduer s'approchant de l'inconnu : « Sire rendu, » lui dit-il, « attendez au moins que le roi soit
« levé de table. Ne voyez-vous pas que vos pa-
« roles troublent le festin et que ces nobles che-
« valiers cessent d'y prendre part? — C'est
« donc, » reprit le rendu, « que vous entendez
« m'empêcher de dire ce qui peut être de grand
« profit au roi, afin de vous donner tout le temps
« d'emplir et soûler un sac où les meilleures
« viandes doivent devenir ordes et infectes ! Dieu
« me garde de remettre à dire ce qu'il peut être
« bon d'entendre ! Qui êtes-vous pour me fermer
« la bouche? Êtes-vous plus vaillant et mieux
« prisé que Hervis de Rinel et Kaheus de Ca-
« hors, les sénéchaux du roi Uter, dont Dieu ait
« l'âme (1)? Ce n'est pas eux qui auraient em-

(1) On voit ici que cette laisse doit être prise d'un

« pêché de parler celui qui venait réclamer « secours ! » A ces paroles, Hervis de Rinel quitta le haut de la table où il servait, car chez le roi Artus les vieux chevaliers demeuraient en charge comme les jeunes. Il s'avança vers le prud'homme les bras ouverts et le tint longtemps serré sur sa poitrine ; puis se tournant vers le roi : « Croyez, sire, ce que vous dira ce prud'« homme, car il a toujours eu le cœur enlu« miné de prouesse. C'est Adragain le brun, « frère du bon chevalier Mador de l'Ile-Noire, « le vieux compagnon d'armes du bon roi « Uren. »

Beduer demeura confus ; le roi Artus invitant Adragain le brun à continuer : « Sire, dit le vieux « chevalier, je dis qu'un seul point est à blâmer « en vous. Vous n'avez pas pris en main la cause « du roi Ban de Benoïc, qui mourut comme il était « en chemin pour réclamer votre aide. La bonne « reine Hélène est déshéritée ; son fils, le plus « bel enfant du monde, lui a été ravi. Et votre « négligence est tellement coupable que je ne « sais comment vous pouvez sans rougir regar« der un prud'homme en face. Quoi de plus hon-

autre texte plus ancien, qui se liait moins bien avec la suite du Lancelot. Ce Kaheus de Cahors est évidemment le même que Keu, qui dans toutes les suivantes laisses est encore en pleine charge de sénéchal, à la cour d'Artus.

« teux que l'abandon d'un fidèle vassal à la « merci de ses ennemis? Je viens plaider la « cause de la noble reine de Benoïc qui, pour « sauver son honneur, est entrée dans une mai- « son de religion. Car telle est la crainte que le « roi Claudas de la Déserte inspire, que nul autre « dans le pays n'a le courage de venir rappeler « ici les droits de ceux qu'il a dépouillés. »

Artus répondit : « Adragain, votre clameur est « juste : je savais que le roi Ban était mort, mais « je n'ai pu trouver jusqu'à présent le temps de « venir en aide à son fils. J'ai eu de grands et « nombreux ennemis à combattre, qui mena- « çaient ma propre couronne. Mais croyez-moi, « je sais à quels devoirs engage le nom de suze- « rain; aussi, dès que je le pourrai, soyez bien « assuré que je passerai la mer et viendrai en « aide aux fils des rois Ban de Benoïc et Bohor « de Gannes. »

Adragain prit alors congé et repassa la mer, heureux d'aller apprendre aux reines ce que le roi Artus avait promis. Mais il devait s'écouler encore bien du temps avant que le roi Claudas rendît aux enfants leur héritage. Ici nous laissons Adragain le brun, et nous revenons aux deux fils du roi Bohor, enfermés dans la tour de Gannes.

X.

La Dame du lac n'avait pas oublié ce qu'Adragain avait dit des deux fils du roi Bohor, qu'ils étaient enfermés dans la tour de Gannes. Elle chercha, elle trouva le secret de les en tirer ; et quand elle apprit que Claudas devait tenir une grande cour à la Madelaine, pour fêter l'anniversaire de son couronnement, elle prit à part une pucelle de sa maison en qui elle avait confiance : « Sarayde, » lui dit-elle, « vous allez « vous rendre à Gannes ; vous en reviendrez avec « les deux fils du roi Bohor. » Puis elle lui apprit les jeux (1) qui devaient l'aider à faire le message.

Sarayde partit avec deux écuyers tenant en laisse deux lévriers. Vers tierce (neuf heures du matin), elle sortit de la forêt, et l'un des écuyers envoyé à la découverte lui rapporta que le roi Claudas venait de prendre place à table. Montée sur un riche palefroi, la demoiselle arriva aux portes du palais ; elle recommanda aux deux

(1) Nous dirions aujourd'hui les *tours*. *Jocosus* a le même sens dans la *Vita Merlini.* Geoffroi de Monmouth promet d'y raconter les tours du personnage :

Fatidici rabiem, musamque *jocosam*
Merlini cantare paro......

écuyers de l'attendre, et elle avança, tenant ses lévriers avec une chaîne d'argent. Claudas était assis au milieu de ses barons; en face de lui Dorin son fils qu'il venait enfin d'adouber. A cette occasion, contre son ordinaire, il avait fait de grandes largesses; car son voyage à la cour d'Artus lui avait fait sentir les avantages de la libéralité.

Tout-à-coup entre dans la salle la demoiselle du lac. Elle traverse les rangs qui la séparaient du fauteuil de Claudas : « Roi, dit-elle, Dieu « te sauve ! La plus grande dame du monde « m'envoie vers toi ; elle t'estimait jusqu'à pré- « sent à l'égal des plus grands princes ; mais je « serai forcée de lui dire qu'il y a plus à blâ- « mer en toi qu'à louer, et que tu n'as pas moi- « tié du sens, de la prouesse et de la courtoi- « sie qu'elle supposait.

« — Soyez, demoiselle, la bienvenue ! ré- « pondit Claudas. La dame qui vous envoie « peut avoir entendu dire de moi plus de bien « qu'il n'y a ; mais, si je savais en quoi elle s'est « méprise, je travaillerais à m'amender. Dites- « moi, par la chose que vous aimez le mieux, « pourquoi je devrai perdre ses bonnes grâces.

« — Vous m'avez conjurée de façon à me con- « traindre à parler. Oui, l'on avait dit à ma « dame que nul ne vous surpassait en sens, dé- « bonnaireté, courtoisie ; elle m'avait envoyée

« pour juger de la vérité de ce rapport, et je « vois que vous manquez des trois grandes ver« tus du prud'homme : le sens, la débonnai« reté, la courtoisie.

« — Si je ne les ai pas, vous avez, demoiselle, « juste raison de tenir faible compte du reste. Il « peut m'être arrivé d'agir en fou, en félon, « en vilain ; mais je n'en ai pas gardé le sou« venir.

« — Il faut donc vous le rappeler. N'est-il pas « vrai que vous retenez en prison les deux « enfants du roi Bohor? pourtant, tout le monde « sait qu'ils ne vous ont jamais fait dommage. « N'est-ce pas une manifeste félonie ? Les enfants « réclament surtout les soins, la douceur, l'in« dulgence : comment serait *débonnaire* celui « qui les traite avec rudesse et injustice? Vous « n'avez pas plus de *sens* que de bonté; car, si « l'on parle des fils du roi Bohor, vous donnez « à penser que votre intention est d'abréger « leurs jours ; on les prend en pitié, et l'on vous « hait, à cause d'eux. Est-il sage de donner sujet « à tous les gens honnêtes de vous accuser de « déloyauté? Si vous aviez en vous la moindre « *courtoisie*, ces deux enfants, dont la naissance « est plus haute que la vôtre, seraient ici, à la « première place et traités en fils de roi. On « vanterait alors la gentillesse qui vous ferait « tenir les orphelins en honneur, tant qu'ils

« ne sont pas en âge de recueillir leur droit « héritage.

« — Dieu me garde! fait Claudas, je recon« nais que j'ai suivi jusqu'à présent un mauvais « conseil, et j'entends faire mieux désormais. « Allez, mon connétable, à la maison des deux « fils du roi Bohor, et conduisez-les ici avec « leurs maîtres, dans la compagnie de cheva« liers, valets et sergents. Je veux qu'on les « traite en fils de roi. »

Le connétable obéit; il arrive à la chambre des deux enfants, comme ils étaient encore émus d'un grand trouble causé par Lionel. Lionel était le cœur d'enfant le plus démesuré que l'on pût voir; aussi Galehaut, le vaillant seigneur des Iles foraines, le surnomma-t-il *Cœur sans frein*, le jour qu'il fut armé chevalier.

La veille, les deux enfants assis au souper mangeaient de grand appétit et, suivant leur habitude, à la même écuelle, quand Lionel, jetant les yeux sur Pharien son maître, vit qu'il se détournait pour cacher ses larmes. « Qu'avez« vous, beau maître, à pleurer? lui demanda« t-il. — Ne vous en souciez, répond Pharien, « il ne servirait à rien de le dire. — Je le veux « pourtant savoir, et, par la foi que vous me de« vez, je vous demande de me l'apprendre.

« — Pour l'amour de Dieu, répond Pharien, « ne me contraignez pas à parler d'une chose

« qui ne pourrait que vous affliger. — Eh bien!
« je ne mangerai pas avant de le savoir.

« — Je vous le dirai donc : je pensais à l'ancienne grandeur de votre lignage ; à la prison « où vous êtes enfermés ; à la grande cour « qu'on tient, en ce moment, où vous devriez « tenir la vôtre.

« — Quel homme ose tenir sa cour où je de-« vrais tenir la mienne? — C'est le roi Claudas « de la Déserte ; il porte aujourd'hui la couronne « dans cette ville, la première de votre héritage. « Il vient d'armer chevalier son fils, et c'est « pour moi grand sujet de deuil, de voir tant « abaissé le noble lignage que Dieu jusqu'alors « avait tant protégé. »

En écoutant Pharien, l'enfant sent son cœur gonfler ; il donne du pied contre la table, la renverse et se lève, les yeux rouges, le visage ardent, comme si le sang allait crever ses joues. Pour mieux ruminer sa douleur il sort de la chambre, monte plus haut et va s'accouder à une fenêtre donnant sur les prairies. Pharien l'a bientôt rejoint : « Sire, au nom de Dieu, dites « ce que vous avez : pourquoi nous laisser ainsi? « Revenez à la table, vous avez besoin de man-« ger ; faites au moins semblant de le faire, pour « votre jeune frère qui ne touchera pas seul à « votre écuelle. — Non, laissez-moi, je n'ai pas « faim. — Eh bien, nous ne mangerons pas non

« plus. — Quoi ! n'ètes-vous pas à moi, mon « frère, son maître et vous? J'entends que vous « retourniez à table, et pour moi, je ne man- « gerai pas avant d'avoir fait ce que j'ai en pen- « sée. — Dites-moi quelle est cette pensée : vous « devez la confier à ceux qui pourraient y mettre « conseil.— Je ne la dirai pas.— Et moi, je quitte « votre service; dès que vous ne nous demandez « plus conseil, nous sommes devenus inutiles. » Pharien fait un pas en arrière, et Lionel qui l'aimait tendrement lui crie : « Ah ! maître, ne « me quittez pas : vous me feriez mourir : je « vais tout vous dire. Je ne veux pas m'asseoir à « table avant d'être vengé de ce roi Claudas. « — Et comment pouvez-vous espérer de le « faire? — Je lui manderai de venir me parler, « et quand il sera venu je le tuerai. — Et quand « vous l'aurez tué? — Les gens de ce pays ne « sont-ils pas mes hommes? Ils me feront « secours, et, s'ils me manquent, j'aurai la grâce « de Dieu qui vient en aide au bon droit. Bien « soit venue la mort, si je la reçois pour mon « droit défendre ! Ne vaut-il pas mieux mourir « à honneur que d'abandonner à d'autres son « héritage? Mon âme n'en sera-t-elle pas mieux « à l'aise, et qui déshérite fils de roi ne lui en- « lève-t-il pas plus que la vie?

« — Non, beau sire, dit Pharien, vous ne « ferez pas cela : vous y perdriez la vie avant

« celui que vous tenteriez de frapper. Attendez « que vous soyez en âge ; alors vous aurez des « amis, des soutiens de votre droit. » Tant le prie Pharien que Lionel consent à remettre à un autre temps ses projets de vengeance. « Faites « seulement, dit-il, que je ne voie pas Claudas « ni son fils ; je ne pourrais me contenir en « leur présence. »

Il se mit au lit, et Pharien ne dormit pas, car il savait que rien ne pouvait distraire Lionel de sa résolution. Le lendemain il fallut de nouvelles instances des maîtres pour décider les deux enfants à rompre le jeûne. Ils étaient à table, quand arriva le connétable du roi Claudas. En preux et courtois chevalier, il s'agenouilla devant Lionel et lui dit : « Sire, monseigneur le Roi vous sa- « lue. Il mande et prie vous, votre frère et vos « maîtres de venir voir sa cour ; il entend vous « y recevoir comme il convient de recevoir fils « de rois. »

« — J'irai ! » dit aussitôt Lionel, en se levant le visage illuminé de joie. « Beau maître, faites « compagnie à ces nobles seigneurs, pendant « que je passerai un instant dans la chambre « voisine. » Il sort, appelle un chamberlan et lui demande un riche couteau qu'on lui avait donné pour joyau. Comme il le passait sous sa robe, Pharien, inquiet de ce qu'il était allé faire, entre voit la lame et l'arrache de ses mains. « Alors, »

dit Lionel, « je ne sortirai pas; vous me
« haïssez, je le vois, puisque vous m'enlevez
« ce qui est à moi, ce qui ferait ma joie. —
« Mais, sire, reprend Pharien, y pensez-vous?
« Pourquoi voulez-vous emporter cette arme?
« Laissez-la moi prendre, je saurai la cacher
« mieux que vous. — Me la donnerez-vous
« quand je la demanderai? — Oui, si vous ne
« vous en servez que par mon conseil. — Je
« n'entends rien faire qui soit à blâmer ni qui
« puisse tourner à dommage pour vous. — Le
« promettez-vous? — Écoutez-moi, beau maître,
« vous avez le couteau, gardez-le; peut-être
« en aurez-vous besoin plus que moi. »

XI.

Ils rentrent dans la salle et bientôt se mettent à la voie; les enfants sur deux palefrois, leurs maîtres en croupe. A leur approche, tous les gens du palais sortent pour les voir. On les regarde avec intérêt, on pleure, on prie Dieu de les rétablir un jour dans leurs honneurs : les écuyers se disputent à l'envi le soin de les descendre. Ils montent les degrés en se tenant par la main. Parmi les chevaliers du roi Claudas, il en était beaucoup qui avaient été les hommes des rois de Gannes et de Benoïc, et qui ne voyaient pas sans crainte ces beaux enfants en puissance du roi de la Déserte. Lionel avançait la tête haute, promenant fièrement sa vue de tous les côtés de la salle, comme jouvenceau de haut et noble parage.

Pour Claudas, il était assis sous un dais et sur un faudesteuil de grande richesse. Il portait la robe dans laquelle il avait été sacré roi de Bourges. Devant lui, sur un soc d'argent, brillait la couronne royale; et, sur un autre soc en forme de candélabre, une épée claire et tranchante, un sceptre d'or garni de pierres précieuses.

Il fit bel accueil aux enfants du roi Bohor et parut surtout frappé du noble semblant de Lionel. Il lui fit signe d'approcher; l'enfant s'avança près de l'épée et de la couronne. Le roi pour lui faire honneur tend sa coupe en l'invitant à la vider. Lionel ne paraît pas l'entendre : ses yeux ne se détournent pas de la belle épée luisante. « Heureux, pensait-il, qui pourrait donner un « coup de cette épée! » Claudas suppose que la timidité l'empêche seule de prendre la coupe, et, dans le même instant, la demoiselle du lac qui s'était approchée des enfants presse de ses mains les joues de Lionel : « Buvez, beau fils de roi, « et comptez sur moi! » Ce disant, elle ceint la tête des deux enfants d'un chapelet de fleurs odorantes, et passe à leur cou un fermail d'or garni de pierres précieuses. « Et maintenant,

« dit-elle à Lionel, buvez, beau fils de roi. — « Oui, mais un autre paiera le vin. » Aussitôt les voilà pris tous les deux d'un violent transport; car la vertu des fleurs, la force des pierres les pénétrait d'une ardeur dévorante. Lionel avait pris la coupe : « Brise-la, frère, contre terre, » dit Bohor. Lionel la lève à deux mains et la fait retomber de toute sa force sur le visage de Claudas, qu'il frappe et refrappe sur les yeux, le nez, la bouche. Du tranchant de la coupe, il lui entr'ouvre le front, puis, tirant à lui les deux candélabres, il renverse le sceptre et l'épée, jette la couronne sur le pavé, la foule aux pieds, en fait jaillir les pierreries. Aussitôt le palais retentit de cris, tous se lèvent de table, les uns pour arrêter les enfants, les autres pour les défendre.

Le roi avait glissé de son siége, pâmé, couvert de sang et de vin. Dorin s'était élancé pour le venger, Lionel avait saisi l'épée, et Bohor, le grand sceptre à la main, lui venait en aide. Sans l'intérêt que bien des chevaliers présents portaient aux enfants, leur vaillance eût servi de peu; déjà même, épuisés de fatigue, ils allaient être mis sans défense, et Claudas, en revenant à lui, jurait qu'ils ne lui échapperaient pas. Alors Sarayde, la sage demoiselle, les entraîne vers la porte; Dorin les y poursuit. Lionel se retourne, rassemble toutes les forces qui lui restent et le frappe à deux mains de sa tranchante épée. Dorin veut parer le coup du bras gauche, la lame tranche le bras, descend sur la joue, entame la gorge; et Bohor, levant le sceptre dont il s'est emparé, lui fait une large ouverture au front. Dorin tombe, pousse un dernier cri et meurt. Alors on n'eût pas entendu Dieu tonner. Claudas s'élance sur les enfants; Sarayde se souvient à propos des enseignements de la Dame du lac, prononce un mot, et, par l'effet d'un enchantement, les enfants prennent l'apparence des deux lévriers, et les lévriers celle des deux enfants. Claudas que la fureur aveugle hausse l'épée devant lui; Sarayde se jette en avant et couvre les enfants, si bien que la pointe de l'acier l'atteint et lui fend le visage, au-dessus de l'œil droit. Le sourcil en garda toujours la cicatrice. A la vue du sang qui l'inonde, elle s'effraie et pousse un cri : « Ah! roi Claudas, « vous me faites bien regretter d'être venue dans « votre cour; que vous ont pu faire les beaux « lévriers qui m'accompagnaient? »

Claudas regarde et ne voit plus devant lui que les lévriers. Les enfants lui paraissent s'enfuir; il court vers eux, les joint, lève l'épée tranchante qui retombe sur la barre de la porte et éclate en morceaux. « Dieu soit loué! se dit-il alors, « mon arme s'est brisée avant d'avoir touché « les enfants du roi Bohor de Gannes. Je n'au-

« rais trouvé personne en cour pour me justifier « de les avoir frappés. Ils mourront, mais après « avoir été jugés, et sans qu'on puisse me blâ- « mer. » Alors, jetant le tronçon de l'épée, il saisit les deux enfants et les donne à garder à ses plus fidèles serviteurs.

Et si le roi Claudas regrette son fils, les deux maîtres, Pharien et Lambègue, ne sont pas moins affligés que lui. Ils croient leurs deux jeunes seigneurs aux mains de leur ennemi et ne doutent pas qu'ils ne soient jugés à mourir. Mais il faut ici revenir à la demoiselle du lac.

XII.

Sarayde ne tint pas grand compte de sa blessure, toute profonde qu'elle fût. Elle s'enveloppa le visage d'une large bandelette, et rejoignit les écuyers demeurés à la porte de Gannes. Les deux enfants, toujours sous la forme de lévriers, la suivaient. Mais, avant d'arriver au bois où l'attendaient les écuyers, elle rompit l'enchantement, et Lionel et Bohor reparurent tels qu'ils étaient réellement.

Sarayde reçut les compliments de la Dame du lac à laquelle elle amenait les deux enfants. Lancelot, quand elle arriva, était à la chasse, et, quand il revint, la Dame du lac lui annonça qu'elle lui avait trouvé deux gentils compagnons. Il les regarda, leur tendit la main et se sentit pris d'une amitié vive pour eux. Dès le premier jour tous les trois mangèrent à la même écuelle, et reposèrent dans le même lit.

XIII.

Claudas cependant rendait les derniers honneurs au corps de son fils. Il prononçait sur lui une longue et douloureuse complainte, sans prendre souci du nouvel orage qui allait fondre sur lui.

Toute la ville de Gannes s'était en effet émue en apprenant que les deux fils de leur droit seigneur étaient retenus et qu'ils allaient être jugés par la cour des barons de la Déserte. Les chevaliers de Gannes, les bourgeois de la ville avaient pris les armes, et Pharien, dès qu'il fut rentré dans la tour avec son neveu Lambègue, l'implacable ennemi de Claudas, avait mandé tous ses amis pour tenir conseil avec eux. Ils avaient tous juré de mourir avant de laisser à Claudas le temps de frapper les deux enfants. La tour était à eux ; ils en fermèrent les issues et la munirent de provisions. Quand ils surent que Claudas avait mandé les hommes de la Déserte, dans la crainte d'un prochain soulèvement des hommes de Gannes, ils prirent les devants et allèrent l'assiéger dans son palais. « Nous avons, dit Pharien, plus de gens que « le roi Claudas ne peut en réunir. Nous avons « pour nous le droit, puisqu'il s'agit de la vie « de nos seigneurs; nous gagnerons, en les dé- « fendant, honneur dans le siècle, bon loyer « dans le ciel ; car on doit, pour garder le corps « de son droit seigneur, mettre le sien en pé- « ril. Mourir pour lui, c'est comme si l'on mou- « rait pour les Sarrasins. »

Chevaliers, sergents, bourgeois et fils de bourgeois entourèrent le palais au nombre de plus de trente mille. Le roi Claudas, à leur approche, demanda froidement ses armes. Il endossa le haubert, laça le heaume, pendit l'écu à son cou et ferma l'épée acérée à son flanc gauche. Puis il se montra aux fenêtres, tenant en main sa grande hache de combat. « Pharien, » demanda-t-il au sénéchal qu'il aperçut dans la foule, « qu'y a-t-il, et que veulent toutes ces gens?

« — Ils redemandent leurs droits seigneurs, « les fils du roi Bohor.

« — Comment, Pharien ! ne sont-ils pas comme « vous mes hommes?

« — Sire roi, nous ne sommes pas venus ici « pour tenir plaids. J'avais en garde les deux « fils du roi Bohor; il faut que vous nous les « rendiez. Demandez ensuite ce qu'il vous plaira,

« vous nous trouverez prêts à y faire droit : « mais, si vous refusez de nous rendre les enfants, « nous saurons bien les reprendre ; il n'est pas « un seul de ceux que vous voyez ici qui ne « soit prêt à mourir pour les défendre contre « vous.

« — Chacun fasse donc comme il pourra. Sans « vos menaces, j'aurais peut-être accordé de plein « gré ce que je refuse maintenant. »

L'assaut commença aux arcs, aux arbalètes, aux frondes tortillées. Pierres, flèches et carreaux volent par milliers. Le feu est ensuite allumé et lancé par les frondes. Claudas fait ouvrir la grande porte et sort la lourde hache en mains. Les dards pleuvent sur lui, pénètrent dans son haubert; il tient bon, et malheur à ceux qui s'aventurent trop près de lui! Mais, à la fin, Lambègue fend la foule, arrive à lui et lui coule le fer de son glaive dans le haut de l'épaule. Le roi tombe de cheval; pour ne pas mesurer la terre il s'adosse au mur, et d'un suprême effort arrache l'arme sanglante. Lambègue revient à la charge ; si bien qu'après une longue défense, Claudas fléchit et tombe sans connaissance. L'autre pose un genoux sur lui, délace son heaume, et levait déjà le bras pour lui trancher la tête, quand Pharien accourt, assez à temps pour lui arracher des mains sa victime. « Que vas-tu « faire, beau neveu? Veux-tu tuer le roi qui a

« reçu ton hommage? S'il t'avait déshérité, en-
« core le devrais-tu défendre de mort. — Com-
« ment! fils de mauvaise mère, répond Lambè-
« gue, voudrez-vous garantir le traître infâme
« qui vous a honni, qui menace aujourd'hui
« la vie de nos seigneurs liges? — Neveu,
« écoute-moi : il n'est jamais permis de pour-
« chasser la mort de son seigneur, avant de lui
« avoir rendu la foi. Quelque chose qu'ait fait
« Claudas ou qu'il veuille faire, nous sommes
« ses hommes et tenus de garantir sa vie. Nous
« ne nous sommes levés contre lui que pour le
« salut des enfants de notre premier seigneur
« que nous avions en garde. » Ce disant, Pharien saisissait le nazal du heaume de Claudas et découvrait son visage à demi. Et le roi qui avait bien entendu ce qu'il avait dit : « Ah! Pharien,
« soyez loué! Prenez mon épée, je la rends au
« plus loyal des chevaliers. Je vous remettrai
« les deux enfants; mais ils n'auraient eu rien
« à craindre, quand même je les eusse tenus dans
« la tour de Bourges. »

Pharien aussitôt donna l'ordre de cesser l'assaut. Il apprit aux gens de Gannes que le roi Claudas consentait à rendre les enfants, et qu'ils ne devaient pas tarder à les revoir. Puis il entra dans le palais avec Claudas; les deux lévriers, que tout le monde croyait reconnaître pour les fils de Bohor, furent amenés et remis aux mains de leurs maîtres. Pharien, après les avoir montrés au peuple assemblé devant les murs du château, les reconduisit dans la tour. Beaucoup le blâmaient d'avoir préservé de mort le roi Claudas, et Lambègue surtout frémissait de rage en songeant à l'occasion qu'il avait perdue. Mais, dans la tour, tout respirait la joie causée par la délivrance et le retour des deux enfants.

Quand vint la nuit, à l'heure où la demoiselle Sarayde détruisait l'enchantement, les lévriers reparurent à la place de Lionel et Bohor. Qu'on se représente l'étonnement, la douleur, l'indignation des chevaliers de Gannes! « Claudas, » crient-ils, « nous a trompés. Il faut retourner vers « lui, le déchirer en mille morceaux, mettre tout « à feu et à sang. » De toutes les douleurs, la plus grande fut celle de Pharien. Il tordait ses poings, déchirait ses vêtements, égratignait son visage, sanglotait et poussait des cris qu'on entendait à distance. Le bruit fut alors si général que Claudas finit par en distinguer les échos. Il demande d'où provenaient ces éclats de voix. — « De la grande tour. » Il envoie un sergent, qui revient bientôt épouvanté. « Ha! sire, » dit-il, « montez à cheval, fuyez. Tout le peuple arrive « pour abattre le palais et vous arracher la vie. « Ils disent que vous avez tué les deux fils de « leur ancien roi, et que vous n'avez donné que « deux lévriers à leur place. » Claudas ne comprend rien à ce qu'on lui réclame : il demande cependant ses armes, quoique tout meurtri des blessures reçues dans le précédent combat. « Ah! » s'écrie-t-il douloureusement, «royaumes de Gannes et de Benoïc, combien vous me donnez de « tourment! et quel grand péché commet celui « qui déshérite les autres! Pour lui plus de paix, « plus de sommeil. Est-il une tâche plus dure que « de gouverner le peuple dont on n'a pas le cœur? « Hélas! dame nature reprend toujours le dessus, « les hommes reviennent toujours à leur droit « seigneur. D'ailleurs il n'est pas supplice pareil « à celui de voir un autre jouir de ses propres « honneurs, régner où l'on devrait régner soi-« même : nulle douleur comparable à celle de « l'exil et du déshéritement. »

Ainsi parlait et pensait Claudas, entouré de tous ses chevaliers armés, devant les portes de son palais. La nuit venait de tomber, les rues voisines étaient tellement éclairées de torches et de lanternes qu'on eût pu se croire en plein midi. Pharien, au premier rang, avant de donner le signal, prononçait à haute voix la complainte funèbre des enfants, quand le roi Claudas demanda à lui parler : « Pharien, dites-moi, que veulent « toutes ces gens? Est-ce pour mon bien ou « mon dommage qu'ils se sont assemblés? — « Sire, » dit Pharien, « vous deviez nous rendre « les deux fils du roi Bohor, et vous avez à leur

« place livré deux chiens. Le nierez-vous? Les « voici devant vous. »

Claudas regarde, paraît surpris, interdit. Après avoir un peu pensé : « Voilà bien, dit-il, « les lévriers que la demoiselle avait amenés ce « matin. C'est elle qui en aura fait l'échange « contre les enfants. Mais, beau doux ami Pha- « rien, ne m'accusez pas : devant tous vos amis, « je suis prêt à jurer que j'ai tenu ce que j'avais « promis, et que le blâme de ce qui arrive ne « peut retomber sur moi. Je consens à garder « même votre prison jusqu'au moment où l'on « saura ce que les enfants sont devenus. »

Pharien ajoute foi aux paroles de Claudas; car il avait vu la demoiselle mener en laisse les lévriers et couronner de fleurs les deux enfants. Mais l'offre que lui fait le roi Claudas de tenir sa prison le met dans une autre crainte. Il connaît la haine furieuse de son neveu Lambègue, et la vie de Claudas lui paraît en grand danger, s'il vient à le prendre en sa garde. Lambègue le défiera ou le frappera sans le défier, et, dans les deux cas, il aura une vengeance à poursuivre : contre Claudas, en raison de l'injure qu'il lui a faite en lui enlevant l'amour de sa femme; contre Lambègue, meurtrier de celui qui se sera confié à sa garde. Il répond donc au roi que, tout en ajoutant foi à ses paroles, il ne peut promettre que les gens de Gannes soient aussi faciles à persuader. « Laissez-moi leur parler, avant de rien « décider. »

Il revient aux barons et bourgeois de Gannes qui l'attendaient avec impatience, les heaumes lacés, les écus pendus au cou : « Le roi Claudas, » leur dit-il, « se défend de trahison ; il a cru « livrer les enfants du roi, et il offre de tenir « votre prison, jusqu'à ce qu'on découvre le se- « cret de cette aventure. C'est à moi qu'il veut « se confier; mais je ne consentirai à le garder « que si vous me promettez de ne rien tenter « contre lui, avant de savoir ce que les enfants « sont devenus.

« — Comment! bel oncle, » dit alors Lambègue, « pouvez-vous bien vous porter garant « du meurtrier de nos seigneurs liges! Oh! si « l'on savait toutes les hontes qu'il vous a faites, « vous ne seriez plus entendu ni reçu dans au- « cune cour seigneuriale (1).

« — Beau neveu, je ne suis pas étonné de « t'entendre ainsi parler; on ne peut demander « un grand sens dans un cœur d'enfant. Tu as « maintes fois témoigné de ta prouesse, mais tu « as encore besoin de consulter le miroir de par- « faite prud'homie. Laisse-moi te donner un peu

(1) On voit ici l'indice du droit reconnu de récuser ses juges, dans les anciennes cours féodales. Le pair atteint et convaincu d'avoir forfait à l'honneur pouvait être rendu incapable de juger et même de siéger.

« du sens qui te manque. Tant que tu compteras « parmi les jeunes, use de discrétion dans les « conseils; ne parle pas avant que les anciens « n'aient donné leur avis. En bataille, tu ne dois « attendre ni vieux ni jeune ; élance-toi des « premiers, fais si tu le peux le plus beau coup. « Mais, dans le conseil, c'est aux enfants à atten- « dre les hommes d'âge ; et, s'il est beau de mou- « rir en combattant, il est honteux de parler « avant son tour pour dire une folle parole. Tous « ceux qui m'écoutent savent mieux que toi « distinguer quel est sens, quelle est folie. Peut- « être quelques-uns vont-ils cependant deman- « der la tête de Claudas : mais alors comment « échapperons-nous à la honte d'avoir immolé « sans jugement notre seigneur lige? De bon « ou de mauvais gré, ne lui avons-nous pas fait « hommage et prêté serment de fidélité, à mains « jointes? Une fois engagés, ne sommes-nous « pas tenus de garder son corps envers et contre « tous? La plus grande félonie est, nous le sa- « vons, de porter la main sur son seigneur. S'il « a mépris envers son homme, l'homme doit en « porter plainte devant la cour, qui l'ajournera « à quinzaine pour montrer son droit. Le sei- « gneur refuse-t-il de réparer le méfait ou de « le reconnaître, l'homme doit lui rendre son « hommage, non pas secrètement, mais en « pleine assemblée de barons.

« Et l'homme en renonçant à l'hommage ne « reprend pas encore le droit de frapper son « ancien seigneur, à moins qu'il n'en soit le pre- « mier frappé. Maintenant, vous, seigneurs et « bourgeois, si vous me donnez sûreté que le « roi Claudas n'ait rien à craindre de vous tant « qu'il sera sous ma garde, je consentirai à le « tenir en ma prison ; et, si vous refusez, chacun « alors fasse de son mieux ! Mais au moins ne « perdrai-je pas mon âme, ni dans ce monde « mon honneur, en consentant à la mort sans « jugement de celui qui fut mon seigneur « lige. »

Pharien s'éloigna afin de leur laisser toute liberté de se conseiller. Les plus jeunes barbes, animées par Lambègue, l'emportèrent en décidant qu'ils ne désarmeraient pas si Claudas ne se rendait sans conditions et sans recours à d'autres juges. Ils le déclarent à Pharien, qui va retrouver aussitôt le roi Claudas : « Sire, défen- « dez-vous le mieux que vous pourrez : ils ne « veulent pas entendre raison, ils demandent que « vous vous rendiez à eux sans condition. — Et « vous, Pharien, que me conseillez-vous? — De « combattre jusqu'à la mort ; le droit les quitte « pour venir à vous, et chacun de vos hommes « vaudra, croyez-le, deux des leurs. Comme vo- « tre homme, je me sépare de ceux qui veulent « votre mort : mais, Sire, jurez-moi sur les saints

« que vous n'avez rien tenté contre les fils du « roi mon ancien seigneur, qu'ils vivent tous « deux et que vous n'avez pas en pensée de les « faire mourir. Non que je soupçonne votre « loyauté; mais parce que votre serment me « mettra le cœur plus à l'aise, et me permettra « de soutenir en toutes les cours que je suis « revenu vers vous uniquement par devoir. »

Claudas lui tendit la main gauche, et dressant la main droite vers le moutier qu'on apercevait à petite distance : « Par les saints de ce moutier, « dit-il, les enfants du roi Bohor de Gannes « n'ont été tués ni blessés de ma main; j'ignore « ce qu'ils sont devenus, et, s'ils étaient à Bour-« ges, ils n'auraient encore rien à craindre de « moi, bien qu'ils m'aient causé le plus grand « deuil du monde. »

L'assaut du palais fut une seconde fois commencé. Claudas se défendit comme un lion; Pharien ne voulut tendre son glaive contre nul chevalier de la terre de Gannes; mais il se contentait de défendre le corps du roi, en désarmant ceux qui le serraient de trop près. La nuit força les assiégeants à se retirer avant d'avoir fait la moindre brèche aux murailles. Un chevalier d'assez mince prud'homie, le châtelain de Hautmur, proposa de revenir au conseil de Pharien, en promettant de ne pas attenter aux jours de Claudas, tant qu'il garderait la prison de Pharien. « Lambègue et moi, dit-il, ne prendrons « pas d'engagement; nous éviterons de nous « trouver au milieu de ceux dont Claudas re- « cevra la promesse. Ainsi resterons-nous libres « de nous venger tous de ce méchant roi. »

Si les chevaliers et les bourgeois de Gaunes ne voulaient pas se parjurer, ils n'étaient pas fâchés d'en voir d'autres éviter de s'engager comme eux. Ils envoyèrent vers Pharien pour lui dire qu'ils consentaient à promettre de ne pas attenter aux jours de Claudas, si Claudas consentait à tenir prison. Pharien porta leurs paroles au roi, tout en prévoyant que Lambègue et le châtelain de Hautmur auraient grande peine à maîtriser leur mauvais vouloir. « Sire, » lui dit-il, « je vous porte les offres « des hommes de la ville : mais il faut, en tous « cas, nous prémunir contre la trahison : une « fois en ma garde, c'est moi qui serais à « jamais honni s'il vous arrivait malheur. Ce « n'est pas, vous le savez, que je vous aime : « je vous hais au contraire, et n'attends qu'une « occasion légitime de venger ma propre in- « jure; mais je n'entends donner à personne le « droit d'accuser ma prud'homie. Mon conseil « est que vous revêtiez de vos armes un des « deux chevaliers qui voudront bien consen- « tir à partager votre prison. — Pharien, » répond Claudas, « j'ai confiance en vous, je

« ferai tout ce qu'il vous plaira de me conseil-
« ler. »

Pharien, accompagné du roi, alla trouver les gens de la ville : « Seigneurs, j'ai parlé à notre « seigneur le roi. Il consent à tenir ma prison, « sur la promesse que vous m'avez faite de ne « pas tenter de l'arracher de ma garde. Appro- « chez, sire roi Claudas : vous allez vous enga- « ger à tenir ma prison, dès que je vous averti- « rai de le faire. » Le roi lève la main et prend l'engagement qui lui est demandé.

« — Je veux aussi que vous soyez accompagné « des deux plus hauts barons de vos domaines, « tels que les sires de Châteaudun et de Saint- « Cyr. Un roi couronné ne doit pas avoir pour « compagnons de captivité des ribauds ou de « pauvres sergents. »

Claudas retourne sur ses pas et décide aisément à le suivre les deux barons proposés par Pharien : il revient avec eux, après avoir changé d'armes avec le seigneur de Saint-Cyr. Pharien leur fait promettre de ne pas sortir de prison sans qu'il leur en ait donné congé; puis revenant à ceux de Gannes : « Bonnes gens, » leur dit-il, « vous allez jurer de ne rien tenter contre la « vie ou la sûreté de mes trois prisonniers. » Tous ceux qui l'entendent prononcent le serment, et la foule se dissipe avec une satisfaction apparente. Claudas et ses deux compagnons sont conduits dans la grande tour de Gannes par Pharien et douze chevaliers, au nombre desquels se trouvèrent Lambègue et le sire de Hautmur. Comme ils passaient le dernier degré, Lambègue approche du chevalier revêtu des armes de Claudas et lui enfonce son épieu dans la poitrine. Le chevalier, frappé d'un coup mortel, tombe aux pieds de Pharien qui, frémissant d'indignation, prend une hache appendue aux parois de la salle et s'élance sur son neveu. « Comment! » crie Lambègue, « voulez-vous « me tuer pour m'empêcher de punir l'odieux « Claudas? Laissez-moi au moins le temps de « l'achever. » Pharien ne répond qu'en laissant tomber sa hache sur lui : malgré l'écu dont se couvre Lambègue, le tranchant traverse le cuir sous la boucle, descend sur le bras gauche, entre dans les chairs jusqu'à l'os de l'épaule. Lambègue tombe couvert de sang, et Pharien montrant une lance et une épée posées sur le râtelier : « Défendez-vous, sire roi; je suis avec « vous contre ces félons; tant que j'aurai un « souffle de vie, ils ne vous toucheront pas. »

Des dix chevaliers qui étaient venus avec Lambègue et Hautmur, nul ne voulut faire mine de les seconder : Pharien d'un second coup de hache eut raison du sire de Hautmur; il revenait à son neveu, résolu de lui arracher la vie, quand celle qui avait le plus vrai sujet de haïr

Lambègue, la femme épousée de Pharien, sortit tout échevelée de la chambre où elle était depuis si longtemps retenue, et se jetant entre l'oncle et le neveu : « Ah! gentil Pharien, cria-t-elle, « ne tuez pas le meilleur chevalier du monde, « le fils de votre frère! vous en auriez à jamais « honte et regret. S'il hait tant le roi Claudas, « c'est, vous le savez, pour l'amour de vous dont « il voulait venger la honte. C'est moi seule « que vous devez tuer; je l'ai mieux mérité que « lui. » A la vue de cette femme accourant défendre son implacable accusateur, Pharien s'était arrêté; puis, sans répondre, s'était rejeté sur le sire de Hautmur qui venait de se relever. Les dix autres chevaliers de leur côté défendirent leur compagnon, fondirent sur le sénéchal et l'eurent bientôt couvert de sang. C'en était fait de lui, si Lambègue ne se fût redressé et n'eût aussitôt pris le parti de son oncle. De part et d'autre on baisse les épées, les glaives : les dix chevaliers descendent les degrés de la tour, et la dame ne perd pas un seul moment pour étancher le sang et bander les plaies de Pharien. Lambègue mêlait ses larmes au sang qui l'inondait; peu à peu, Pharien sent apaiser son ressentiment, il regarde tour à tour sa femme, son neveu; il leur tend en pleurant ses deux mains. Lambègue apprit de lui que ce n'était pas Claudas qu'il avait frappé, et se repentit sincèrement de sa déloyale agression. Ici l'histoire laisse Pharien et les prisonniers, pour revenir aux enfants que la Dame du lac a recueillis.

XIV.

Le bon accueil que les enfants du roi Bohor avaient reçu de la Dame du lac et de Lancelot ne leur avait pas fait oublier Pharien et Lambègue. Ils pleuraient, perdaient leurs couleurs et paraissaient maigrir à vue d'œil. La dame s'en aperçut et voulut savoir ce qu'ils pouvaient désirer ; à toutes les demandes, ils opposaient un silence farouche. Lancelot fut plus heureux : il apprit ce qu'ils étaient, ce qu'ils avaient fait, leur séjour dans la tour de Gannes, leur arrivée chez Claudas, le danger auquel ils avaient échappé, grâce à la demoiselle aux deux lévriers ; le grand coup d'épée que Dorin avait reçu, enfin leur inquiétude du sort des deux maîtres. Lancelot sentit en les écoutant qu'il les en aimait plus : comme il avait pris sur eux, sans le vouloir, une grande autorité : « Soyez « toujours, » leur dit-il, « ce que vous avez été « chez Claudas : fils de roi doit être sans pitié « pour ceux qui l'ont dépouillé ; fils de roi doit « passer en prouesse tous les autres. »

Pour la Dame du lac, elle jugea qu'il était

temps de réunir les maîtres et les deux enfants. Mais Pharien avait à se défendre des bourgeois de Gannes qui le tenaient à son tour assiégé, l'accusant d'avoir pris contre eux le parti de Claudas, et d'avoir sacrifié les fils du roi Bohor. La Dame du lac donna mission à l'une de ses demoiselles de se rendre à Gannes, et d'en ramener Pharien. Lionel, quand elle partit, lui confia sa ceinture et celle de son frère : « En les « reconnaissant, lui dit-il, ils n'hésiteront pas « à vous suivre. Mais, ajouta la Dame du lac, « contentez-vous, demoiselle, de ramener les « deux maîtres. Il ne faut pas laisser deviner à « d'autres le secret de ma demeure. »

En arrivant à Gannes, la demoiselle s'enquit de celui qui parmi les habitants avait le plus d'autorité. On lui désigna Léonce de Paerne, proche parent du roi Ban, qui ne tenait rien de Claudas et demeurait fidèle aux héritiers des deux rois de Gannes et de Benoïc. Sans éveiller la défiance des bourgeois, Léonce entra dans la tour où Pharien et Lambègue étaient assiégés. Qu'on se représente la joie des deux maîtres en reconnaissant aux mains de la demoiselle la ceinture de leurs élèves qui, leur dit-on, ne désiraient rien tant que de les revoir! « Ma « demoiselle, dit Pharien, vous connaissez les « mauvais sentiments des gens de la ville : ils « nous accusent de félonie et ne me croiront pas

« quand je leur dirai que les deux jeunes « princes sont en pleine sûreté; ils voudront les « voir. — En cela, dit la demoiselle, je ne sau- « rai les satisfaire. Je ne puis que vous conduire « vers eux et sans compagnie. »

Pharien parla aux gens et bourgeois de Gannes : « Bonnes gens, apprenez d'heureuses « nouvelles de nos seigneurs, les fils du roi « Bohor. Ils ne sont pas chez Claudas. Si vous « ne m'en croyez, choisissez le plus sûr d'entre « vous; il sera conduit avec Lambègue dans « la maison où les enfants font séjour. Quand « ils vous auront dit qu'ils ont vu nos seigneurs « Lionel et Bohor, et qu'ils les ont laissés en « bonnes mains, vous reconnaîtrez le peu de « fondement de vos soupçons, et vous nous per- « mettrez de sortir. » Quoique suspendus entre la joie de cette nouvelle et la crainte de quelque tromperie, les gens de Gannes accueillirent l'offre de Pharien et choisirent Léonce de Paerne pour accompagner Lambègue.

Ils partirent, traversèrent la vallée de Nocor- range, à l'entrée de la forêt de Briosque (1). Cette forêt paraissait fermée par le lac, dont l'étendue

(1) El chief de la vallée Nocorrange, à l'entrée de la forest qui estoit appelé Briosque, de cele part de la fo- rest où li lais (le lac) estoit..... » (msc. 339, f. 13, v°. — msc. 341, f. 25. — « Nocorringue. — Brioigne. » msc. 773, f° 29.)

répondait à celle de la résidence de la Dame du lac. Mais, avant d'aller plus loin, la demoiselle avertit Léonce de Paerne qu'elle ne pouvait lui permettre de les accompagner plus loin. « Attendez quelque temps, et je promets de « revenir vous prendre ou de ramener vos élèves, « suivant l'ordre que j'en recevrai ; vous voyez « là-bas le château de Tarasque qui confine « à celui de Brion ; veuillez vous y arrêter, en « attendant mon retour. »

Léonce suivit ces instructions et prit la direction de Tarasque, tandis que Lambègue était conduit en vue du lac. L'onde, à mesure qu'ils avançaient, parut s'éloigner, jusqu'à ce qu'ils se trouvèrent devant une grande porte qui s'ouvrit devant eux, sans que Lambègue pût deviner ce que le lac était devenu.

Bohordin reçut avec des transports de joie son cher maître ; mais Lionel, ne voyant pas Pharien, ressentit un violent dépit et passa sans dire mot dans une autre chambre. Il y trouva la demoiselle qui les avait ramenés de Gannes. Sarayde faisait bander la plaie qu'elle avait reçue en se jetant entre Claudas et Lionel. Il parut surpris de la voir défigurée, car il était nuit quand ils étaient sortis de l'hôtel du roi, et il ne s'était alors aperçu de rien.

« Hé, demoiselle, » dit-il, « voilà une plaie « qui vous a bien enlaidie ! — Vraiment, Lionel?

« Et pensez-vous que puisse m'en savoir gré « celui pour lequel je l'ai reçue? — Vous devez « lui être plus chère que son propre corps. Il « doit vous accorder tout ce qu'il vous plaira « demander. — Mais si j'étais ainsi défigurée « pour vous? — Alors, je vous aimerais, je vous « écouterais mieux que personne au monde. — « Me voilà donc bien heureuse, car ce coup « vient de l'épée de Claudas, quand je me jetai « entre elle et vous, au sortir de son hôtel. — Ah! « demoiselle, vous pouvez compter sur moi : vous « méritez bien mieux d'être ma maîtresse que « Pharien, lui que j'aimais tant et qui n'est pas « venu me voir, tout en devinant le chagrin que « son éloignement me causait. Oui, j'aurais été « le seigneur du monde entier, qu'il en eût « été le maître aussi bien que moi. Mainte- « nant, c'est vous seule que je veux aimer et « écouter, vous qui avez mis en danger votre « corps pour épargner le mien. »

La demoiselle attendrie ne peut retenir ses larmes. Elle prend l'enfant dans ses bras, le baise au front, aux yeux, à la bouche. En ce moment, Lambègue ouvrait la porte, et se mettant à genoux devant Lionel : « Cher sire, comment vous « êtes-vous tenu, depuis que nous vous avons « perdu de vue? — Mal, répond l'enfant; mais « je suis bien maintenant; j'ai oublié tous mes « chagrins. » La demoiselle le tenait toujours embrassé : « Beau sire, reprend Lambègue, mon « oncle, votre maître vous salue. — Ce n'est « plus mon maître. Vous qui nous avez re- « joints, vous êtes celui de mon frère Bohordin; « pour moi, je suis à cette demoiselle. Dites-nous « cependant comment le fait Pharien. — Sire, « il est, grâce à Dieu, en bon point; mais il a eu « de mauvais temps à passer. » Il conte alors ce qui leur est arrivé depuis le jour de leur séparation : le siége de la tour, le soulèvement des barons et des bourgeois de Gannes; la retraite de Claudas. « Et Dorin, reprend Lionel, est-il « remis du coup que mon frère lui a porté? — « Remis, dit en riant Lambègue, comme celui « qui ne s'en plaindra jamais. — Dites-vous « qu'il soit mort? — Oui, je l'ai vu glacé, sans « âme, le corps en bière. — Oh! s'il en est ainsi, « je suis sûr de rentrer en mon droit héritage. « Dieu laisse vivre assez longtemps Claudas, « pour lui apprendre ce qu'il en coûte de ravir « la terre des autres! » Tous s'émerveillèrent de ces fières paroles. Lambègue alors fit comprendre à l'enfant que Pharien ne pourrait sortir de la tour avant d'avoir persuadé aux gens de Gannes que leurs jeunes seigneurs étaient à l'abri des poursuites de Claudas. Et la Dame du lac, arrivant, demanda à Lionel s'il voulait aller le voir. « — Dame, je suivrai ce que me conseillera ma « demoiselle. — Et comment a-t-elle pris tant

« de pouvoir sur vous? — Voyez, » répond-il, en mettant à découvert la plaie que la demoiselle avait reçue au visage, « voyez si elle n'a pas « payé assez cher le droit de me commander. « — Vraiment, dit la Dame du lac, elle n'a pas « perdu ses peines; si vous vivez âge d'homme, « elle entendra parler de votre prud'homie. »

La Dame du lac voulut conduire elle-même les deux enfants et Lambègue jusqu'à Tarasque. Sur ces entrefaites parut Lancelot qui venait de se réveiller, car il s'était levé de bonne heure et avait chassé toute la matinée. On se mit au souper : Lancelot, comme il en avait coutume, trancha du premier mets devant la dame et s'assit en face d'elle, les autres convives attendant pour prendre place qu'il eût pris la sienne. Il avait sur la tête un chapelet de roses vermeilles qui faisaient ressortir la beauté de ses cheveux. On était cependant alors au mois d'août, quand les roses ont cessé de fleurir; mais, dit l'histoire, tant qu'il fut chez la Dame du lac, il ne se passa pas de jour, soit d'hiver soit d'été, que l'enfant ne trouvât en se levant au chevet de son lit un chapeau de roses fraîches et vermeilles; si ce n'était le vendredi, la veille des grandes fêtes et le temps de carême (1). Jamais il ne put voir qui le

(1) La Dame du lac faisait justement le contraire de saint Louis, dans une pensée également pieuse. « Le Roi, » disent les Chroniques de Saint-Denis, « faisoit

lui apportait, bien que souvent il fît le guet pour le découvrir. Quand les deux fils du roi Bohor devinrent ses compagnons, il formait de ce chapeau trois chapelets et les partageait avec eux.

Il fut du voyage de Tarasque. Avec lui vint un chevalier pour lequel il témoignait une affection particulière, et un varlet chargé de son arc et de ses flèches. Souvent, de l'épieu qu'il tenait en main il lançait aux bêtes et aux oiseaux, car nul ne savait viser et jeter aussi juste que lui. Ils arrivèrent au château, où les attendait Léonce de Paerne qui reconnut les deux enfants et s'agenouilla devant eux en pleurant de joie. « Ah! « madame, dit-il, vous avez recueilli les fils « d'un roi, le plus preux des hommes, sauf le roi « Ban son frère, qui sans doute avait un plus « haut renom de chevalerie. Vous, comme nous, « connaissez peut-être toute la grandeur de leur « lignée; ils sont plus nobles encore, de par « leur mère, car ils tiennent au sang même « qu'avait daigné prendre le roi des cieux. Et « si les prophéties disent vrai, c'est par un des « fils des rois Ban et Bohor que les temps aven-

porter à ses enfans chapeaux de roses ou d'autres fleurs au vendredi, en remembrance de la sainte couronne d'épines dont Jhesu-Crist fut couronné le jour de sa sainte Passion. » (Tom. IV, p. 355 de la dernière édition.)

« tureux de la Grande-Bretagne doivent être « mis à fin. »

Lionel, en écoutant ces paroles, rougit, pâlit et fondit en larmes. « Qu'avez-vous, Lionel ? » lui demande sa nouvelle maîtresse, en le prenant par le menton; « voulez-vous déjà me « quitter? Êtes-vous déjà fatigué de ma maî« trise? — Oh non! douce demoiselle; je pleure « pour la terre de mon père, qu'un autre retient. « Sans mes hommes, comment puis-je conquérir « honneur? » Lancelot le regardant alors avec dédain : « Fi! beau cousin, dit-il, fi! de pleurer « pour défaut de terres! Vous n'en manquerez pas, « si vous ne manquez pas de cœur. Preux, vous « les gagnerez par prouesse, et par prouesse vous « les garderez. »

Tous ceux qui entendirent ainsi parler Lancelot furent surpris de cette hauteur de sagesse dans un âge si tendre : la Dame du lac parut seulement étonnée de ce nom de beau cousin qu'il avait donné à Lionel. Les larmes du cœur lui en montèrent aux yeux; mais, revenant à Léonce de Paerne, elle lui fit entendre que les enfants ne pouvaient être nulle part aussi bien en sûreté qu'auprès d'elle. « Vous, Lambègue, ajouta-t« elle, vous allez retourner vers votre oncle « Pharien et nous l'amènerez. Ne demandez « pas qui je suis; il vous suffira de savoir que « mes châteaux n'ont rien à craindre des entre-

« prises de Claudas. Je vais charger quelqu'un « de vous conduire par les détours de cette « enceinte ; et vous ne ramènerez que Pharien « et Léonce de Paerne. »

Tant qu'il avait été chez la Dame du lac, Léonce n'avait cessé de regarder le doux et gracieux visage de Lancelot. Chemin faisant, et comme ils approchaient de Tarasque : « Avez-« vous, dit-il à Lambègue, remarqué les pa-« roles de l'ami de nos deux seigneurs? jamais il « n'en vola de plus fière des dents d'un enfant. « Il eut grandement raison d'appeler Lionel son « cousin. — Comment, reprit Lambègue, pour-« raient-ils être parents? nous savons que le roi « Ban n'eut qu'un fils, et ce fils mourut le même « jour que lui. — Croyez-moi, c'est Lancelot : « c'est le fils du roi Ban. Je l'ai bien regardé, et « j'ai reconnu les traits, le regard, l'allure du « roi de Benoïc. Le cœur me l'a dit; rien ne « m'empêchera de voir en lui monseigneur « Lancelot. »

Mais la Dame du lac, après le départ de Léonce et de Lambègue, avait ramené les enfants dans son palais. Elle prit aussitôt Lancelot à l'écart, et lui dit d'une voix qu'elle essayait de rendre sévère : « Comment avez-vous eu la hardiesse « d'appeler Lionel votre cousin? Ne savez-vous « pas qu'il est fils de roi? — Dame, » répond-il en rougissant un petit, « le mot m'était venu à

« la bouche, et je ne l'ai pas retenu. — Or, « par la foi que vous me devez, dites lequel « pensez-vous le plus gentil homme de Lionel ou « de vous? — Dame, je ne sais pas si je suis de « lignage aussi noble que lui, mais au moins ne « m'arrivera-t-il jamais de pleurer de ce qui l'a « fait pleurer. On m'a souvent dit que d'un « homme et d'une femme sont issues toutes « gens; je ne comprends pas alors comment il « y a dans les gens plus ou moins de gentillesse, « hors celle qui vient de prud'homie. Si le grand « cœur fait le gentil homme, j'ai bonne con- « fiance d'être au nombre des plus gentils. — « C'est là, reprit la Dame du lac, ce qu'on « pourra voir; mais au moins puis-je déjà dire « que, si vous avez toujours le cœur aussi haut, « vous n'avez pas à craindre de manquer de no- « blesse. — Vous le croyez aussi, madame? — « Assurément. — Soyez donc bénie, pour m'avoir « laissé l'espoir d'atteindre à la plus haute gen- « tillesse. Je n'ai pas regret d'avoir été jusqu'à « présent servi par deux fils de roi, puisque je « puis un jour les atteindre et même les é- « passer. »

La Dame du lac était de plus en plus ravie du grand sens de Lancelot : sa tendresse pour lui ne pouvait être plus grande; mais un regret se mêlait aux mouvements de son cœur. L'enfant devait bientôt atteindre l'âge de recevoir les adoubements de chevalier; elle ne pourrait alors le retenir plus longtemps. Il lui resterait Lionel, mais à son tour Lionel la quitterait, puis enfin Bohordin. Au moins alors, pensait-elle, elle les suivrait de loin; elle s'attacherait à prévoir, à prévenir leurs dangers, à leur transmettre ses avertissements, ses conseils. Elle ne le sentait que trop; tout son bonheur était concentré dans l'amour qu'elle portait à ces trois enfants, et surtout à Lancelot.

XV.

Lambègue et Léonce de Paerne, revenant aux bourgeois de Gannes pour les rassurer sur le sort des deux fils de Bohor, pensaient que Pharien allait recouvrer sa liberté; Pharien le croyait aussi et déjà se disposait à ramener au roi de Bourges les trois otages qu'il en avait reçus : mais les gens de la ville ne furent pas d'avis de rendre ces otages, dans la crainte d'une attaque prochaine de Claudas; et Pharien, ne voulant pas les leur abandonner, dut se résigner à partager encore leur prison.

Claudas en effet ne pouvait oublier que la mort de son fils demandait vengeance. Il parut bientôt avec un ost formidable devant les murs de Gannes. Alors les bourgeois s'humilièrent devant Pharien et le conjurèrent d'user de son crédit auprès du roi de Bourges, pour désarmer sa colère. « J'irai volontiers à lui, dit Pharien, et « j'ai bon espoir de le fléchir. Mais, comme il « faut tout prévoir, et qu'il n'y a jamais dans les « hommes autant de bon ou de mauvais qu'on « peut le supposer, vous allez me jurer, si je ne « revenais pas, de venger ma mort sur les trois « otages. »

Les barons jurèrent sur les saints, Pharien revêtit ses armes et monta à cheval. En le voyant arriver de loin, Claudas courut à lui les bras tendus et voulut le baiser sur la bouche : « Sire, dit Pharien en se reculant, je veux « avant tout connaître ce que vous entendez « faire. Vous venez assiéger une ville où sont « mes pairs et mes amis ; je me suis rendu « leur caution que vous les épargneriez. La « honte en sera sur moi, si vous me démen- « tez. — Comment ! répond Claudas, Gannes « n'est-elle pas ma ville ; n'êtes-vous pas tous « mes hommes? De quel droit me fermez-vous « vos portes? — Sire, quand on voit avancer une « ost, il est prudent de se mettre en défense. « Rassurez les citoyens ; dites que vos inten- « tions sont amicales, que vous ne songez pas à « la vengeance, et nos portes vous seront ou- « vertes. — N'y comptez pas ! » reprend Claudas, « j'entends faire justice, et dès que je serai entré

« — Je vous le répète, sire, les gens de Gan-« nes sont sous ma garantie ; je vous demande, « comme votre homme, de ne pas pourchasser « ma honte. S'ils ont mal fait envers vous, en-« tendez-les ; ils sont prêts à faire amende.

« — Je ne veux rien entendre. Le meurtre de « mon cher fils Dorin réclame vengeance ; si je « ne la poursuivais, je serais tenu pour honni par « mes barons de la Déserte. »

Pharien dit alors : « Sire Claudas, tant que « vous avez eu besoin de mon service, je ne vous « l'ai pas refusé ; aujourd'hui que vous n'avez « plus égard à mon conseil, je déclare renoncer « à votre fief ; ailleurs serai-je peut-être mieux « écouté. Et vous, seigneurs barons de la Dé-« serte, qui penseriez votre roi honni s'il dai-« gnait pardonner à ses hommes de Gannes, nous « verrons de quel secours vous lui serez. Vous ne « parliez pas ainsi, quand, à la porte même de « son palais, j'arrêtai le glaive qui allait le frap-« per à mort. Grâce à Dieu, nous avons dans la « ville assez de chevaliers pour vous bien rece-« voir. En attendant, si quelqu'un veut soutenir « ici que les barons de Gannes sont indignes « de pardon, je le défie, et suis prêt à lui faire « confesser le contraire. »

Nul ne répondant au défi : « Roi de Bourges, « reprend-il, je ne suis plus votre homme, je suis « dégagé de tout devoir envers vous ; que vos ba-

« rons m'entendent : désormais vous n'aurez pas « de pire ennemi que moi. Mais, avant de retour- « ner à mes amis, je dois vous semondre d'une « chose : comme roi, vous m'avez promis de te- « nir ma prison dès que je vous le demanderais, « je vous le demande aujourd'hui ; vous allez me « suivre, à peine d'être parjure. — Oh ! répond « Claudas, je ne l'ai pas entendu ainsi. J'ai pro- « mis à l'un de mes hommes, non à celui qui a « cessé de l'être. — Puisque vous ne tenez pas « compte de votre serment, que la honte en « demeure sur vous ! vous n'êtes plus digne de « porter couronne. J'ai le droit d'oublier que « vous avez été pour un temps mon seigneur ; si « l'occasion s'en présente, je vous combattrai, je « vous tuerai, sans craindre aucun jugement de « cour. Et si je meurs avant vous, mon âme ne « sera plus rien, ou je reviendrai de l'autre « monde pour vous frapper (1). Priez en atten- « dant pour l'âme de vos trois otages, et non pour « leur corps ; car, avant de me revoir, nos man- « gonneaux auront fait rouler leurs têtes jusqu'à « l'entrée de votre pavillon. »

Cela dit, il broche son cheval des éperons et s'éloigne à toute bride : plus de vingt chevaliers le poursuivent, les glaives tendus. Il allait

(1) « Et se vous remanés aprés moi vivant, si atten- « dez de moi la mort, ou ame de cors sera noient. » (Msc. 339, f° 15.)

être atteint comme il touchait aux portes de la ville, quand il entendit la voix de Lambègue : « Bel oncle, rentrerez-vous sans donner une « leçon à ces ribauds ? » Pharien se retourne alors vers celui qui le suivait de plus près ; d'un revers de glaive il plonge dans son corps le bois avec le fer, et le jette mort sous les pieds de son cheval. Il met ensuite la main à l'épée et s'élance sur ceux qui accouraient à lui. Les portes de la ville s'ouvrent ; cent chevaliers conduits par Lambègue lui viennent en aide, tandis que, du côté opposé, Claudas armé d'un bâton criait aux siens : « Mauvais garçons ! avez-vous juré de me « déshonorer? qui vous a permis d'attaquer un « messager ? » Il n'avait que son épée à la ceinture, et sur la tête un léger haubergeon. Lambègue le reconnaît, accourt à lui le glaive tendu, comme il rebroussait chemin en ramenant ses gens. « Claudas ! Claudas ! lui criait Lambègue, « vous fuyez : vous ne voulez pas savoir com- « ment est forgée mon épée. » Ainsi menacé par un ennemi bien armé, quand lui-même n'avait ni haubert, ni glaive, ni heaume, Claudas sentit un frisson le parcourir ; il pressait jusqu'au sang les flancs de son cheval : « Traître ! parjure ! lâche ! « criait toujours Lambègue, ose donc m'attendre ! « ne t'enfuis pas comme le dernier des couards ! » Le roi ne put supporter tant d'outrages ; et, la mort lui paraissant préférable à la honte de fuir, il lève la main droite, fait le signe de la croix sur son visage et sur son corps, puis, l'épée en main, il retourne son cheval : « Lambègue, dit-il, « ne te presse pas ; on sait assez que je ne suis « pas traître, et tu vas voir si je mérite d'être « appelé couard. » Jamais Lambègue ne ressentit tant de joie. Il atteint, le premier, Claudas de son long épieu, sur le haut de la poitrine. Un peu plus bas, c'en était fait de lui. Le roi, fortement blessé, chancelle sur son cheval, puis se remet, et, comme Lambègue passait, sans avoir encore eu le temps de tirer l'épée pour remplacer le glaive brisé, Claudas l'atteint de la sienne en plein visage ; la pointe pénètre à travers les mailles de la ventaille et le renverse sur l'arçon de derrière. Ses yeux se troublent ; mais Claudas, après ce suprême effort, s'affaisse pâmé sur l'avant de la selle. Lambègue reprend ses esprits le premier, et, voyant Claudas immobile, les deux mains crispées sur la crinière de son cheval, il lui assène un coup d'épée pour lui trancher la tête, au moment où le cheval se dressait sur ses jambes de derrière ; de sorte que le coup porta sur le sommet du haubergeon. Le roi tomba lourdement à terre ; il allait recevoir le coup de grâce, quand arrivèrent ses gens qui, faisant un rempart à leur seigneur, forcèrent Lambègue à ramener son écu sur sa poitrine. Il ne fuyait pas cependant ; dans sa rage, il se serait aveuglément jeté au milieu d'eux; mais Pharien survint, mit la main au frein de son cheval et le fit rebrousser vers la ville. Ils rentrèrent, fermèrent les portes, baissèrent les herses et se hâtèrent de remonter dans la tour pour se débarrasser de leurs écus en lambeaux, de leurs hauberts démailiés et de leurs heaumes déchiquetés. On pouvait, au sang ruisselant ou caillé de leurs blessures, voir qu'ils ne revenaient pas d'une partie de fête.

Les trois ôtages de Claudas, enfermés dans une chambre dont Pharien gardait les clefs, les avaient entendus revenir, et n'auguraient rien de bon de leur retour. «Sire oncle,» dit Lambègue, après avoir un instant respiré, «oh! pour « Dieu! laissez-moi punir sur eux la félonie de « Claudas. — Non, beau neveu, le méfait de leur « seigneur n'est pas leur méfait; le roi Claudas « ne m'a fait en sa vie qu'une seule honte, dont « je dois me taire, et ces prud'homes n'en « sont pas responsables. » Comme il arrêtait encore une fois la fureur de Lambègue, voilà qu'un écuyer vient l'avertir que Claudas demandait à lui parler sous les murs de la ville. Il remonte, vient à la porte, et reconnaît devant lui le roi étendu dans une litière. Un chevalier lui fait signe d'approcher : «Pharien,» lui dit Claudas, « donnez-moi des nouvelles de mes otages; sont- « ils encore en vie? — Oui, sire.» Le visage du roi s'éclaircit à cette réponse. « Écoutez-moi, « Pharien (1); vous m'avez rendu votre hom- « mage sans en avoir bonne raison. Je vous re- « quiers de le reprendre; et si vous refusez, au « moins ai-je le droit de vous recommander « mes otages. Mais consentez à revenir à moi, et « je suis prêt à tenir la promesse que je vous « avais faite. — Sire, comment l'entendez-vous? « — Je m'étais engagé à mon vassal, je dois tenir « mes engagements à son égard, non à l'égard « d'un homme qui n'est plus à moi. Si vous ne « voulez pas rester mon homme, et que vous re- « tourniez à Gannes, je ne dois attendre de vous « ni bon ni mauvais conseil. Dites seulement à « dix des principaux de la ville de venir me par- « ler. »

Pharien rentre dans la ville, et sur-le-champ avertit Léonce de Paerne et neuf des plus hauts barons de se rendre à la litière de Claudas. Le roi, dès qu'il les vit : « Vous êtes, leur dit-il, mes « hommes; si je rendais bonne justice, je ne re- « mettrais pas à la ville l'injure qu'elle me fait. « Mais je n'entends pas user envers elle de la « dernière rigueur, bien que vous sachiez comme « moi que toutes vos défenses seraient inutiles. « Pharien est venu me parler de paix; mais il

(1) Le bon manuscrit 339 présente ici une longue lacune que je remplis à l'aide des nos 754 et 1430, qui n'offrent pas un moins bon texte.

« n'est plus mon homme, et je n'ai pu m'entendre avec lui. Or voici les conditions que je veux « bien vous accorder : par les saints de votre « ville ! si vous les refusez, vous n'obtiendrez de « moi aucune merci. Jurez que vous n'avez pris « aucune part au meurtre de mon fils Dorin, et « livrez-moi un seul des vôtres, pour en faire ma « volonté. »

Les barons, en entendant parler ainsi Claudas, furent émus de joie et de douleur : de joie, par l'espérance d'un prochain accord ; de douleur, en pensant qu'il fallait l'acheter par le sacrifice d'un des leurs. « Sire, dit Léonce de Paerne, nous « avons entendu vos paroles, et peut-être nous « y accorderons-nous, quand nous saurons le « nom du chevalier qui doit vous être livré. — « Je vais vous le dire : c'est Lambègue. — Ah ! « Sire, cela ne peut être ; nous ne livrerons pas le « meilleur chevalier de ce royaume. A Dieu ne « plaise que la paix soit achetée si chèrement ! « Quand tous y consentiraient, je refuserais encore. — Et vous autres, reprit Claudas, laisserez-vous renverser votre ville de fond en « comble et mettre à mort tous les habitants, « chevaliers et bourgeois, pour ne pas livrer un « seul homme ? — Nous suivrons tous, répondent-ils, le conseil de Léonce de Paerne. — « Retournez donc d'où vous êtes venus, et n'attendez de moi paix ni trêve. »

Ils rentrent à Gannes pénétrés de la plus vive douleur. « Quelles nouvelles? » leur demande Pharien. — « Mauvaises. Nous n'aurons pas la « paix si nous ne consentons à livrer Lambègue. « — Et qu'avez-vous répondu? — Que je ne se« rai jamais, dit Léonce, d'un conseil où l'on « s'accorderait à sacrifier le chevalier qui nous « a le mieux défendus. » Pharien assemble alors les bourgeois de la ville, et tous, sans hésiter, approuvent le refus de Léonce de Paerne. « On « ne nous blâmera jamais d'avoir acheté notre « salut à si haut prix. Il faut aller attaquer l'ost « de Claudas; que Dieu nous soit en aide, et « qu'au moins nous vendions chèrement nos « vies! »

Pharien, touché de tant de loyauté, les remercie et remonte à la tour. Là, tristement appuyé sur les créneaux, en face de la prairie couverte des pavillons de Claudas, il comprend mieux encore que la résistance sera vaine, que les hommes de la cité sont en trop petit nombre, et cependant trop nombreux encore pour les faibles provisions qui leur restent. Ses larmes coulent en abondance, les soupirs gonflent sa poitrine. Au même instant Lambègue qui, le voyant gémir penché sur les créneaux, craint de le troubler, approche doucement pour l'entendre sans être vu. « Ah! disait Pharien, « bonne cité si longtemps ho« norée, hantée de tant de prud'homes; siége

« et chambre de roi ; repaire de liesse, hôtel de « justice, si riche en preux chevaliers, en bons et « vaillants bourgeois ! Comment voir sans dou- « leur votre ruine ! Ah ! pourquoi Claudas n'a- « t-il pas demandé ma vie plutôt que celle de « Lambègue : j'ai déjà tant vécu que je pouvais « donner sans regret le reste de mes jours ; car « un vieillard peut-il souhaiter une plus belle « mort que celle qui devient le salut de ses « compagnons, de ses frères ? »

Les sanglots l'empêchaient de continuer. Lambègue approchant brusquement : « Sire oncle, ne « vous désolez pas ainsi. Par la foi que je vous « dois, il ne tiendra pas à moi que la ville ne « soit sauvée, et j'y gagnerai grand honneur. J'i- « rai me rendre à Claudas sans regret, sans « crainte. — Lambègue, dit Pharien, je vois « que tu m'as écouté ; mais tu ne m'as pas com- « pris. Tu es jeune, tu n'es pas à la fin de tes « prouesses, et je n'entends pas que tu meures. « Dieu nous aidera, sans doute : nous tenterons « une sortie, et peut-être tromperons-nous toutes « les espérances de Claudas. — Non, bel oncle, « il n'est plus question de cela ; la ville peut « avoir la paix de par moi, il ne faut pas lais- « ser un autre que moi mourir pour elle. — « Comment ! Lambègue, serais-tu décidé à te « rendre à Claudas ? — Assurément, bel oncle ; « je vous l'ai entendu dire : si vous étiez à ma

« place, vous seriez heureux de vous livrer. « Puis-je craindre d'être honni, en faisant ce que « vous auriez voulu faire? — Hélas! Lambègue, « je vois que tu vas à la mort, et que rien ne « pourra te garantir; mais, au moins, chevalier « ne mourra-t-il jamais à plus grand honneur, « puisque ta mort sera le salut de tout un peuple.»

Il fallait maintenant avoir raison de la résistance de tous les barons et des bourgeois de la ville, qui ne voulaient à aucun prix racheter leur vie par celle de leur plus vaillant chevalier. Enfin, Lambègue leur persuada de le laisser partir, et Pharien en l'embrassant lui dit : « Beau neveu, vous allez à la mort la plus glo- « rieuse que chevalier puisse souhaiter; mais il « faut vous y préparer devant Dieu, aussi bien que « devant les hommes. Avant de rendre votre belle « âme à notre Seigneur Dieu, vous vous confes- « serez. — Ah! sire oncle, répond Lambègue, je ne « crains pas de mourir; je sais trop que, si Dieu « vous prête vie, ma mort sera vengée. Mais savez- « vous ce qui me déchire et me tourmente? c'est, « en me confessant, la nécessité d'accorder le « pardon à mon plus mortel ennemi. Voilà une « angoisse plus insupportable que tous les sup- « plices. — Il le faut, beau neveu. — Si vous « le voulez, je dois y consentir, car je veux, « en vous recommandant à Dieu, bel oncle, « demeurer en sa grâce et en la vôtre. »

Alors on appelle l'évêque, et, d'une voix claire, Lambègue découvre tout ce qui pouvait lui peser sur la conscience. Puis il demande ses armes. « Quel besoin en avez-vous? lui dit Pharien; ne « vaudrait-il pas mieux réclamer merci? — A « Dieu ne plaise que je réclame merci de celui « qui ne l'aurait pas de moi! J'irai vers lui, non « comme un ribaud devant son baron, mais « comme chevalier, le heaume lacé, l'écu au cou, « l'épée au poing que je lui rendrai. Ne crai- « gnez rien de moi, bel oncle; je n'entends ni le « frapper, ni l'empêcher de me frapper. »

Dès qu'il est revêtu de ses armes, il monte et les recommande à Dieu en s'éloignant, d'un visage calme et serein. Il est bientôt arrivé devant le pavillon de Claudas. Le roi de Bourges, qui connaissait son cœur indomptable, s'était lui-même armé, et l'attendait au milieu de ses barons. Lambègue approche, regarde Claudas et ne dit pas un mot; il tire lentement son épée du fourreau, soupire profondément et la jette aux pieds de Claudas. Il détache ensuite son heaume, son écu tout bosselé, et les laisse aller à terre. Le roi relève l'épée, la regarde et la hâusse comme pour la faire retomber sur la tête de Lambègue. Tous ceux qui le voient frémissent; Lambègue seul reste insensible; il ne fait pas un geste, il ne donne pas le moindre signe d'émotion. « Qu'on « lui ôte son haubert et ses chausses de fer! »

dit Claudas. Valets aussitôt de l'entourer, de lui enlever les dernières pièces de son armure. Le voilà en simple cotte d'isembrun, sans barbe ni grenons, mais taillé merveilleusement de corps, et beau de visage. Il est devant le roi, mais il ne daigne pas le regarder. A Claudas de rompre le silence :

« Lambègue, comment as-tu bien la hardiesse « de venir ici? Tu sais que je ne hais personne « au monde autant que toi. — Et toi, Claudas, « ne sais-tu pas que je ne te crains guère? — Tu « me menaces encore, au moment où ta vie « m'appartient! — Je n'ai aucune peur de la « mort; je savais bien, en me livrant à toi, « qu'elle me prendrait. — Avoue-le : tu croyais « avoir affaire à un ennemi compatissant. — « Non, mais au plus cruel qui fut jamais. — Et « pourquoi aurais-je de toi la moindre pitié? Est-« ce que tu m'épargnerais si j'avais le malheur « de tomber entre tes mains? — Dieu n'a pas « voulu m'accorder tant de grâce; mais, pour te « voir mourir de ma main, j'aurais donné tout « dans ce monde, et ma part dans l'autre. »

Claudas jeta un ris, et, avançant la main gauche, il prend Lambègue par le menton : « Lambègue, » dit-il après un moment de silence, « qui « vous a pour compagnon peut se vanter d'avoir « près de lui le plus dur de cœur, le plus in-« domptable fils de femme qui soit sorti du lit ce

« matin. Oui, si tu vivais ton âge, tu serais as-« surément le plus hardi des chevaliers. Dieu ne « me soit jamais en aide, si je consentais, pour « la couronne du monde, à te donner la mort ! « Il est bien vrai que ce matin je n'avais rien « autant à cœur que ma vengeance ; je l'ai « sentie tomber ; ma première résolution s'est « évanouie en te voyant, toi si jeune encore, « donner ta vie pour sauver tes compagnons, « tes amis. Et quand même je voudrais me dé-« livrer d'un aussi furieux ennemi, je devrais « encore me garder de le faire, pour l'amour « de Pharien, ton oncle, qui m'a sauvé la vie « quand tu allais me la ravir. »

Il fait alors apporter une de ses robes les plus riches et la présente à Lambègue, qui refuse de la prendre. « Soyons amis, lui dit le roi ; consens « à demeurer près de moi, à recevoir de mes « fiefs. — Non, Claudas ; au moins attendrai-je « pour devenir ton homme que mon oncle le « redevienne. » Le roi envoie alors un chevalier vers Pharien, qui se tenait à la porte de Gannes, le heaume lacé, le glaive au poing, l'épée à la ceinture, résolu d'attendre Claudas et de le tuer, dès qu'il apprendrait que son neveu avait cessé de vivre.

Le messager l'ayant amené : « Pharien, » lui dit Claudas, « je viens de m'acquitter envers « vous : j'ai pardonné à Lambègue. Votre

« compagnie me serait assurément plus chère « que tout au monde. Vous ne me la refuserez « pas ; renouvelez donc votre hommage et repre- « nez les terres que vous teniez de moi : sachez « que je compte les accroître de tout ce qu'il « plaira à vous et à Lambègue de demander.

— « Sire roi, répond Pharien, je vous rends « grâce, comme à l'un des meilleurs rois, pour « ce que vous avez fait et voulez faire. Je ne re- « fuse ni votre service ni vos dons ; mais j'ai juré « sur les saintes reliques que je ne recevrais des « terres de personne avant d'avoir bonnes en- « seignes des enfants de mon seigneur le roi « Bohor. — Eh bien ! reprend Claudas, reprenez « votre terre sans m'en faire hommage ; allez « tant qu'il vous plaira en quête des enfants : si « vous les trouvez, ramenez-les ici, et je vous « saisirai de leur héritage jusqu'à ce qu'ils soient « en âge d'armes porter. Ils m'en feront hom- « mage, me reconnaîtront pour leur suzerain, « et vous suivrez leur exemple.

— « Je ne dois pas, dit Pharien, y consentir ; « je pourrais me trouver obligé d'entrer dans « vos terres, et, bien que mon hommage fût « réservé, ce serait manquer à mon devoir de « tenancier. Je vous fais une autre offre : que « les enfants soient ou non retrouvés, je vous « promets de ne pas faire hommage à autre que « vous, sans vous en donner avis. — Oh ! reprend

« Claudas, je vois maintenant pourquoi vous ne « voulez plus être mon homme; vous m'avez en « effet déclaré que vous ne m'aimiez pas et ne « pourriez jamais m'aimer. — Sire, sire, répond « Pharien, je ne vous ai dit que la vérité. Vous « avez cependant fait plus pour moi que je n'ai « pu faire pour vous; ainsi, en quelque lieu que « vous soyez, votre corps n'aura pas à se garder « de moi ou de mon neveu. Laissez-nous donc « prendre congé de vous et commencer notre « quête. »

Claudas, voyant qu'il ne gagnerait rien à insister, leur accorda le congé qu'ils demandaient. Lambègue reprit ses armes; quand il fut monté, le roi lui présenta lui-même un glaive au fer tranchant, au bois dur et solide; car il était venu sans épieu. L'oncle et le neveu rentrèrent ainsi dans la ville qui leur devait la paix désirée; mais ils n'y restèrent même pas une nuit, et après avoir recommandé chevaliers et bourgeois à Dieu, ils commencèrent la quête de leurs jeunes seigneurs.

La Dame du lac avait attaché un de ses valets au service de Lambègue. Ils arrivèrent donc aisément dans l'agréable asile où se trouvaient déjà le fils du roi Ban, et ses cousins, les fils du roi Bohor.

Ici le conte passe assez rapidement sur le bon accueil que reçurent les nouveaux hôtes. Pharien cessa de vivre à quelque temps de là, et les derniers jours de sa femme furent marqués par le repentir de ses anciennes amours avec le roi Claudas. Aiguis et Tharin, leurs deux fils, devinrent de preux et loyaux chevaliers, et les deux bonnes reines de Gannes et de Benoïc achevèrent leur pieuse vie dans les deux monastères où elles s'étaient retirées. Des songes et des révélations leur avaient appris la glorieuse destinée de leurs enfants; si bien que leur seul regret en montant dans le Paradis fut de n'avoir pu revoir, avant de fermer les yeux, Lancelot, Lionel et Bohordin.

XVI.

Lancelot resta sous la garde de la Dame du lac jusqu'à l'âge de dix-huit ans. En le voyant si beau, si bien fourni de corps, si noble et si large de cœur, la dame comprenait mieux chaque jour qu'elle ne pouvait sans péché différer le moment de le mettre hors de page. Quelque temps après la fête de Pâques, il alla chasser en bois, et il lui arriva d'abattre un cerf de si haute graisse, bien qu'on fût encore loin du mois d'août, qu'il voulut l'envoyer sur-le-champ à la Dame du lac. Deux valets le portèrent à ses pieds et l'y déposèrent, tandis que lui s'arrêtait sous un chêne de la forêt pour s'y remettre de la grande chaleur du jour. Il remonta sur son chasseur (1) à l'entrée de la nuit, et, quand il revint dans la maison, il vit tous les commensaux ordinaires de la maîtresse de ces lieux entourer la belle proie. Lancelot était court-vêtu d'une cotte de bois, sur sa tête un chapeau de feuilles, et le carquois pendu à la ceinture. En le voyant arriver dans la cour, la dame sentit monter à ses yeux les larmes du cœur; et, sans l'attendre, elle rentra vivement dans la grande salle, où elle demeura le visage caché dans ses mains. Lancelot arrive à elle; elle s'enfuit dans une chambre voisine. « Que peut avoir ma dame? » pensa le valet. Il la cherche, la rejoint et la trouve étendue sur une grande couche, noyée dans les larmes. A son salut elle ne répond pas, elle qui d'ordinaire courait au-devant de lui pour l'accoler et le baiser. « Dame, lui dit-il, que pouvez-« vous avoir? Si quelqu'un vous a fait de la « peine, ne le célez pas, car je n'entends pas « que de mon vivant on ose vous courroucer. » Elle lui répond d'abord par un redoublement de larmes et de sanglots; puis, le voyant de plus en plus interdit : « Ah! fils de roi, dit-elle, retirez-

(1) Les chevaux de chasse étaient dressés d'une façon particulière; de là le nom de *chacéors* qui les distinguait.

« vous, si vous ne voulez voir mon cœur se bri-
« ser. — Dame, je m'en vais donc, puisque ma
« présence ne vous apporte que des ennuis. »

Il s'éloigne, va prendre son arc, le passe à son cou, resserre son carquois, pose la selle et le mors à son coursier, et l'amène dans la cour. Cependant la dame qui l'aimait éperdûment, craignant de l'avoir affligé, se lève, essuie ses yeux gonflés, et arrive dans la cour au moment où il mettait le pied à l'étrier. Elle se jette au frein du cheval : « Valet, dit-elle, où voulez-vous aller ?
« — Dame, au bois. — Descendez, vous n'irez
« pas. » Il se tait, descend, et le cheval est reconduit à l'étable.

Elle le prend alors par la main, le mène dans ses chambres, et le fait asseoir auprès d'elle sur une couche ou lit de repos. « Dites-moi, par la
« foi que vous me devez, où vouliez-vous aller ?
« — Dame, vous paraissez fâchée contre moi ;
« vous refusez de me parler ; j'ai pensé que je
« n'avais plus rien à faire ici. — Mais, où vou-
« liez-vous aller, beau fils de roi ? — Dans un
« lieu où j'aurais pu trouver à me consoler. —
« Et ce lieu ? — La maison du roi Artus, qu'on
« m'a dite le rendez-vous de tous les bons. Je
« me serais mis au service d'un de ses pru-
« d'hommes qui plus tard m'eût fait chevalier.
« — Comment ! fils de roi, voulez-vous donc être
« chevalier ? — C'est la chose du monde que je

« désire le plus. — Ah! vous en parleriez au-
« trement si vous saviez tout ce que chevalerie
« exige. — Pourquoi donc? Les chevaliers sont-
« ils d'autre nature que les autres hommes? —
« Non, fils de roi; mais si vous connaissiez les
« devoirs qui leur sont imposés, votre cœur, si
« hardi qu'il soit, ne pourrait se défendre de
« trembler. — Enfin, dame, tous les devoirs de
« la chevalerie ne sont pas au-dessus d'un cœur
« d'homme? — Non, mais le Seigneur Dieu n'a
« pas fait un égal partage de la vaillance, de la
« prouesse et de la courtoisie. — Il faut avoir
« bien mauvaise idée de soi pour trembler de
« recevoir chevalerie : car nous devons tous viser
« à devenir meilleurs; la paresse seule arrête
« en nous les bontés du cœur; elles dépendent de
« notre volonté, et non pas les bontés du corps. »

« — Quelle est donc cette différence entre les
« bontés du cœur et celles du corps?

« — Dame, il me semble que nous pouvons
« tous être sages, courtois et larges; ce sont les
« vertus du cœur : mais nous ne pouvons nous
« donner la grandeur de taille, la force, la
« beauté, les belles couleurs du visage; ce sont
« les vertus du corps. L'homme les apporte au
« sortir du ventre de sa mère; les dons du cœur
« sont à qui veut fortement les avoir : tous peu-
« vent devenir bons et preux, mais on ne le de-
« vient pas quand on écoute les conseils de l'in-

« dolence et de la paresse. Vous m'avez dit sou-
« vent que le cœur faisait le prud'homme; dites-
« moi, s'il vous plaît, quels sont ces devoirs de
« la chevalerie que vous dites si terribles.

« — Volontiers, reprit la dame; non pas tous,
« mais ceux qu'il m'a été donné de reconnaître.

« Ce ne fut pas un jeu que la chevalerie à
« son commencement: on n'eut pas alors égard
« à la noblesse ou gentillesse de lignage, car
« tous nous descendons du même père et de la
« même mère; et au moment où l'envie et la
« convoitise firent leur entrée dans le monde
« aux dépens de la justice, il y avait parfaite
« égalité de race entre tous. Quand les plus fai-
« bles commencèrent à tout craindre des plus
« forts, on établit des gardiens et défenseurs,
« pour prêter appui aux uns et arrêter la vio-
« lence des autres.

« On élut, à cet effet, ceux qui semblaient les
« plus forts, les plus grands, les plus adroits, les
« plus beaux; quand ils joignaient à ces dons
« ceux du cœur, la loyauté, la bonté, la har-
« diesse. On les nomma chevaliers, parce qu'ils
« montèrent les premiers à cheval. Ils durent être
« courtois sans bassesse, bienveillants sans réser-
« ve; compatissants aux malheureux, généreux
« aux indigents; toujours armés contre les meur-
« triers et les larrons; toujours prêts à juger sans
« haine et sans amour, à préférer la mort à la

« moindre souillure. Ils durent s'attacher à dé-
« fendre Sainte Église, qui ne peut maintenir son
« droit par les armes et doit tendre la joue gau-
« che à celui qui la frappe sur la joue droite.

« Les armes que porte le chevalier ont toutes
« une intention particulière. L'écu suspendu à
« son cou lui rappelle qu'il doit se placer entre
« mère Sainte Église et ceux qui veulent la frap-
« per. Le haubert qui couvre entièrement son
« corps l'avertit d'opposer un rempart vigilant
« aux ennemis de la Foi. Le heaume étincelle
« sur sa tête parce qu'il doit se tenir toujours
« au premier rang parmi les défenseurs du droit,
« comme la guérite abrite sur les murs la sen-
« tinelle vigilante. Le glaive, assez long pour
« donner la première atteinte, lui fait entendre
« qu'il doit remplir d'effroi les méchants, toujours
« prets à fouler les innocents. L'épée est la plus
« noble de toutes les armes. Elle a deux tran-
« chants ; elle frappe de l'estoc et de la taille les
« impies, les violents, les ennemis de la justice.

« Quant au cheval, il représente le peuple,
« qui doit soutenir et porter le chevalier, lui
« fournir tout ce qui peut lui être nécessaire. Le
« chevalier, à son tour, doit le conduire et le mé-
« nager autant que lui-même.

« Le chevalier doit avoir deux cœurs : l'un dur
« comme l'aimant à l'égard des félons et dé-
« loyaux ; l'autre mol et flexible comme cire, à

« l'égard des bonnes gens, des affligés et des « pauvres.

« Voilà les devoirs auxquels engage la che- « valerie. On ne les oublie pas sans perdre le bon « renom dans le siècle et l'âme dans l'autre « monde. Car en devenant chevalier on fait ser- « ment de défendre Sainte Église et maintenir « loyauté ; et les prud'hommes du siècle ne « sauraient garder parmi eux celui qui se montre « parjure envers son créateur. Ainsi, quiconque « veut être chevalier doit être plus simple de « cœur et plus pur de conscience que ceux qui « n'ont pas aspiré à si haute dignité. Mieux vau- « drait au valet vivre sans chevalerie toute sa « vie, qu'être honni sur terre et perdu dans le « ciel, pour en avoir oublié les devoirs. »

Lancelot, après l'avoir curieusement écoutée : « Dame, depuis les premiers jours de la cheva- « lerie, s'est-il rencontré un chevalier qui eût en « soi toutes les bontés que vous venez de nom- « mer ? — Assurément ; la Sainte Écriture nous « l'atteste. Avant la venue de Jésus-Christ, il y « eut Jean l'Hircanien et Judas Machabée, qui « ne tournèrent jamais le dos devant les mé- « créants ; il y eut encore Simon, frère de Judas, « le roi David et plusieurs autres. Après la pas- « sion du Sauveur, je nommerai Joseph d'Arima- « thie, le gentil chevalier qui descendit Jésus- « Christ de la croix, et le coucha dans le sépulcre.

« Je nommerai son fils Galaad, le roi de la terre « d'Hofelise, devenue en mémoire de son nom « le pays de Galles (1). Tels sont encore le roi « Pelle de Listenois et son frère Hélain le gros, « qui n'ont pas cessé de se maintenir en honneur « et gloire dans le siècle et devant Dieu.

« — Eh bien, dit Lancelot, puisque tant « d'hommes ont été pleins de tous les genres de « prouesses, ne serait-ce pas grande vilenie à « celui qui n'oserait aspirer à chevalerie, parce « qu'il croirait ces vertus trop hautes pour lui? « Je ne blâme pas ceux qui n'ont pas dans le « cœur la force d'y aspirer; mais pour ce qui me « regarde, si je trouve quelqu'un qui consente à « m'adouber, je ne le refuserai pas par crainte « de voir en moi chevalerie mal assise. Dieu peut « m'avoir donné plus de bonté que je ne sais, ou « bien pourra-t-il m'accorder plus tard le sens et « la valeur qui me feraient aujourd'hui défaut.

« — Beau fils de roi, puisque votre cœur ressent « toujours même désir d'être chevalier, votre « vœu sera accompli avant peu, vous serez satis- « fait. Oh! je le devinais bien : de là les pleurs « que je versais tout à l'heure. Cher fils de roi, j'ai « mis en vous tout l'amour qu'une mère pourrait « avoir pour son enfant : je prévois à grande dou- « leur que vous me quitterez bientôt; mais j'ai-

(1) Voy. *S. Graal*, t. I, p. 339.

« me bien mieux souffrir de votre absence que « vous faire perdre l'honneur de la chevalerie : « il y sera trop bien employé. Prochainement, « vous serez armé de la main du plus loyal et du « meilleur prince de notre temps, j'entends le roi « Artus. Nous partirons cette semaine même, et « nous arriverons au plus tard le vendredi avant « le dimanche de la Saint-Jean. »

Lancelot entendit ces paroles avec une joie sans égale. Aussitôt la dame réunit tout ce que demandait le voyage : un haubert blanc, fort et léger ; un heaume plaqué d'argent ; un écu blanc comme neige, avec la boucle d'argent ; une épée grande, tranchante et légère ; un épieu ou fer aigu, à la hampe grosse, roide et de blancheur éclatante ; un cheval grand, rapide et infatigable. Puis, pour sa chevalerie, la cotte de blanc satin, la robe de cendal blanc, et le manteau fourré d'hermine.

On se mit en route le mardi de la semaine qui précédait la Saint-Jean. La compagnie se composait de cinq chevaliers et trois demoiselles, de Lionel, Bohor et Lambègue, de nombreux écuyers et valets, vêtus de blanc et montés sur blancs chevaux.

Ils arrivèrent sur le rivage de la mer, entrèrent en navire et abordèrent en Grande-Bretagne, dans le port de Flodehug (1), le dimanche soir :

(1) Flodece, msc. 341, f° 36

on leur apprit que le roi Artus voulait célébrer à Kamalot la fête de la Saint-Jean. Arrivés le jeudi soir devant le château de Lavenor, situé à vingt-deux milles ou lieues anglaises de Kamalot, ils passèrent le lendemain matin dans la forêt qui touchait à la prairie de cette ville. Durant la traversée la dame fut pensive, silencieuse, et toute à la douleur de la prochaine séparation.

XVII.

Comme l'apprenait la Dame du lac, Artus séjournait à Kamalot, où il devait célébrer la Saint-Jean. Le vendredi, avant-veille de la fête, il était sorti de la ville par la porte Galloise, pour aller chasser au bois avec son neveu, monseigneur Gauvain, Yvain fils d'Urien, Keu le sénéchal, et plusieurs autres.

A trois portées d'arc de la forêt, ils virent avancer une litière doucement conduite par deux palefrois. Dans la litière était un chevalier armé de toutes pièces, hors le heaume et l'écu. Son corps était traversé de deux fers de lance auxquels tenaient encore les tronçons; une épée rougie de sang était fichée dans sa tête, et cependant il ne semblait pas vouloir de sitôt mourir.

La litière s'arrêta devant le roi; le chevalier navré se dressant un peu : « Dieu te sauve, dit-

« il, sire roi, le meilleur des princes, le recours « des déconseillés ! — Et vous, répond Artus, « Dieu vous rende la santé dont vous semblez « avoir défaut ! — Sire, je venais à vous « pour vous demander de me déferrer de cette « épée et de ces pointes de lance qui me mettent « au supplice. — De grand cœur, » dit le roi en avançant la main vers les tronçons : — « Oh ! « s'écrie le chevalier, ne vous hâtez pas : ce n'est « pas ainsi que vous me délivrerez. Il faut com- « mencer par jurer de me venger de tous ceux « qui déclareront aimer mieux que moi celui qui « m'a navré.

« — Sire chevalier, répond Artus, vous de- « mandez un trop dangereux service : celui qui « vous a navré peut avoir tant d'amis qu'on n'aît « pas lieu d'espérer d'en jamais finir. Avant eux « viendront les parents ; et le moyen de composer « avec eux ? Mais ce que je puis accorder, c'est « de vous venger autant qu'il dépendra de moi « de celui qui vous a frappé : s'il est de mes « hommes, assez d'autres chevaliers dans ma cour « vous offriront leur bras, à défaut du mien. — « Sire, ce n'est pas là ce que je demande d'eux « et de vous : j'ai tué moi-même l'ennemi qui « m'avait navré. — Cette vengeance devrait vous « suffire, et je n'entends pas engager aucun de « mes chevaliers à vous promettre davantage.

« — Sire, je pensais trouver dans votre maison

« aide et secours : je suis trompé dans mon at-
« tente. Cependant, je ne perds pas toute espé-
« rance : peut-être un chevalier, désireux de
« louange, aura-t-il assez de prouesse pour con-
« sentir à me guérir. — J'en doute, repartit le
« roi ; mais suivez la voie qui conduit au palais,
« et séjournez-y, en attendant le chevalier que
« vous demandez. »

Le chevalier fit signe à ses écuyers de le mener à Kamalot ; introduit dans le palais, il choisit la salle le plus fréquemment traversée ; car personne, à la cour d'Artus, n'eût osé refuser l'entrée de l'hôtel à un chevalier ; personne n'eût trouvé mauvais qu'il y choisît le meilleur des lits qui n'étaient pas occupés.

Le roi entrait cependant dans la forêt, en s'entretenant de la singulière rencontre qu'ils venaient de faire. « Peut-être, disait Gauvain,
« le chevalier navré trouvera-t-il à Kamalot le
« hardi champion qu'il cherche. — Je ne sais,
« reprenait le roi, mais je ne louerais pas celui
« qui entreprendrait une aussi folle besogne. »

Après avoir chassé jusqu'à la chute du jour, Artus regagnait le chemin ferré, quand il vit poindre devant lui une belle et nombreuse compagnie. D'abord deux garçons chassant deux sommiers blancs : l'un portait une tente ou pavillon blanc très-léger, l'autre deux robes de nouveau chevalier. Sur chaque sommier était un coffre dans lequel le blanc haubert et les chausses de fer. Après ces valets, deux écuyers également vêtus de blanc, montés sur blancs roncins. L'un portait un écu d'argent, l'autre un heaume éclatant de blancheur. Puis deux autres, l'un tenant un glaive blanc de fer et de bois; une épée enfermée dans un blanc fourreau retenu par un blanc ceinturon : l'autre conduisant un bel et grand cheval en dextre. Suivaient de nombreux écuyers et sergents, tous vêtus de cottes blanches; trois blanches demoiselles, les deux fils du roi Bohor, enfin la Dame du lac et son cher Fils de roi, avec lequel elle semblait converser doucement. Elle était vêtue d'un merveilleux samit blanc, avec cotte et manteau fourré d'hermine. Son palefroi blanc, vif et bien dressé, avait un frein de pur argent, le poitrail, les étriers et la selle subtilement ouvragés d'images de dames et de chevaliers; la blanche sambue traînait jusqu'à terre comme le bas du samit qui enveloppait la dame. En apercevant Artus, elle pressa le pas de sa blanche haquenée, et, s'avançant au premier rang du cortége, elle répondit au salut que le roi lui avait fait d'abord, et après avoir abaissé la guimpe qui couvrait son visage : « Sire, Dieu « vous bénisse, comme le meilleur roi du monde ! « Je viens de très-loin vous demander un don « que vous pourrez m'accorder sans dommage. « — Demoiselle, quand il devrait m'en coûter

« beaucoup, encore ne seriez-vous pas éconduite.
« Quel est le don que vous réclamez? — C'est de
« vouloir bien adouber ce beau valet de son har-
« nois et de ses propres armes, quand il vous le
« demandera. — Grand merci, demoiselle, de
« nous amener un tel jouvenceau : assurément
« l'adouberai-je quand il le demandera ; mais
« vous m'avez dit que le don ne serait pas à mon
« dommage; cependant j'aurais grande honte
« de manquer à mon habitude de fournir d'armes
« et de robes ceux qui reçoivent de moi leur
« chevalerie. A moi le don du harnois et des ar-
« mes, à Dieu d'y mettre le surplus : j'entends
« la prouesse et la loyauté.

« — Il se peut, reprend la dame, que vo-
« tre usage soit de donner aux nouveaux che-
« valiers leurs armes; mais peut-être ne vous
« a-t-on pas encore demandé d'en agir autre-
« ment (1). Pour moi, je tiens à ce que le valet
« porte les armes que je lui ai destinées. Ac-
« cordez-moi, sire, de l'adouber à cette condi-
« tion ; si vous refusez, je m'adresserai à un au-
« tre roi, ou je l'armerai moi-même, plutôt que
« de le priver de la chevalerie qu'il est impatient
« d'obtenir. »

Alors messire Yvain prenant la parole : « Sire,

(1) Sagremor, dans le livre du Roi Artus, avait déjà voulu être adoubé de ses propres armes. (T. II, p. 204.)

« accueillez la demande de cette demoiselle ; il « ne faut pas éconduire un jouvenceau de si belle « apparence. » Artus promit donc, et la dame après l'avoir remercié avertit le beau valet de retenir les deux sommiers, un superbe palefroi, et les quatre écuyers ; puis, prenant congé du roi, elle retourna sur ses pas, malgré les instances qu'on lui fit de demeurer. « Pour Dieu ! « dit Artus, veuillez au moins nous apprendre « comment nous devons vous appeler. — Sire, « on m'appelle la Dame du lac. » Le roi n'avait jamais entendu prononcer ce nom. Il reçut les adieux de la noble inconnue que le beau valet convoya assez longtemps. Avant de le quitter : « Fils de roi, lui dit-elle, vous venez de la « meilleure race du monde. Montrez-vous digne « de votre naissance. Soyez aussi haut de « cœur que vous êtes beau de corps : ce serait « trop grand dommage si la prouesse était en « vous au-dessous de la beauté. Dès demain soir « vous demanderez la chevalerie au roi Artus : « une fois armé, ne vous arrêtez pas une seule « nuit à son hôtel ; allez en tout pays chercher « aventures ; c'est le moyen de monter en prix. « Demeurez en place le moins que vous pourrez, « et défendez-vous de dire votre nom jusqu'à ce « que d'autres que vous le fassent connaître. Si « l'on vous presse, répondez que vous l'ignorez « et que vous avez été nourri dans cette igno-

« rance par la dame qui vous a nourri. Enfin,
« soyez toujours prêt à toutes les aventures et ne
« laissez jamais à d'autres l'honneur d'achever
« une entreprise que vous aurez commencée. »

La dame tira ensuite de son doigt, pour le passer dans celui du valet, un anneau qui avait la vertu de rompre les enchantements. « Qu'ajou-
« terai-je encore, Fils de roi, dit-elle? vous
« êtes appelé à mettre les plus merveilleuses
« aventures à fin, et celles que vous laisserez ne
« seront achevées que par un chevalier encore
« à naître. Je vous recommande à Dieu : mon
« cœur me fait défaut avec la parole. Adieu, le
« beau, le gracieux, le désiré, le bien-aimé de
« tous et de toutes ! »

Le valet la suivit des yeux en pleurant et regrettant les amis qu'il avait laissés dans la maison du lac, Lionel et Bohordin sur tous les autres. Il fut aussitôt mis par le roi Artus sous la garde de monseigneur Yvain de Galles, qui le conduisit à son hôtel. Le lendemain, en se réveillant, le valet pria monseigneur Yvain de demander de sa part au roi de le faire chevalier, ainsi qu'il avait promis. — « Comment! bel ami, vou-
« lez-vous donc être si tôt armé? Mieux vous se-
« rait d'apprendre d'abord le métier des armes.
« — Non, sire, je n'entends pas être plus long-
« temps écuyer. — Soit donc ainsi que vous le
« souhaitez. » Yvain va trouver Artus : « Sire,

« votre valet vous mande de le faire chevalier.
« —Quel valet?—Celui qui vint hier soir, et dont « vous m'avez confié la garde. » En ce moment la reine Genièvre entrait dans la salle, avec monseigneur Gauvain. « — Comment! dit le roi, « veut-il être déjà chevalier?—Oui, sire, et dès « demain. — Vous entendez, Gauvain, dit le « roi; ce valet d'hier soir veut que demain je « l'arme chevalier. — Sire, répond Gauvain, « ou je me trompe, ou chevalerie y sera bien « assise. Il est beau, tout en lui semble annoncer « une haute origine.—De quel valet parlez-vous? « demanda la reine. — Madame, répond Yvain, « du plus beau que vous ayez jamais vu. — Je « serais curieuse de le voir. — Soit! dit Artus, « allez le quérir, Yvain, et faites-le vêtir du « mieux qu'il pourra; il paraît ne pas avoir « défaut de robes. »

Messire Yvain vient au valet: il l'avertit de se parer d'une robe des plus belles et l'emmène à la cour, en traversant un nombreux populaire, avide de voir le bel enfant dont on avait annoncé l'arrivée et qui allait recevoir les robes et l'adoubement de chevalier.

Ils descendent devant le degré de la salle d'honneur : le roi et la reine qui les attendaient vont au-devant de messire Yvain, qu'ils prennent de l'une et de l'autre main; ils le font asseoir sur une belle couche, tandis que le valet s'arrête devant eux sur l'herbe verte dont la salle était jonchée. Tous prenaient à le regarder grand plaisir, son beau costume relevant encore l'agrément répandu sur sa personne. « Dieu, dit aussi-« tôt la reine, le fasse prud'homme! car pour la « beauté il a tout ce que mortel peut en avoir. »

La reine le regardait autant qu'elle le pouvait sans être remarquée, et lui ne se faisait faute de glisser les yeux sur elle, ne comprenant pas qu'une femme pût réunir une si merveilleuse beauté. Jusque-là, dans sa pensée, nulle ne pouvait soutenir la comparaison avec la Dame du lac ; quelle différence pourtant entre elle et la reine! En effet, madame Genièvre était bien la Dame des dames, la fontaine d'où semblait couler tout ce qui pouvait enchanter les yeux : et s'il eût connu toute sa noblesse de cœur, toute sa bonté d'âme, il en eût encore été plus émerveillé. « Comment, « dit-elle, a nom ce beau valet? — Dame, ré-« pondit messire Yvain, je ne sais rien de lui. Je « devine seulement qu'il est de la terre de Gaule, « car il en a la parlure. » Alors la reine se penche vers le valet, le prend par la main et lui demande de quelle terre il est né. En entendant cette douce voix, en sentant cette main toucher la sienne, le valet tressaille, comme si on l'eût subitement éveillé. Il n'est plus à ce qu'on lui demande et il ne songe pas à répondre. La reine voit sa grande émotion dont peut-être elle soupçonne déjà quelque peu la cause; mais, pour le mettre plus à l'aise, elle se lève et sans trop penser elle-même à ce qu'elle dit : « Ce jouven-« ceau, fait-elle, semble assez pauvre de sens, « ou du moins peut-on croire qu'il a été mal en-« seigné. — Dame, reprend messire Yvain, « qui sait s'il ne lui a pas été défendu de dire « son nom? — Cela peut être après tout, » dit la reine; et elle passe dans ses chambres.

A l'heure de vêpres, messire Yvain conduisit le valet chez elle ; ils descendirent ensemble au jardin qui s'étendait jusqu'au rivage de la mer : il fallait passer pour y aller dans la grande salle où gisait le chevalier navré. Dans le jardin ils retrouvèrent le roi, les barons et ceux qui devaient être adoubés le lendemain.

En remontant, il fallut encore traverser la grande salle. Des plaies du chevalier navré s'exhalait une telle puanteur que tous, en approchant, couvraient leur nez du pan de leurs manteaux, et se hâtaient de passer outre. « Pourquoi; dit « le valet, ceux-là qui sont avant nous couvrent-« ils leur nez? — C'est, dit Yvain, pour un « chevalier durement navré dont les plaies ré-« pandent une odeur infecte. » Et il conte comment ce chevalier était venu réclamer ce qu'on ne pouvait guère lui accorder. — « Je le verrais « volontiers, dit le valet; approchons.

— « Sire, lui dit le valet, qui vous a si dure-

« ment navré? — Un chevalier que j'ai tué. — « Pourquoi ne vous faites-vous pas déferrer? — « Parce que je n'ai encore trouvé personne assez « hardi pour l'entreprendre. — Voulez-vous me « permettre de l'essayer? — Assurément, aux « conditions que j'ai dites. » Le valet réfléchit un instant. « Venez, lui dit Yvain, ce n'est « pas à vous de songer à pareille aventure. — « Pourquoi? — Les plus preux de la cour l'ont « refusée, et, d'ailleurs, vous n'êtes pas cheva- « lier. — Comment! dit le chevalier navré, il « n'est pas chevalier? — Non, mais il le sera ce « matin même; et vous voyez qu'il en a déjà re- « vêtu la robe (1). » Le valet ne sonna plus mot,

(1) La robe de chevalier différait de celle des écuyers, et le candidat à la chevalerie devait s'en couvrir avant de recevoir ses armes. Il faut voir dans Garin le Loherain la mauvaise humeur du bon vilain Rigaud, quand Begon l'avertit de prendre la robe fourrée de vair et de gris.

« Or vous allés baigner un seul petit,
« Et vous arés et le vair et le gris.
« — A la maleure, Rigaus li respondi,
« Por vostre vair qu'avés et vostre gris!
« Or me convient baignier et resfreschir?
« Ne sui chéus en gué ne en larris... »
Mantel ot riche et pelisson hermin,
Qui li traîne demi pié acompli.
Rigaus le voit, pas ne li abeli.
Devant lui garde, un damoisel choisi
Qui coutel porte por chevaliers servir:

mais suivit messire Yvain, en saluant le chevalier navré, qui de son côté souhaita que Dieu le fît prud'homme.

Les tables étaient mises et les nappes étendues : ils s'assirent au manger, puis messire Yvain revint avec le valet à son hòtel. A l'entrée de la nuit, il le conduisit dans une église où il veilla jusqu'au jour. Alors messire Yvain, qui ne l'avait pas un instant quitté, le ramena à l'hòtel et le fit dormir jusqu'à l'heure de la grand'messe, qu'il dut entendre avec le roi. Car, aux fêtes solennelles, Artus avait coutume d'assister au service de Dieu dans la plus haute église de la ville. Avant de s'y rendre on disposa les adoubements que le roi devait distribuer à ceux qui allaient recevoir chevalerie. Artus donna la colée (1) à cha-

Il li demande, li vallés li tendi
Et il en coupe un grant pié et demi.
« Por coi le fais, biaus fis ? li peres dit,
« A novel home est-il coustume ensi,
« Que li traïne et le vair et le gris. »
Et dist Rigaus : « Folle costume a ci ! »
(*Garin*, t. II, p. 180.)

On voit par le Lancelot, c'est-à-dire dès le douzième siècle, que la cérémonie de l'adoubement était simplifiée ; on ne se baignait plus, et les robes étaient probablement moins traînantes.

(1) Et non l'*accolée* comme on a dit plus tard par une sorte de confusion. *Colée* semble venir de *colaphus*, tape sur le cou.

cun d'eux et remit à ceindre les épées au retour de l'église.

Mais, après la messe, le valet, au lieu de suivre le roi comme les autres, se rendit dans la grande salle et dit au chevalier navré : « Je suis prêt à « faire le serment que vous demandez, et à ten- « ter de vous déferrer. » Sans même attendre la réponse, il ouvre une fenêtre, tend sa main vers l'église, et jure, sous les yeux du chevalier, qu'il le vengera de tous ceux qui diront mieux aimer celui qui l'a navré. « Beau sire, « dit le navré transporté de joie, soyez le bien- « venu! vous pouvez me déferrer. » Le valet alors met la main sur l'épée enfoncée dans la tête du chevalier et l'en arrache sans effort; il se prend ensuite aux tronçons qu'il enlève avec la même facilité.

Un écuyer court aussitôt dans la chambre où le roi commençait à ceindre les épées aux nouveaux chevaliers; il conte à messire Yvain comment le navré se trouve déferré. Messire Yvain tout hors de lui arrive dans la grande salle au moment où le navré s'écriait : « Ah! beau cheva- « lier, Dieu te fasse prud'homme! — Comment, « dit messire Yvain, est-il vrai que vous l'ayez « déferré? — Sans doute; pouvais-je ne pas com- « patir à qui devait tant souffrir? — Vous n'avez « pas fait que sage, reprend messire Yvain, et « personne ne vous en louera. Vous ne savez en-

« core de quoi rien monte, et vous vous engagez
« dans une entreprise devant laquelle avaient
« reculé les plus preux et les mieux renommés !
« Vous courez à la mort, au lieu d'attendre de
« meilleures occasions de faire bien parler de
« vous. »

Tout en le reprenant ainsi, messire Yvain le ramenait dans la chambre du roi qui jetant sur le fils d'Urien un regard sévère : « Comment
« avez-vous souffert que ce valet remis en votre
« garde ait fait une telle imprudence? N'est-ce
« pas grand dommage de voir un aussi jeune
« homme affronter de pareils dangers? — Ah !
« sire, dit le valet, mon jeune âge doit plaider
« pour moi. N'aimerez-vous pas mieux apprendre
« ma mort que celle d'un chevalier éprouvé?
« Qu'ai-je encore fait et que puis-je valoir ? » Le roi ne répondit pas, et baissa la tête. La reine, à son tour, apprenant la grande aventure dans laquelle le Beau valet venait de s'engager, en gémit secrètement; et quant au roi, le regret qu'il en eut lui fit oublier qu'il ne lui avait pas ceint l'épée, comme aux autres nouveaux adoubés.

XVIII.

Le jour de la Saint-Jean, le roi Artus était assis au dais de la grande table, entouré des

jeunes adoubés de la veille. A peine eut-on servi, qu'un chevalier armé de toutes pièces, à l'exception du heaume, la ventaille du haubert abattue sur l'épaule, entra dans la salle et s'avançant jusqu'au roi : « Sire, Dieu te sauve, et toute la com-
« pagnie! Je suis envoyé par ma dame, la dame
« de Nohan, pour t'apprendre que le roi de
« Northumberland lui a déclaré la guerre et tient
« le siége devant un de ses châteaux. Ce roi ré-
« clame l'effet d'une promesse que ma dame lui
« aurait faite et dont elle ne garde aucun souve-
« nir. Les deux partis s'en sont remis au juge-
« ment de clercs et chevaliers; ils ont décidé
« que si le roi ne se désistait pas, ma dame pour-
« rait charger de soutenir son droit un, deux ou
« trois chevaliers, contre ceux de Northum-
« berland. Le combat serait d'un contre un, de
« deux ou de trois contre deux ou trois, ainsi
« qu'elle même en déciderait. Madame a donc
« recours à toi, son seigneur lige, pour te de-
« mander un chevalier capable de la défendre.
« — Chevalier, répondit Artus, je suis en ef-
« fet tenu de porter aide à la dame de Nohan,
« et, quand sa terre ne dépendrait pas de ma cou-
« ronne, elle a trop de gentillesse et de courtoi-
« sie pour ne pas être soutenue envers et contre
« tous ceux qui lui feraient une guerre injuste. »

Le chevalier en sortant de la salle fut conduit devant une autre table dressée pour lui. Les nappes ôtées, le Beau valet s'avança vers le roi et pliant le genou : « Sire, dit-il, vous m'avez « adoubé hier, et je vous en rends grâce ; main- « tenant je vous requiers un don : c'est de me « charger du soin de porter secours à la dame « de Nohan. — Bel ami, dit le roi, vous ne « savez pas ce que vous demandez : votre jeu- « nesse ne pourrait porter un si grand faix. Le « roi de Northumberland est fourni de chevaliers « éprouvés, et le meilleur de tous sera chargé « de soutenir sa querelle. Je ne voudrais pas con- « fier le soin de le combattre à celui qui la veille « était encore un simple valet. Non qu'un jour « vous ne puissiez égaler en prouesse les plus « renommés ; mais, croyez-moi, l'âge seul vous « donnera ce qui doit encore vous manquer de « force et de résolution. Et puis, vous avez déjà « pris un engagement dont vous aurez assez de « peine à vous tirer. — Sire, reprit le Beau « valet, c'est la première demande que je vous « adresse depuis ma chevalerie. Votre refus peut « nous couvrir tous deux de honte ; car on dira « que vous avez donné les armes à celui que vous « n'estimiez pas capable d'entreprendre ce qu'un « autre pouvait mettre à fin. »

Messire Gauvain et Yvain de Galles engagèrent alors le roi à ne pas persister dans son refus : « Puisque tel est votre avis, dit Artus, « approchez, bel ami : je vous charge de porter

« aide à la dame de Nohan ; Dieu fasse que vous « en retiriez honneur et louange ! »

Pendant que le Beau valet retourne à l'hôtel de monseigneur Yvain, pour faire ses apprêts de voyage, le messager de la dame de Nohan vint prendre congé du roi. « J'envoie à votre dame, « lui dit Artus, un bien jeune chevalier, et, s'il « eût dépendu de moi, j'aurais fait choix d'un « autre mieux éprouvé. Mais il a réclamé cet « honneur comme don de premier adoube-« ment, et je n'ai pu refuser. J'ai cependant bon « espoir d'avoir remis en vaillantes mains la « cause qu'il s'engage à défendre. D'ailleurs, si « ma dame craignait l'issue d'un combat trop « inégal, je serai toujours prèt à lui envoyer « un, deux ou trois autres chevaliers, quand « elle les réclamera. »

Le Beau valet s'armait cependant : « Ah ! mon-« seigneur Yvain ! » s'écria-t-il tout à coup, comme s'il eût oublié quelque chose, « j'ai com-« mis une grande faute. Je n'ai pas pris congé « de la reine. — Eh bien ! dit Yvain, il est temps « encore de le faire. Allons-y tout de suite. — « C'est fort bien dit. Vous, mes écuyers, prenez « les devants avec le chevalier en message ; je « vous rejoindrai à l'entrée de la forêt. »

Ils reviennent lui et messire Yvain au palais, traversent la chambre du roi, arrivent à celle de la reine. En approchant, le Beau valet se mit à genoux, muet, les yeux baissés. Messire Yvain vit bien qu'il fallait parler pour lui : « Madame, « voici le valet que le roi fit hier chevalier ; il « vient prendre congé de vous. — Comment ! il « nous quitte déjà ! — Madame, il a été choisi « pour le secours de la dame de Nohan. — Oh ! « le roi n'aurait pas dû le désigner ; il n'a déjà « que trop entrepris. — Assurément ; mais mon« seigneur le roi n'a pu refuser le premier don « de nouvel adoubement. »

La reine alors le prit par la main : « Relevez« vous, beau sire : je ne sais qui vous êtes ; peut« être d'aussi bonne ou de meilleure race que « nous, et je suis vraiment peu courtoise de vous « avoir souffert à genoux devant moi. — Ma« dame, répond-il à demi-voix, pardonnez la « folie que j'ai faite. — Quelle folie ? — Je suis « sorti du palais avant de vous en demander con« gé. — Oh ! bel ami, à votre âge, il est permis de « commettre un aussi gros méfait. — Madame, si « vous y consentiez, je me dirais, à compter de ce « jour, votre chevalier. — Assurément je le veux « bien. — Madame, grand merci ! Maintenant « je vous demande congé. — Je vous le donne, « beau doux ami ; à Dieu soyez-vous recom« mandé ! »

La reine en disant ces derniers mots lui tend la main, et, quand cette main vient à toucher sa chair nue, il ne sent plus, à force de trop sentir.

Il se relève pourtant, sort en saluant, sans regarder les dames et demoiselles qui se trouvaient à l'autre bout de la chambre ; il revient ainsi à l'hôtel avec monseigneur Yvain qui achève de l'armer. Mais quand il ne reste plus à ceindre que l'épée : « Par mon chef! dit messire Yvain, « vous n'êtes pas chevalier : le roi ne vous a « pas ceint l'épée. Hâtons-nous d'aller la lui « demander. — Messire Yvain, répond le Beau « valet, j'ai laissé la mienne aux mains de mes « écuyers, je vais aller la reprendre avant de me « présenter au roi; car je ne veux pas en rece- « voir d'autre. —Comme il vous plaira ; je vous « attendrai chez le roi. »

Mais il aurait attendu longtemps : ce n'est pas au roi que le valet voulait la demander. Yvain, après plus d'une heure d'attente, dit enfin au roi : « Sire, le valet nous a trompés. Il aura sui- « vi le chemin qui conduit à Nohan sans atten- « que vous lui ayiez ceint l'épée. — Peut-être, « ajouta messire Gauvain, aura-t-il senti quel- « que dépit de ne l'avoir pas reçue en même « temps que les autres chevaliers. » L'avis de Gauvain fut partagé par la reine et ceux qui entouraient le roi.

Le Beau valet avait, à l'entrée du bois, rejoint ses écuyers et le chevalier messager de Nohan. Ils chevauchèrent longtemps ensemble, et, comme la chaleur était grande, il ôta son heaume, le tendit à un écuyer, et donna librement cours ses pensées. Il s'y complut même au point de ne pas demander pourquoi le chevalier de Nohan leur faisait laisser le droit chemin pour suivre un étroit sentier, et il ne s'en aperçut qu'en sentant une branche d'arbre le frapper au front. « Qu'est-« ce, dit-il à son guide, et pourquoi avons-« nous quitté la voie droite? — Parce qu'elle « était moins sûre. — Pourquoi? — Je n'entends « pas vous le dire. — Je le veux savoir. — Vous « ne le saurez pas. » Le valet va prendre son épée aux mains d'un écuyer et revenant au chevalier : « Vous le direz, ou vous êtes mort. — « Mort? répond l'autre en riant, oh! je ne suis « pas si facile à tuer. Mais je pense que vous de-« vez vous réserver pour ma dame. Reprenons, « puisque vous le voulez, le droit chemin, et « vous verrez bientôt si j'avais mes raisons pour « ne pas le suivre. »

Ils regagnent le grand chemin, et ne tardent pas à atteindre un perron ou pilier (1), près d'une

(1) « Un perron lés une moult bele fontaine ». Le perron doit toujours s'entendre d'un pilier ou fût de colonne. Ainsi le *perron à l'enclume* d'où Artus avait détaché l'épée. Je crois que M. Viollet-le-Duc, dans son excellent *Dictionnaire de l'architecture française*, a confondu le sens de *perron* avec celui de *degré*. Tous les exemples qu'il cite du *perron* doivent s'entendre de *pilier* ou *colonne*, et non pas d'*escalier*. De là le sens inexact qu'il a donné à un passage de Joinville.

fontaine. L'œil pouvait de là apercevoir un beau pavillon tendu au milieu d'une grande prairie. « Apprenez, dit alors le messager de Nohan, « que dans le pavillon que vous voyez est une « pucelle de grande beauté qu'y retient un che- « valier plus fort, plus grand d'un demi-pied « que les plus grands chevaliers. Il ne craint « personne, il est sans pitié pour ceux qu'il abat. « Voilà pourquoi je voulais éviter sa rencontre. « — Et moi, dit le Beau valet, je veux aller « au-devant de lui. — Comme il vous plaira; « mais je n'entends pas vous suivre. — Restez « donc! » Disant cela, le Beau valet descend de cheval, prend l'épieu d'une main, le heaume de l'autre et s'avance seul jusqu'au pavillon dont il essaye d'ouvrir la porte. Le grand chevalier était assis dans une chaire élevée : « Que diable « venez-vous faire ici? dit-il. — Je viens voir « la demoiselle que vous tenez enfermée. — Oh! « je ne la montre pas au premier venu. — Que je « sois ou non premier venu, je la verrai. » Et il fait de nouveaux efforts pour ouvrir le pavillon. — « Un instant, beau sire! La demoiselle dort, at- « tendez son réveil. Si vous avez tant envie de « la voir, je ne veux pas vous tuer pour cela; j'y « aurais trop peu d'honneur. — Pourquoi y au- « riez-vous peu d'honneur? — En vérité, vous « êtes trop petit, trop jeune pour valoir mes « coups. — Peu m'importent, après tout, vos

« mauvaises paroles, si vous me montrez la pu-
« celle, quand elle s'éveillera. — Je vous le pro-
« mets. »

Le valet va et vient en attendant ; il approche d'une loge galloise devant laquelle étaient deux demoiselles parées : « Voilà, dit la première,
« un beau chevalier ! — Oui, dit l'autre, mais
« il faut qu'il soit bien couard, quand la peur du
« grand chevalier lui fait manquer l'occasion de
« voir la plus belle dame du monde. — Vous avez
« peut-être raison, demoiselles, dit le valet, de
« parler ainsi. » Et il revient sur ses pas, mais le chevalier n'était plus dans sa chaire. Le pavillon étant déformé, il entre et ne trouve dame ni demoiselle : tout était silencieux autour de lui.

Plein de dépit, il reprend le chemin du perron où il avait laissé ses gens. — « Qu'avez-vous
« fait et vu ? lui demande le messager de Nohan.
« — Rien ; la pucelle m'est échappée, mais je
« ne quitterai pas avant de l'avoir trouvée. —
« Oubliez-vous donc le service de madame de
« Nohan ? — Non ; j'y penserai quand j'aurai vu
« la pucelle : j'ai du temps de reste, puisque le
« jour de la bataille n'est pas encore fixé. Con-
« tinuez votre chemin si tel est votre plaisir ;
« vous saluerez de ma part votre dame et vous
« lui direz qu'elle peut compter sur moi. »

Le messager de Nohan s'éloigna, laissant le Beau valet avec les écuyers. A la chute du jour, un chevalier armé de toutes armes s'arrête et lui demande où il va. — « A mes affaires. — Quel« les affaires? — Que vous importe? — Oh! je « sais que vous désirez voir une belle demoiselle « gardée par le grand chevalier. Eh bien, je « puis vous satisfaire; non pas ce soir, mais de« main matin. D'ici là, je vous conduirai, si vous « voulez, vers une autre demoiselle non moins « belle. Mais, il faut tout vous dire : la demoi« selle repose sur une pelouse au milieu d'un lac, « un sycomore la défend des rayons du soleil. « A l'entrée de chaque nuit deux chevaliers ar« rivent, passent le lac, l'emmènent et le lende« main matin la ramènent où ils l'avaient prise. « Pour la délivrer il faut que deux chevaliers « osent défier ceux qui la retiennent et qui sont « d'une vaillance éprouvée. Voulez-vous tenter « l'aventure? Je m'offre pour votre second. »

Le Beau valet n'hésite pas à suivre l'inconnu. Ils arrivent devant le lac à l'entrée de la nuit, et ne tardent pas à entendre le pas des deux chevaliers. « Les voici, dit l'inconnu, hâtez-vous « de prendre épée et glaive, et de vous couvrir « d'écu. » Le Beau valet lace son heaume, et saisit un épieu de la main de ses écuyers. Il n'avait pas d'épée, dans son impatience il oublia même de prendre un écu. Le défi fut jeté aux deux gardiens de la demoiselle. Du premier choc, un d'eux atteignit le Beau valet en plein haubert;

celui-ci, tout rudement ébranlé qu'il fût, vise et frappe assez vigoureusement de l'épieu pour abattre son adversaire. Mais le fer resta dans les mailles du haubert : alors l'inconnu qui lui servait de second se rapproche et lui offre son propre glaive. « Je le prendrai à une condition, « c'est que vous me laisserez le soin de les com-« battre tous deux.

— « Il n'est pas nécessaire, dit alors le chevalier « désarçonné : voici mon épée, bel ami, prenez-« la, nous n'entendons pas continuer. — Vous « nous laissez donc la belle demoiselle ? — As-« surément. Vous êtes blessé, le repos vous est « nécessaire ; une nouvelle lutte pourrait mettre « en danger votre vie, et vous avez si grand cœur « qu'il y aurait dommage à votre mort. »

Ce disant, le chevalier tire une clef, la lance vers la pelouse et crie : « Demoiselle, vous êtes « conquise. Détachez la nacelle et conduisez-la « vous-même à bord. » La pucelle obéit : elle entre dans la barque, détache la chaîne qui la retenait au sycomore et arrive devant les chevaliers. Ceux qui l'avaient jusque-là gardée la présentent au Beau valet, saluent et s'éloignent. Alors les sergents du chevalier inconnu étendent un beau pavillon sous les arbres, et le couvrent de mets succulents. Après manger, la demoiselle avertit les sergents de disposer trois lits. — « Pour-« quoi trois ? demande en souriant le Beau va-

« let. — Pour vous l'un, pour ce chevalier « l'autre, pour moi le troisième. — Mais ne vous « ai-je pas conquise, demoiselle? — Oui, je vous « appartiens : il en sera ce que vous exigerez. « — Ah! demoiselle, je vous tiens quitte. » Et tous trois dormirent séparément jusqu'au lendemain matin.

Au point du jour le Beau valet vint au chevalier inconnu : « Allons où vous savez. — Volon- « tiers; mais promettez-moi de me laisser la da- « me, si vous venez à la conquérir. — Soit! » Ils montent en selle et reviennent au premier pavillon. L'inconnu lui dit : « Ceignez votre épée « et n'oubliez pas comme hier votre écu. — Je « prendrai l'écu et la lance; quant à l'épée, je « ne puis la ceindre avant d'en avoir reçu le « commandement d'autre que vous. — Mais ne « vous ai-je pas averti que votre adversaire était « des plus redoutables? — Nous verrons bien. » Aussitôt, l'écu sur la poitrine, la lance au poing, le Beau valet s'avance à portée du grand chevalier. — « Tiendrez-vous, lui dit-il, la promesse « que vous m'avez faite de me montrer la belle « demoiselle? — Oui, mais après combat. — Je « le veux bien : armez-vous sans délai, j'ai grande « affaire ailleurs. — Mon Dieu! quel grand be- « soin de m'armer contre vous? » Cependant il prend écu, épée et glaive. Lancés l'un contre l'autre, ils échangent plusieurs rudes coups; mais l'épieu éclate dans la main du grand chevalier, qui sent en même temps celui du Beau valet pénétrer rudement dans ses côtes et le jeter hors des arçons. — « Verrai-je maintenant la demoi-« selle ? dit le valet. — Oui, et que maudite soit « l'heure où je la pris en garde ! » Le pavillon s'ouvre, la demoiselle en sort et vient tendre la main au vainqueur qui, la présentant à son compagnon : « Vous voilà, lui dit-il, maître de « ces deux belles demoiselles. — Non ; elles mé-« ritent mieux que moi : vous les avez seul con-« quises, elles sont à vous seul. — Vous oubliez « nos conventions. — Eh bien ! que souhaitez-« vous que je fasse d'elles ? — Vous les conduirez « à la cour du roi Artus, et vous les présenterez à « madame la reine, de la part du valet parti « pour secourir la dame de Nohan. Puis vous la « prierez de m'envoyer une épée, pour me don-« ner le droit d'être appelé chevalier. »

Grande fut la surprise de l'inconnu, en apprenant que le vainqueur des deux chevaliers du pavillon et du lac était si nouvellement adoubé. — « Où vous retrouverai-je, pour vous rendre « compte de mon message ? — A Nohan. »

Arrivé à la cour, l'inconnu apprit à la reine tout ce qu'il avait vu faire au Beau valet. Madame Genièvre en ressentit grande joie et s'enquit aussitôt d'une excellente épée qu'elle enferma dans un riche fourreau, et qu'elle garnit de renges richement émaillées. L'inconnu, après avoir reçu le don, se hâta de revenir à Nohan. Il ne faut pas demander si le Beau valet saisit avec joie l'épée de la reine; il la ceignit aussitôt et remit au chevalier qui la lui apportait celle que la Dame du lac lui avait donnée. « Dieu mer« ci, s'écria-t il, et madame la reine! je suis « maintenant chevalier. » A partir de ce moment l'histoire ne doit plus l'appeler le Beau valet; mais, en raison de l'éclatante blancheur de ses armes, elle le désignera sous le nom du Blanc chevalier.

Grâce aux récits qu'avait déjà faits de lui le messager de la dame de Nohan, il en avait reçu le meilleur accueil en arrivant, sans penser même à remarquer sa grande beauté. « Monseigneur le « roi, lui dit-il, m'a envoyé pour défendre « votre droit. Je suis prêt à le faire. » Mais la dame, voyant son haubert faussé, lui fit avouer qu'il avait reçu une blessure grave à l'épaule. « Sire chevalier, dit-elle, ne faut-il pas avant « tout panser vos plaies? — Oh! Madame, elles « ne sont pas assez fortes pour m'empêcher de « vous rendre mon service. — Au moins faut-il « vous laisser désarmer et nous permettre d'en « juger. » La blessure s'était envenimée pour n'avoir pas été recouverte. Un bon mire fut appelé et la dame lui confia le Blanc chevalier, en déclarant qu'elle ne songerait pas à prendre jour pour le combat, avant que la plaie ne fût entièrement fermée. On le conduisit dans une chambre écartée d'où il consentit à ne pas sortir avant sa parfaite guérison.

Cependant la nouvelle s'était répandue à la cour que la dame de Nohan n'était pas encore délivrée. Keu s'en alla dire au roi : « Sire, com« ment avez-vous pu confier une telle besogne « à si jeune chevalier? C'est un prud'homme « qu'il fallait choisir. Si vous le voulez bien, « j'irai. — J'y consens. » Et Keu de partir, d'arriver à la hâte, comme la dame de Nohan conversait avec le Blanc chevalier dont la plaie était enfin cicatrisée. « Dame, lui dit messire « Keu, monseigneur le roi m'envoie pour être « votre champion. Il eût, dès l'abord, désigné « quelque prud'homme ; mais ce nouvel adoubé « avait réclamé en premier don l'honneur d'è« tre choisi. Et quand le roi a su que vous n'é« tiez pas délivrée, il a compris le besoin que « vous aviez de moi. — Grand merci, répondit « la dame, à mon seigneur le roi et à vous ; « mais, loin de refuser de me défendre, le nou« veau chevalier voulait combattre dès le premier « jour. Je ne l'ai pas permis, avant de le savoir « guéri d'une blessure dont il ne prenait pas « assez de soin. Aujourdhui il est prêt à sou« tenir mon droit. — Dame, reprit Keu, cela ne « peut être. Puisque je suis venu, c'est à moi de

« vous défendre; autrement j'en aurais quelque « honte, et monseigneur le roi assez peu d'hon-« neur. »

Le Blanc chevalier intervint alors : « Sire Keu, « madame a dit vrai, j'étais prêt dès le premier « jour ; et comme je suis venu le premier, c'est « à moi de combattre le premier. — Cela ne « peut être, bel ami, dit Keu, puisque je suis « arrivé. — Il est vrai que le meilleur chevalier « doit être le champion de madame. — Vous « parlez sagement, dit Keu. — Eh bien, com-« battons d'abord l'un contre l'autre ; madame « de Nohan choisira qui aura le mieux fait. — « Oh ! j'y consens. — Il est, dit la dame de Nohan, « un autre moyen de vous accorder. Je puis « proposer un combat d'un contre un ou deux « contre deux. Il me suffira de mander au roi « de Northumberland qu'il ait à choisir deux « chevaliers ; ainsi pourrez-vous tous deux mon-« trer ce que vous savez faire. »

Les conditions agréées de part et d'autre, la dame désigna la journée, et le combat eut lieu dans la plaine de Nohan. Keu et le premier chevalier de Northumberland rompirent leurs lances en même temps, et continuèrent le combat l'épée à la main. Le Blanc chevalier reçut la pointe de son adversaire dans le haut de son écu, et d'un coup mieux asséné il atteignit sur la boucle l'écu opposé, le traversa, le cloua au bras, à la poitrine de celui qui le portait, et le fit sauter rudement par-dessus la croupe de son cheval. Mais son glaive éclate comme il le voulait tirer à lui ; et, tandis que le chevalier abattu se relève à grand'peine, le Blanc chevalier se rapproche de Keu : « Prenez ma place, messire Keu, « et laissez-moi la vôtre. » Keu ne répond pas et soutient comme il peut le combat commencé. Le Blanc chevalier revient à celui qu'il avait désarçonné, l'épée en main, l'écu sur la tète ; il ménage ses coups pour ne pas vaincre le premier. Cependant il gagnait du terrain, et ceux qui le suivaient des yeux voyaient bien qu'il ne tenait qu'à lui d'en finir. Une seconde fois il retourne à messire Keu, comme il se relevait furieux d'avoir été jeté à terre : « Cédez-moi, « criait-il, votre place et prenez la mienne. » — Honteux de l'offre, Keu répondait : « Restez où « vous êtes, je n'ai pas besoin d'aide. » Le Blanc chevalier n'en tardait pas moins, et volontairement, à réduire son adversaire à merci. Enfin le roi de Northumberland, témoin du double combat, se hâta de prévenir la défaite inévitable de ses champions en demandant la paix. Il jura de ne plus rien réclamer de la dame de Nohan, et retourna dans ses terres avec tous les hommes d'armes qu'il avait amenés.

Ainsi délivré des réclamations de son puissant ennemi, la dame de Nohan rendit grâce aux deux chevaliers qu'Artus lui avait envoyés. Messire Keu reçut ces témoignages de reconnaissance comme s'il les eût seul mérités, et reprit le chemin de Logres pour aller conter au roi Artus ce qu'il avait fait, sans toutefois oublier ce qu'avait fait le Blanc chevalier. Celui-ci consentit à demeurer quelques jours à Nohan, et quand enfin il prit congé, la dame qui n'avait pu le retenir le fit convoyer par plusieurs de ses hommes, au nombre desquels se trouva le chevalier qui avait rapporté l'épée de la reine. « Veuillez me pardonner, » dit-il au Blanc chevalier, en s'humiliant devant lui. « — Et pourquoi ? « — Sire, c'est moi qui vous avais ménagé les « dangers du voyage dont vous vous êtes si bien « tiré. Vous avez combattu deux chevaliers, « parce que j'avais pressé madame de Nohan de « vous soumettre à des épreuves qui témoigne- « raient de ce que vous pouviez faire. Il en avait « été de même de la rencontre du grand cheva- « lier, qu'on renommait tant pour sa prouesse. « Son nom est Antragais ; le premier, il avait of- « fert à madame de prendre en main sa défense : « avant d'y consentir, madame avait souhaité « qu'il se mesurât avec le champion qu'enverrait « le roi Artus. De là les épreuves auxquelles « vous avez été soumis. — Je ne vois en cela, « reprit le Blanc chevalier, aucune offense, et « s'il y en eut, je ne vous en sais pas mauvais

« gré. — Grand merci ! sire ; et puisqu'il en est « ainsi, permettez-moi à l'avenir de dire que je « vous appartiens. — J'y consens. A Dieu soyez « recommandé ! » Et ils se séparèrent les meilleurs amis du monde.

XIX.

En prenant congé de la dame de Nohan, le Blanc chevalier conduisit son cheval vers une maison religieuse appelée la tombe Lucan (1), parce qu'elle renfermait le corps d'un filleul de Joseph d'Arimathie, autrefois chargé de la garde du Saint-Graal.

Il passa la nuit dans cette abbaye, et, comme il voulait chevaucher sans compagnons pour être plus sûr de rester inconnu, il laissa dans ce lieu ses écuyers, en leur recommandant de l'attendre un mois durant.

Une rivière formait la limite des terres de la dame de Nohan ; le Blanc chevalier s'avança vers le Gué de la reine, ainsi nommé depuis que la reine Genièvre l'avait passé la première, le jour où Keu le Sénéchal tua de sa main deux des sept rois Saisnes qui les poursuivaient (2).

(1) Saint-Graal, t. I, p. 188.

(2) Cette aventure du Gué de la reine est racontée

Il descendit, s'assit sur l'herbe fraîche et déjà se perdait en rêveries, quand de l'autre bord accourt un chevalier qui pousse dans le gué son coursier et fait jaillir l'eau jusque sur lui. « Sire « chevalier, dit le Blanc chevalier, vous m'avez « fait deux ennuis. Vous avez mouillé mes ar- « mes et vous m'avez tiré de pensées où je me « plaisais. — Et que m'importent vos armes et « vos pensées? » Sans daigner répliquer, le Blanc chevalier remonte et pousse son cheval dans le gué. L'autre l'arrête : « On ne passe « pas! Je le défends de par la reine. — Quelle « reine? — La femme du roi Artus. »

A ce mot, le Blanc chevalier retient son coursier sur la rive; mais le prétendu gardien du gué pique jusqu'à lui et va saisir son cheval au frein. « Il est, dit-il, à moi. — Pourquoi? — Pour « être entré dans le gué. » Le Blanc chevalier allait descendre, quand en quittant l'étrier un doute lui vient : « Mais dites-moi, chevalier, au « nom de qui venez-vous?—Au nom de la reine. « — Vous en a-t-elle donné la charge? — Non, « puisque vous insistez; j'agis en mon nom. — « Alors vous n'aurez pas mon cheval. Laissez le « frein! — Non. — Laissez le frein, ou vous vous « en repentirez. — C'est là ce que nous allons

dans la partie inédite du livre d'*Artus*. (Manuscrit de la Bibliothèque nationale, nº 337, p. 180.)

« voir. » Et ce disant, il quitte le frein, ramène son écu sur sa poitrine, lève son glaive et s'élance vers le Blanc chevalier, qui le reçoit en le faisant voler à terre. Puis, saisissant la bride abandonnée du cheval : « Reprenez-la, dit-il, j'ai en vérité « regret de vous avoir abattu. — Au moins, dit « l'autre qui ne pouvait cacher son dépit, me « direz-vous qui vous êtes. — Je n'en ai pas « l'intention. — Eh bien! nous allons recom- « mencer. — Non, vous êtes en trop haut con- « duit (1). — Je ne suis pas, vous dis-je, à la « reine et je veux savoir votre nom. — Mais je « n'entends pas vous le dire. — Défendez-vous « donc. » Le combat se renouvelle, et cette fois dure plus longtemps; à la fin, il fallut que pour sauver sa vie l'inconnu demandât merci.

C'était Alibon, le fils au Vavasseur du Gué de la reine. En rendant les armes, il pria de nouveau et vainement le vainqueur de lui dire son nom : « Au moins permettez-moi d'aller m'en « enquérir auprès de ceux qui ne peuvent l'igno- « rer. — Comme il vous plaira. »

Alibon se rendit à Carlion où étaient le roi et la reine. « Ma dame, dit-il, veuillez m'appren- « dre le nom d'un chevalier aux armes blanches « et au cheval blanc. — Pourquoi le demandez-

(1) Vous avez un trop bon sauf-conduit, dirait-on aujourd'hui.

« vous ? — Parce qu'il est entièrement à vous. » Et lui ayant conté ce qui s'était passé entre eux : « Si j'avais réclamé son cheval en votre nom, il « me l'eût aussitôt abandonné. — Bien à tort, « répond la reine, car vous n'aviez charge ni « de garder le gué ni de prendre son cheval. Au « reste, je ne sais rien de ce chevalier, sinon « que monseigneur le roi l'arma à la dernière « Saint-Jean et qu'on a déjà beaucoup parlé de « lui. Est-il en santé ? — Oui, madame. — J'en « suis bien aise (1). »

XX.

A quelques jours de là, le Blanc chevalier voit venir à lui une demoiselle éplorée. « Dieu vous sauve, demoi« selle ! lui dit-il ; qui peut vous affliger ainsi ? « — Ah ! sire, la mort de mon ami, un des plus « beaux chevaliers du monde. Il a été tué à la « porte d'un château dont il voulait abattre les « mauvaises coutumes. Maudite l'âme de celui « qui les établit ! — Ne pourrait-on, demoiselle, « tenter de les abolir ? — Oui, si l'on venait à « triompher de toutes les épreuves ; mais pour

(1) Le bon msc. 773 termine le récit de cette aventure par les mots : « Et ci faillent les *Enfances* de Lancelot. »

« cela il faudrait mieux valoir que tous ceux « qui l'ont jusqu'à présent essayé. — Et quelles « sont donc ces épreuves? — Si vous tenez à le « savoir, prenez ce chemin, il conduit au châ- « teau. »

La demoiselle s'éloigna en continuant son deuil, et le Blanc chevalier arriva devant le château. Il était bâti sur une roche naturelle, plus longue et plus large que la portée d'une excellente arbalète. La rivière d'Hombre coulait d'un côté de la roche; de l'autre, un courant était formé de la réunion de plus de quarante sources très-rapprochées. Le château avait nom la Douloureuse garde, en raison du mauvais accueil qu'y recevaient tous ceux qu'on y retenait.

Il était construit entre deux murailles, et chacune de ses portes était défendue par dix chevaliers. Avant d'y pénétrer, il fallait les combattre l'un après l'autre. Quand le premier était las, il en appelait un second; celui-ci un troisième, et ainsi des autres. On voit s'il était aisé de sortir victorieux de luttes aussi répétées. Sur la porte de la seconde enceinte était posée par enchantement une énorme figure de chevalier levant dans ses mains une grande hache. Cette figure devait tomber au moment où celui qui voulait gagner le château aurait, après avoir tué ou réduit à merci les dix premiers défenseurs, atteint la seconde muraille. Mais avant de dissiper les sorts dont les prisonniers étaient victimes, il fallait rester quarante jours et quarante nuits dans le château. Sur la rivière d'Hombre s'étendait le bourg, où le voyageur pouvait trouver un gîte agréable et commode.

Le Blanc chevalier faisait de vains efforts pour défermer la première porte, quand une demoiselle cachée sous sa guimpe et son long manteau parut et vint le saluer. « Demoiselle, lui « dit-il, m'apprendrez-vous les coutumes de ce « château? — Au moins vous en dirai-je une « partie. Avant de songer à les abattre, il faut « vaincre et avoir raison des dix premiers che- « valiers; si vous m'en croyez, ne tentez pas « l'aventure. — Oh! je ne suis pas venu pour « m'éloigner sans coup férir. Je saurai le secret « de ce château, ou, si je ne l'apprends pas, je « partagerai le sort de tant de prud'hommes « qu'on y retient prisoniers. — Dieu vous soit « donc en aide! » reprit la demoiselle; et elle fit semblant de s'éloigner.

Le jour commençait à baisser quand, sur le haut de la porte, parut un homme qui demanda au Blanc chevalier ce qu'il voulait. — «L'entrée « du château. — Vous ne savez pas ce qu'il vous « en coûterait pour y entrer. — Non; mais ou- « vrez-moi cependant, car le jour avance. »

On entend le son d'un cor. Le guichet de la porte laissa passer d'abord un chevalier armé, qui se hâta de monter un grand destrier qu'on lui amenait. « Sire, dit-il au Blanc chevalier, « nous ne serions pas à l'aise ici ; descendons le « tertre pour mieux nous escrimer. »

Ils arrivent au bas du tertre sur un terrain plus uni : tout aussitôt, l'écu en avant, l'épieu tendu, ils courent l'un sur l'autre. La pointe des glaives porte sur les écus ; celle du champion de la Douloureuse garde se détache du bois ; le Blanc chevalier garde son arme entière et, frappant sur la boucle de l'autre écu, il en ouvre la cuirée, écartelle les ais et fausse le haubert. Les mailles se détendent, le fer pénètre dans les chairs et le champion est jeté hors des arçons pour ne plus se relever : il était mort.

Le Blanc chevalier le croyant encore vivant descendait pour l'achever ou le recevoir à merci, quand il entend un second bruit de cor : il retire son glaive à la hâte de la plaie saignante, pour attendre dignement le second champion. Celui-ci manque sa visée et reçoit une furieuse atteinte en plein écu : son haubert n'est pas entamé, mais à la passe de retour il est arrêté, saisi corps à corps, soulevé et jeté par-dessus la croupe de son cheval. Le Blanc chevalier descend, arrache le heaume, et allait lui trancher la tête, quand il l'entend demander grâce ; il lui pardonne. Le cor résonne encore : un troisième champion paraît : le Blanc chevalier reprend son glaive et le plonge du premier coup dans les flancs de son adversaire désarçonné : mais le fer reste et se sépare de la hampe. Le blessé se relève, le Blanc chevalier descend ; alors recommence entre eux une lutte terrible. Le blessé faiblit encore, perd du terrain, chancelle et tombe en levant son épée pour avertir la guette de sonner du cor. C'était le signal attendu par le quatrième, qui semblait plus fort, plus redoutable que les autres. Le Blanc chevalier ne lâchait cependant pas sa proie. « Laissez-le, laissez-le ! lui criait le nouvel ar- « rivé, touchez à moi qui viens le remplacer. » Alors, au lieu de son épieu brisé, le Blanc chevalier saisit celui du dernier vaincu, remonte et attend. Dès la première atteinte, il renverse le quatrième sur les arçons, et d'un vigoureux coup de poitrail fait tomber cheval et cavalier dans le courant d'une des sources qui descendaient de la grande roche. Et comme le troisième se relevait, il pousse à lui, lance son cheval et lui fait une seconde fois mesurer la terre. Le quatrième sort de l'eau et revient l'épée à la main ; le Blanc chevalier tourne à lui, l'abat et lui fait passer et repasser son cheval sur le corps. « Merci ! criait-il, « épargnez-moi, nous demeurons vos prison- « niers. » Mais la trompe sonne ; il faut répondre au cinquième, sans autre arme qu'une épée ; car le second glaive avait éclaté dans ses mains à la précédente joute. Heureusement le nouvel arrivé brisa le sien à la première rencontre, non sans avoir traversé l'écu et démaillé le haubert du Blanc chevalier. Celui-ci demeure cependant ferme sur les arçons : d'un coup de taille, il tranche heaume et ventaille, fend la joue et s'arrête au nœud de l'épaule. Étourdi d'une aussi rude accolade, le cinquième s'évanouit et tombe baigné dans son sang. Mais le jour s'en va, la nuit arrive, le cor se tait, le guichet ne s'ouvre plus, et la demoiselle qui lui avait déjà parlé reparaissant devant lui : « Chevalier, dit-elle, vous en avez fini pour « aujourd'hui; mais demain il faudra recom« mencer. Venez au gîte où je vais vous con« duire. » Il la suivit avec ses prisonniers jusqu'au bourg du château : ils entrèrent dans un bel hôtel où la demoiselle voulut elle-même le désarmer. Dans la chambre étaient suspendus trois écus recouverts de leur housse; la demoiselle les découvrit : ils étaient chargés, le premier d'une bande, le second de deux, le troisième de trois bandes vermeilles de belic (1). Pendant qu'il les regardait avec curiosité, la demoiselle écartait son manteau, baissait sa guimpe et laissait voir

(1) *Bélic* ne se trouve que dans les romans de la Table ronde. Cotgrave et le Dictionnaire de Trévoux l'interprètent *rouge*, mais nous verrons souvent ici des bandes de belic *blanches* ou d'*azur*. Ce mot répond au latin *obliquus*, et distingue les bandes transversales des horizontales, plus tard nommées *fasces*.

une taille élancée, un doux et gracieux visage. La chambre étant garnie de nombreux cierges, il n'eut pas de peine à la reconnaître : « Ah ! belle « douce demoiselle, dit-il en lui ouvrant ses « bras, soyez la bienvenue ! comment le fait ma « dame, votre maîtresse ?—Fort bien ! Elle m'en- « voie ici, pour vous offrir ces trois écus et « vous apprendre leur vertu. Le premier, tra- « versé d'une bande, donne à qui le porte la « force de deux chevaliers. Le second double le « premier, et le troisième double la vertu du se- « cond. Vous prendrez l'écu d'une bande, dès que « vous sentirez vos forces diminuer ; si vous avez « à lutter contre un trop grand nombre, vous « l'échangerez avec le second ; et s'il faut accom- « plir des prouesses au-dessus de la puissance « humaine, vous aurez recours au troisième. Et « maintenant, pour gagner la Douloureuse garde, « vous ne devez pas tenir compte de ce que vous « avez fait : dix chevaliers vous arrêteront en- « core à la première porte, et dix chevaliers à « la seconde. Dans un seul jour, entre le soleil « levant et couchant, vous aurez à soutenir cette « double épreuve. Et si rien ne prévaut contre « votre prouesse, le château vous sera rendu. « Mais vous aurez beaucoup à souffrir, et nul « autre, fût-il même, comme vous, assisté de « ma dame, ne pourrait mener l'aventure à fin. »

Dès que le jour reparut, le Blanc chevalier

réclama ses armes et son cheval. Un homme armé de toutes pièces, à l'exception du heaume, l'attendait au bas du tertre pour lui demander ce qu'il voulait. — « Je veux tenter l'aventure du « château. — Avant tout, vous devez rendre les « prisonniers de la veille. — Qu'à cela ne tienne! « mais puis-je me confier en vos paroles ?—Sire « chevalier, nous sommes tenus de vous dispu- « ter l'entrée ; mais, sans les serments qui nous « obligent, nous serions les premiers à vous « venir en aide : il y a déjà trop longtemps que « ces mauvaises coutumes durent. »

Les prisonniers furent rendus et le cor retentit. Pendant qu'un premier champion descendait le tertre, le Blanc chevalier avait le temps de se préparer à le recevoir. Ils s'élancèrent de toute la force des chevaux ; l'homme du château attei- gnit de son premier coup le haut de l'écu, dont le cercle alla violemment frapper les tempes du Blanc chevalier. Il fut, à son tour, touché de telle vigueur que le haubert fut traversé, et le glaive pénétrant dans le milieu de l'épaule lui fit abandonner les rênes ; il roula à terre. Pendant qu'il demandait à voix basse merci, neuf che- valiers se rangeaient devant la porte du château, et l'un d'eux descendait le tertre pour prendre la place du premier. Les épieux volent en éclats, mais les jouteurs n'abandonnent pas l'étrier. « Maudit soit, dit le Blanc chevalier, qui inventa

« les glaives ! ils font défaut quand on a le plus « besoin d'eux. » Et comme il mettait l'épée au vent, celui qu'il venait d'abattre se relève et cherche à gagner le large. « Non pas ! » lui crie le Blanc chevalier, en courant sur lui et l'abattant une seconde fois d'un coup d'estoc. « Mais, dit le second arrivé, en voulez-vous « combattre deux à la fois ? — J'en défie deux, « trois, tous les autres ensemble ; faites ainsi « que vous l'entendrez, et défendez-vous comme « vous pourrez. »

Revenu vers le second, il le jette à terre, après lui avoir coupé le visage en deux. Il descend, lui demande s'il veut fiancer prison, et, à défaut de réponse, il lui donne le coup mortel. Cependant il commençait à sentir la fatigue : son écu troué de tous côtés ne tenait plus aux ais : « Sire, » dit en courant vers lui la demoiselle du lac, « prenez cet écu à la bande « vermeille. » Et elle le lui passe au cou. A peine en est-il couvert qu'il se sent dispos comme au point du jour. Impatient de mettre à profit ce retour de force, il lance son cheval vers le haut du tertre, sans attendre qu'un nouveau champion se détache pour remplacer le dernier vaincu. Il frappe d'un bras vigoureux sur les heaumes qu'il fend, sur les hauberts qu'il démaille, sur les écus qu'il écartelle. Les chevaliers qu'il affronte reculent ou descendent le tertre pour éviter sa terrible épée; les uns le suivent en arrière pendant qu'il presse les autres. Sexte était déjà passée, on était près de None ; alors la demoiselle reparaît et lui jette au cou, sans qu'il s'en aperçoive, l'écu d'argent aux deux bandes. A mesure qu'il sent redoubler sa vigueur, celle des chevaliers qu'on lui oppose s'amoindrissait : il fait voler une tête, écrase un second sous les pieds de son cheval, les autres crient merci et se rendent sans condition. Du haut des murs de la ville, les bourgeois accompagnaient de leurs acclamations ses prouesses, et le sire du château, témoin douloureux de la déroute de ses chevaliers, eût bien voulu descendre aussi le tertre et se joindre à eux ; mais la coutume établie, qu'il ne pouvait enfreindre sans détruire la force des enchantements, l'obligeait à se contenir et à ne pas leur venir en aide. Au moment de la fuite du dernier champion, on entendit un bruit formidable ; la porte du château s'ouvrit avec fracas, et le Blanc chevalier aperçut devant cette première porte dix nouveaux chevaliers armés de toutes pièces. Alors il sent que la demoiselle du lac lui délace le heaume et le remplace par un autre moins bosselé, moins fendu ; puis détache le second écu et passe à son cou le troisième. « Voulez-« vous, disait-il, abaisser l'honneur de ma vic-« toire ? Votre deuxième écu était déjà de trop. — « Non pas, beau chevalier ; il faut que la seconde

« porte soit vivement conquise. L'heure avance « et vous n'avez pas de temps à perdre. Prenez « ce glaive dont la hampe est plus solide et le fer « plus tranchant. Nous savons comment vous « travaillez de l'épée, nous voulons vous récon- « cilier avec la lance. Mais regardez maintenant « cette première porte. » Il obéit et voit la grande figure de cuivre s'ébranler, fléchir et tomber enfin, écrasant de son poids un des nouveaux champions qui devaient l'arrêter. Le Blanc chevalier s'élance sur eux ; il abat le premier, frappe le second à mort, et les autres, remplis d'épouvante par la chute de l'image, ne l'attendent pas et cherchent un abri sous la seconde porte. Ils y sont poursuivis, les uns crient merci, les autres s'écartent, glaives baissés, sans essayer de résister. Et dès que le Blanc chevalier a franchi la porte, il se voit salué par une foule de bourgeois, de dames et de pucelles, qui d'un visage riant, disent : « C'est assez ! pour le moment, vous « n'avez plus d'ennemis à vaincre. » Une demoiselle lui présente les clefs du château : « Ai-je « à faire autre chose pour achever l'aventure ? « demande-t-il. — Oui ; le seigneur du château « tentera sans doute un dernier combat. — Je « suis prêt à le recevoir ; mais où le trouver ? — « Sire, dit un valet accourant, il ne viendra pas. « Il s'est enfui à toutes brides, la rage et le dé- « sespoir au cœur. »

Cette nouvelle affligea les habitants du château. Le seigneur châtelain avait seul le secret des enchantements, et seul pouvait arracher ses prisonniers aux tourments, aux terreurs qui, jour et nuit, leur rendaient la vie pire que la mort. Cependant ils conduisirent le Blanc chevalier au cimetière ménagé dans la direction opposée. Il entre et voit attachés sur le haut des murs un grand nombre de heaumes fermés, et sous chaque heaume, au bas de ces murailles, une tombe sur laquelle des lettres étaient tracées disant : *Ci gît un tel, et vous voyez plus haut sa tête.* Les tombes qui ne répondaient pas à des têtes ne contenaient que les premiers mots : *Ci gîra...* Parmi les autres, il y avait nombre de chevaliers de la cour d'Artus. Au milieu du cimetière, une grande lame de métal enrichie d'émaux et de pierres précieuses portait : *Cette lame ne sera levée par l'effort d'aucun homme, si ce n'est par celui qui aura conquis le château ; il y trouvera son nom.*

Maintes fois on avait tenté et toujours en vain de soulever la lame ; le sire du château, surtout, eût désiré connaître le nom de celui dont il avait tant à craindre. Le Blanc chevalier vit l'inscription et n'eut pas de peine à la lire, car il avait été mis aux lettres chez la Dame du lac. Après avoir regardé en tout sens la lame si fortement scellée que quatre hommes des plus forts n'auraient pu l'ébranler, il posa les mains du côté le plus lourd et la leva facilement. Il aperçut alors au fond les lettres qui disaient :

CI REPOSERA LANCELOT DU LAC, LE FILS AU ROI BAN DE BENOIC.

Il lut, et se hâta de laisser retomber la pierre : mais la demoiselle du lac, demeurée à ses côtés, avait aussi lu les lettres. Elle demanda ce qu'il avait vu. — « Ah! demoiselle, ne le demandez « pas. — Volontiers, car je l'ai vu aussi bien que « vous. » Et elle lui glissa le nom à l'oreille. Pour le consoler elle lui promit de ne le dire à personne.

Du cimetière, les gens du château le menèrent dans la partie qu'habitait le seigneur de la Douloureuse garde. C'était un pavillon bien fourni de tout ce qui pouvait agréer à cœur de prud'homme. La demoiselle voulut elle-même le désarmer, le baigner et demeurer auprès de lui. Mais il fallait encore attendre longtemps avant de voir tomber tous les enchantements qui retenaient tant de vaillants chevaliers et tant de belles et nobles dames. Nous pouvons donc aller voir ce qui se passe à la cour d'Artus.

XXI.

Un valet, frère de messire Aiglin des Vaux chevalier de la maison d'Artus, était là quand fut prise la Douloureuse garde; il pensa que le roi en apprendrait volontiers la nouvelle et fit diligence pour arriver à Carlion où se trouvait la cour : « Sire, dit-il en abordant « le roi, Dieu vous sauve ! J'apporte la nouvelle « la plus étrange qu'on ait encore ouïe dans vo- « tre maison : la Douloureuse garde est con- « quise ; les portes en ont été franchies par un « chevalier dont personne ne sait le nom. — Voilà, « dit le roi, ce que tu ne feras pas aisément croire. « — Sire, je dis ce que j'ai vu de mes yeux. »

En ce moment entra messire Aiglin des Vaux qui, voyant son frère agenouillé devant le roi, demanda ce qui pouvait l'amener à la cour. — « Aiglin, dit Artus, ce valet serait-il votre frère ? « — Oui, sire roi. — Je suis donc tenu de le croire; « car on ne ment pas dans votre race. Quelles « armes portait cet heureux chevalier? — Sire, « des armes blanches; son cheval était également « blanc. — Sire, dit Gauvain, n'en doutez pas ; » c'est le chevalier nouvel, celui que vous avez « adoubé de ses propres armes. »

Il y eut parmi les barons un grand mouvement, chacun demandant à partir sur-le-champ pour la Douloureuse garde. Gauvain fut d'avis que le roi ferait bien d'envoyer avant lui dix chevaliers pour savoir comment la chose était arrivée. Voici le nom de ceux qui furent désignés : Gauvain, Yvain le grand, Galegantin le Gallois, Galesconde, le fils Aré, Karadoc Briebras, Yvain l'avoutre (ou le bâtard), Gosoin d'Estrangor, Meraugis et Aiglin des Vaux.

En chemin, ces chevaliers rencontrèrent un frère convers monté sur un mulet et affublé d'une chape bleue. « Savez-vous, lui dirent-ils, « le chemin de la Douloureuse garde ? — Oui. « Pourquoi le demandez-vous ? — Nous y voulons « aller. Vous plairait-il de nous accompagner ? » Le frère convers avait reconnu Gauvain, il consentit à les guider. Ils arrivent au tertre et le gravissent. La porte de la Douloureuse Garde était ouverte ; personne n'en défendait l'entrée. Mais la seconde était fermée, et sur la guérite était un gardien qui voulut savoir le nom de ceux qui demandaient à passer. « Je suis Gau« vain, le neveu du roi Artus ; ces chevaliers « sont de la Table ronde. — Sire, dit la guette, « il faut vous résigner à passer la nuit dans le « bourg : revenez demain. »

Gauvain n'insista pas, et, pendant qu'ils se dirigent vers le bourg, la guette s'en va dire au Blanc chevalier que monseigneur Gauvain, lui dixième, s'était présenté devant la seconde porte. Le Blanc chevalier ne voulait pas que personne y entrât avant la reine ; il défendit de leur ouvrir sans en recevoir de lui la permission.

Le lendemain, de grand matin, voilà monseigneur Gauvain qui revient à la seconde porte. « Je ne puis vous ouvrir encore, dit la guette ; « mais, si quelqu'un de vous avait été mis aux « lettres, vous feriez bien de voir ce que la pre- « mière enceinte contient. » Gauvain répond en montrant le frère convers, et la guette descendant aussitôt sort de la seconde enceinte par la poterne et revient introduire les chevaliers dans le cimetière. Là se trouvaient de nombreuses lames que le seigneur du château avait couvertes d'inscriptions fausses, afin que, la nouvelle en arrivant au roi Artus, ce prince vînt se faire prendre en essayant de venger ses amis. Le convers lut à plusieurs reprises : *Ci-gît tel, et voici son image*. Sur le mur qui abritait les rangées de tombes, il leur était aisé de voir autant de heaumes, apparemment ceux des chevaliers dont les corps reposaient plus bas. Ces chevaliers étaient de la maison du roi; mais la plupart vivaient encore.

Pendant que les dix chevaliers les regrettaient, le frère convers s'arrêtait devant une dalle posée au milieu du cimetière. Les lettres disaient : *Ci-gît le meilleur des bons, celui qui conquit la Douloureuse garde.* « Ah ! dit Gauvain, « c'est le nouvel adoubé, dont le frère d'Aiglin « des Vaux nous a raconté les prouesses. » Et ils répandirent de nouvelles larmes sur la funeste destinée d'un chevalier qui, s'il eût vécu, aurait, pensaient-ils, effacé la renommée de tous ceux de la Table ronde.

XXII.

GAUVAIN ne pouvait douter de la mort du chevalier vainqueur de la Douloureuse garde. Il rentrait tristement avec ses compagnons, quand il fait rencontre d'un baron entre deux âges et de haute mine, qui leur demande qui ils étaient. « Pourquoi, « dit Gauvain, tenez-vous à le savoir? — Pour « vous être peut-être de bon secours. — Eh « bien, j'ai nom Gauvain, le neveu du roi Ar- « tus. — Qui vous donne l'air si désolé? — La « mort de plusieurs de nos amis que nous ve- « nons d'apprendre. — Le pays en effet est loin « d'être sûr, depuis que le châtelain de la Dou- « loureuse garde a été contraint d'abandonner « la place. Il a juré de faire payer son malheur « au monde entier : mais venez héberger chez « moi; mon château ne redoute aucune attaque,

« vous y serez en pleine sécurité. D'ailleurs je « dois vous dire que vous avez été trompés et « que je pourrai vous rejoindre aux amis dont « on vous a montré la tombe. — Pour les revoir, « s'écrie Gauvain, j'irais volontiers au bout du « monde. — Suivez-moi donc. »

Ils côtoyèrent pendant quelque temps la rivière d'Hombre et arrivèrent en face d'une île sur laquelle se dressait un château. Une nacelle attachée au rivage les transporta; le baron inconnu les conduisit dans une tour où des écuyers vinrent les désarmer en leur présentant de belles robes fourrées. On leur proposa ensuite de visiter le château : ils montèrent au solier ou étage supérieur. Tout à coup ils se voient entourés de chevaliers armés de toutes pièces qui les avertissent, en levant les épées, de ne pas résister. Comment se seraient-ils défendus? ils étaient désarmés. Gauvain se laissa lier les mains; mais Galegantin le Gallois, moins patient, s'élança sur un des fervêtus, le renversa et lui prit son épée. Vingt autres fondent sur lui, le terrassent et lui font de larges blessures. Ainsi tous furent liés et poussés au bas des degrés, jusqu'à l'entrée de la cuisine où le seigneur châtelain hâtait le manger. « Traître ! lui cria Yvain l'avoutre, est-ce l'hôtel « que vous nous aviez promis? — Assurément, ré« pond le châtelain; n'êtes-vous pas dans une des « plus fortes maisons de la Grande-Bretagne ? Je

« vous ai parlé des compagnons que vous croyez « déjà dans l'autre monde ; vous allez les re- « voir. » Il donne ordre à ses gens de conduire et enfermer ses nouveaux prisonniers dans un souterrain profond où depuis longtemps gémissaient le roi Ydier, Guiffrey de Lamballe, Yvain de Lionel, Caradoc de Karmesin, Kaeddin le petit, Keu d'Estraus, Giflet fils de Do de Carduel, Dodinel le sauvage, le duc Talas, Madot de la Porte et Lohos, le fils du roi Artus et de la belle Lisamor de Caradigan. Ce fut un grand sujet de joie et de douleur pour tous ces bons chevaliers ; heureux de se retrouver, dolents de se voir tous à la merci du plus félon des hommes.

XXIII.

Revenons au Blanc chevalier. Il avait conquis la Douloureuse garde, mais n'avait pas le secret des enchantements qui en maintenaient les mauvaises coutumes. Il s'était installé dans les salles d'honneur, avec la demoiselle du lac qui lui avait apporté les trois écus. Comme il était assis devant une table couverte d'un excellent manger, il entend les gémissements d'une autre demoiselle qui, passant rapidement sous les murs, prononçait en pleurant les noms de Gauvain, d'Yvain et de leurs compagnons : elle suivait la route de Galles. Le Blanc chevalier repousse la table et demande ses armes. « Où voulez-vous aller? dit la demoiselle « du lac; ne faut-il pas que vous demeuriez ici « quarante jours? — Je veux aller en quête de « monseigneur Gauvain et de monseigneur « Yvain, mon maître. — Je vous suivrai. — « Non, demoiselle; au nom de votre dame qui « est aussi la mienne, veuillez attendre ici mon « retour qui ne devra pas, je l'espère, tarder « beaucoup. »

Cela dit, il presse son cheval et rejoint la demoiselle éplorée. Après l'avoir saluée : « Pour « Dieu! que parliez-vous de monseigneur Gau- « vain? — Ah! s'écrie-t-elle, je vous reconnais; « soyez le bien venu, Fils de roi! J'avais un mes- « sage à fournir auprès de vous; mais à l'entrée « du château on m'annonça votre mort, on m'in- « diqua votre sépulture; je revenais fort affli- « gée, quand, pour comble de deuil, j'appris que « monseigneur Gauvain, lui dixième, était pri- « sonnier de Brandus. Le traître les a conduits « dans son châtelet des Iles, à bon droit sur- « nommé *la Prison douloureuse*, et vous seul « pourrez les en tirer. — Dites-moi, demoiselle, « quel était votre message? — Ma dame m'avait « chargée de vous recommander de garder votre « cœur d'un amour indigne de vous; car il vous

« empêcherait de monter en prix. La valeur des « chevaliers grandit ou diminue en raison de la « bonté, de la valeur de la dame qu'ils font vœu « d'aimer. »

Le Blanc chevalier ne répond pas, mais se laisse conduire en vue de l'île où Brandus retenait les dix chevaliers. Sur le conseil de la demoiselle, il s'arrête dans le bois qui touchait à la rivière d'Hombre, pour voir sans être vu ceux qui entraient dans l'île. Bientôt d'une nef descendent quinze fer-vêtus, qui prennent le chemin de la Douloureuse garde. Le Blanc chevalier, la poitrine couverte de l'écu aux trois bandes vermeilles, lance son cheval; les hommes de Brandus s'effrayent, rebroussent chemin, se pressent à qui rentrera plus vite dans la nef. Le Blanc chevalier jette morts sanglants les plus attardés; mais Brandus en fut quitte cette fois pour la peur, regagna la nef et se mit au large.

Le Blanc chevalier revint tristement dans la Douloureuse garde par une fausse poterne (1). A son retour il apprit que la reine et le roi, impatients de savoir si la Douloureuse garde était réellement conquise, étaient arrivés dans le

(1) Lancelot préfère la poterne aux grandes portes, sans doute afin de ne pas être aperçu de ceux qui, dans le château, attendaient de lui leur délivrance. La *fausse poterne*, dans les châteaux fortifiés, était une porte secrète connue seulement du châtelain.

bourg, et ne comprenaient pas qu'on s'obstinât à tenir les portes fermées (1). Il se hâta d'avertir la guette de laisser entrer le roi et la reine. Mais Artus tombait fréquemment dans une rêverie dont on n'osait le tirer. Ce jour-là, au commencement de Tierce, il était dans son pavillon, la tête inclinée, l'esprit perdu en imaginations qui lui firent oublier d'envoyer à la Douloureuse garde. Vainement les gens du château, qui espéraient aussi de lui leur délivrance, criaient du haut des murs : « Roi Artus, l'heure passe, l'heure « passe ! » Il n'entendait rien. La reine dont l'oreille était plus éveillée, voulant savoir quelle était la raison de ces cris, arriva devant la porte, comme le Blanc chevalier, après avoir été visiter les pavillons tendus dans le bourg, revenait au château; il la reconnut, et fut assez maître de lui pour dire : « Dame, Dieu vous bénisse ! — Vous « aussi, répond-elle.—Voulez-vous entrer ici ?— « Assurément, sire chevalier. — Ouvrez ! » crie-t-il à la guette : mais, ne sachant plus ce qu'il fait, il pousse son cheval sous la voûte; la guette laisse retomber derrière lui les battants, et la reine reste à la porte. Pour lui, sans mot dire il monte à la guérite et regarde avec une

(1) Le msc. 754, que nous avions suivi pour remplir la première partie de la lacune du bon manuscr. 339, s'arrête ici ; nous prenons, à son défaut, le n° 341, f° 45, et le n° 773, f° 62.

sorte d'extase la reine qui ne comprend rien à l'insulte qu'on lui a faite. Enfin, au bruyant retentissement de la porte qu'on referme, le roi Artus sortit de sa rêverie, et appelant messire Keu : « Sénéchal, dit-il, allez voir si l'on « veut enfin ouvrir. » Keu rencontre la reine encore émue de ce qui lui était arrivé. Elle lui conte son aventure, et le sénéchal apercevant à la guérite le Blanc chevalier : « Sire chevalier, « dit-il, c'est à vous grande vilenie d'avoir ainsi « gabé la reine. » L'autre n'entendait rien, mais la demoiselle du lac qui l'avait conduit à la Prison douloureuse arrivant à lui : « Êtes-vous sourd? « dit-elle ; n'entendez-vous pas les reproches de « ce chevalier ?— Quel chevalier ? — Là, devant « vous. — Ah ! sénéchal, que voulez-vous ? — Je « vous blâme d'avoir fait deux hontes : à madame « la reine en la laissant dehors, à moi en ne me « répondant pas. » Ces mots navrent de douleur le Blanc chevalier, et s'en prenant à la guette : « Malheureux ! ne t'avais-je pas commandé d'ou- « vrir à madame la reine ? Sans tes cheveux « blancs je te clouerais de cette épée contre la « porte. Ouvre désormais à tous ceux qui se « présenteront. »

La guette obéit en tremblant de tous ses membres. On vit alors arriver barons, chevaliers, dames et demoiselles, en même temps que la reine et le roi. Le cimetière attire d'abord leur attention. Artus y entre et fait lire à ses clercs les mots tracés sur les tombes : *Ci-gît messire Yvain, Ci-gît messire Gauvain,* et les autres. Quel sujet de douleur ! Il jure de venger son cher neveu, sort de ce lieu funeste et arrive à la seconde porte qu'il pensait trouver également ouverte. Mais celui qui la gardait lui déclare que le nouveau seigneur du château ne lui avait pas donné ordre d'ouvrir, et qu'il devait attendre cet ordre. Artus retourne donc à son camp, assez mécontent de délais dont il ne peut comprendre la raison.

XXIV.

C'est que notre Blanc chevalier, afin d'apaiser le ressentiment de la reine, avait repris le chemin de la Prison douloureuse. En sortant du bois, il vit descendre d'une nacelle un ermite lisant ses heures. C'était un prud'homme, autrefois bon chevalier, que le chagrin de la mort de ses enfants avait éloigné du siècle. « Mon frère, lui dit-il en le saluant, d'où « venez-vous ? — De la Prison douloureuse où je « suis allé porter le calice à deux chevaliers en « danger de mort. L'un est Galegantin, l'autre « Lohos, le fils du roi Artus et le plus malade des « deux. C'est vous, je pense, qui avez conquis la « Douloureuse garde, et qui venez tenter de dé-

« livrer messire Gauvain? Or, j'ai entendu que « Brandus devait, cette nuit, tenter de surpren« dre le camp du roi, avec cent cinquante de « ses hommes. Vous pouvez sauver le roi en al« lant le prévenir du danger qui le menace; Bran« dus sera facilement vaincu, et, pour conser« ver la vie, il rendra volontiers ses prisonniers.» Le Blanc chevalier remercia l'ermite, et le suivit jusqu'à sa demeure. C'était une forte maison, nommée le Plessis, construite sur un monticule entouré de fossés à la Galloise. Après avoir reconnu qu'elle pourrait lui être de grand secours, il revint aux abords de l'île, décidé à déjouer lui-même les projets de Brandus, sans en avertir le roi. Quand la nuit fut serrée, il entendit un léger bruit de gens armés débarquant et prenant le chemin de la Douloureuse garde. Il les suivit jusqu'à la sortie du bois; et comme ils avaient mis pied à terre pour resserrer la sangle des chevaux, il fondit sur eux en criant : « A « mort! à mort les traîtres! » Ils se croient prévenus par toute la chevalerie du roi, et, saisis d'épouvante, courent çà et là, les uns à pied, les autres à cheval. Nul ne songe à se défendre, et, le bruit arrivant aux sentinelles posées devant les pavillons, l'alarme est donnée au camp. Les gens de Brandus, entendant les cris et le mouvement des chevaux, se rejettent dans le bois. Un rayon de lune permet au Blanc chevalier de reconnaître Brandus, qu'il atteint d'un revers d'épée et renverse sur la crinière de son cheval. D'un second coup, il le jette à terre et le foule aux pieds : il allait lui trancher la tête et avait déjà délacé le heaume, quand Brandus lui crie : « Merci! ne me tuez pas si vous aimez le roi « Artus! — Vous rendez-vous? — Oui, si vous « ne me donnez pas pour prison la Douloureuse « garde. — C'est là précisément que j'entends « vous retenir. — Eh bien, je préfère la mort, et « vous perdrez, en me frappant, tout moyen « de délivrer monseigneur Gauvain. — Pour « délivrer messire Gauvain, il n'est rien que je « ne fasse : montez en croupe derrière moi; « nous irons, non pas à la Douloureuse garde, « mais à l'ermitage du Plessis. »

Brandus eut grande peine à se soulever et à monter sur le cheval du Blanc chevalier. Mais, avant de gagner le Plessis, ils firent rencontre des chevaliers du roi, qui revenaient de la poursuite des gens de Brandus. Messire Keu fut le premier à les apercevoir, et s'adressant au Blanc chevalier : « Au nom de monseigneur le « Roi, j'entends savoir qui vous êtes. — Je suis « un chevalier; cela doit vous suffire, et celui « que je mène en croupe est mon prisonnier. » Keu regarde et reconnaît l'ancien et le nouveau maître de la Douloureuse garde : « Oh! oh! dit-il, « c'est vous, chevalier, qui avez hier fermé la

« porte au nez de madame la reine. Celui que « vous menez en croupe est l'ennemi de notre « sire le roi Artus. Comme homme du roi, je « serais parjure de ne le réclamer pas ; laissez-moi « le conduire à monseigneur Artus. » Le Blanc chevalier répond : « Celui-là n'est pas encore « né qui me l'enlèvera. — Ce sera moi, pour- « tant. — Ne le touchez pas, ou je fais un tron- « çon de votre bras. — Eh bien ! que votre pri- « sonnier descende, nous verrons qui méritera « de le garder. — Il n'est pas besoin ; je le défen- « drai bien sans le mettre à terre. » Ils prennent alors du champ, reviennent l'un sur l'autre le glaive en arrêt. Mais Keu brise le sien sur l'écu du Blanc chevalier ; celui-ci l'atteint au-dessous de la selle, lui met le fer dans la cuisse et le jette lourdement à terre. Avant de s'éloigner : « Mes- « sire Keu, dit-il, vous pourrez dire si le cham- « pion de la dame de Nohan avait besoin de « vous pour la défendre. »

Les gens du roi, qui avaient été témoins de la rencontre, relevèrent messire Keu et le transportèrent sur leurs écus dans sa tente. Pour le Blanc chevalier, il arrivait au Plessis et faisait jurer à Brandus, sur les saints de l'autel, qu'il lui rendrait les prisonniers. Brandus envoya aussitôt vers son sénéchal, avec ordre d'amener à l'ermitage tous les chevaliers retenus dans l'île. Dès qu'ils furent arrivés : « Sire, dit-il au

« Blanc chevalier, je vous rends ces prisonniers, « et je vous somme à mon tour de tenir votre « promesse. — Brandus, répond le Blanc che- « valier, vous êtes libre. — Eh quoi! dit l'ermite, « vous laissez échapper Brandus? — Oui; j'en « avais pris l'engagement. — Malheureux en- « gagement! Brandus seul pouvait abattre les « mauvaises coutumes de la Douloureuse garde « et vous aurez peine à retrouver la même occa- « sion de les conjurer. »

Le Blanc chevalier ne voulait pas cependant que les prisonniers de Brandus pussent paraître devant le roi Artus avant l'entrée de la reine dans la Douloureuse garde. Il les pria de rester dans l'ermitage jusqu'à son prochain retour, et revint à la Douloureuse garde. Dans la partie du palais qu'il avait choisie étaient demeurées les deux pucelles envoyées par la Dame du lac : l'une qui lui avait remis les trois écus, l'autre qui l'avait conduit à la Prison douloureuse. « Sire chevalier, dit la première en le re- « voyant, vous vous êtes fait longuement dési- « rer. — Belle douce amie, patientez encore, « je ne vous donnerai congé qu'après avoir « délivré monseigneur Gauvain. Je ne tarderai « guère. »

Cela dit, il va demander à la guette de la seconde porte si le roi s'y était présenté. « — Oui, « sire. — Eh bien, la défense est levée. Laissez

« entrer le roi, la reine et tous ceux qui le deman-
« deront. » Artus, sortant de ses habituelles rêveries, venait d'envoyer un chevalier à la seconde porte. Quand on lui annonça que la défense était levée, il monta à cheval ainsi que la reine et leur nombreuse compagnie. Messire Keu fut transporté en litière, les blessures qu'il avait reçues en voulant reprendre Brandus ne lui permettant pas de chevaucher.

La seconde porte s'ouvrit avec fracas. Devant eux se dressaient de vastes et superbes constructions, de belles et nombreuses maisons. Ce qu'on appelait alors château était en même temps une ville, construite autour ou à la suite d'un château. Ils virent le double rang des loges, ou galeries extérieures, peuplées de dames, chevaliers, demoiselles et bourgeois, tous pleurant amèrement, mais sans dire un seul mot. Le roi entra, parcourut les salles; partout le même silence. « Nous voyons assuré-
« ment ici, dit-il à la reine, les victimes d'un
« enchantement, et nous ne pouvons deviner qui
« les en délivrera. »

Mais quand le Blanc chevalier sortait du château pour aller reprendre messire Gauvain, il entendit les prisonniers pousser un immense cri : *Roi, arrêtez-le! Roi, arrêtez-le!* A ce bruit imprévu, le roi, la reine paraissent à une fenêtre; ils sont apperçus par le Blanc chevalier qui s'arrête involontairement à les regarder, et s'incline. Le roi en lui rendant son salut : « Me direz-vous, chevalier, pourquoi ces gens « me crient de vous arrêter? — Non, sire, car « je ne le sais pas non plus : mais demandez-« leur ce qu'ils me veulent ; je ne pense pas « qu'ils aient rien à me reprocher. » Le roi va vers eux et leur demande ce qui les engage à vouloir retenir le chevalier. « C'est que par lui « doivent être abattues les mauvaises coutumes « de céans. » Mais quand il revint sur ses pas, le chevalier avait déjà passé la première porte, et, désolé de n'avoir rien compris aux cris qu'il entendait, le roi demeura plus troublé que jamais.

Le Blanc chevalier fut bientôt arrivé à l'ermitage où il avait laissé Gauvain et les autres prisonniers de Brandus. « Vous pourrez, leur dit-« il, entrer demain matin dans la Douloureuse « garde ; vous saluerez de ma part monseigneur « le roi et madame la reine. Mais ne demandez « pas qui je suis, il vous suffit de savoir que je « suis un chevalier. »

Il prit congé d'eux, se rendit de ce pas à la maison religieuse de la Tombe-Lucan, où il avait averti ses écuyers de l'attendre, avant d'entreprendre la conquête de la Douloureuse garde. Cependant arrivait dans ce fameux château monseigneur Gauvain, monseigneur Yvain et les autres prisonniers de Brandus. Grande fut la joie du roi Artus, en baisant son cher neveu et tous ses compagnons. « Que vous est-il donc « arrivé ? demanda-t-il. — Sire, nous ne le sa- « vons pas bien. Un chevalier félon nous a con- « duits dans son château et nous a retenus pri- « sonniers, après nous avoir fait déposer nos « armes. Un chevalier inconnu nous a délivrés « en nous recommandant de saluer de sa part « le roi et la reine. Tout ce que nous pouvons « dire, c'est qu'il porte un écu d'argent à trois « bandes vermeilles. — C'est donc, dit la reine, « le chevalier qui sortit hier du château et que « les gens qui sont retenus ici vous criaient « d'arrêter. L'avez-vous vu désarmé? — Non, « madame ; il ne voulut pas ôter son heaume, « sans doute afin de n'être pas reconnu.

« — Je n'ai maintenant, dit le roi, aucune rai- « son de séjourner ici plus longtemps. — Com- « ment ! sire, » lui dit vivement la première demoiselle du Lac, « pouvez-vous partir sans avoir « le secret des aventures de ce château? — Je ne « vois pas, fait le roi, le moyen de les apprendre ; « mais si je connaissais celui de vous délivrer, je « ne me laisserais arrêter par aucun danger. Dites « ce qu'il faudrait faire pour cela. — Sire, je ne « puis être délivrée que par le chevalier que vous « avez laissé partir. — Mais, fit alors messire « Gauvain, vous le connaissez donc? — Assuré-

« ment. — Ainsi, vous pouvez nous apprendre qui « il est? — J'ai promis de le taire; je pourrai « rai seulement vous aider à le découvrir. — « Moi, je jure de ne m'arrêter qu'après l'avoir « trouvé (1). » Ce vœu fut peu agréable au roi; car, avant de s'éloigner, Gauvain lui avait rappelé que le prince Galehaut, fils de la Géante et prince des Iles étranges, s'était promis d'obliger bientôt les barons bretons et leur roi lui-même à le reconnaître pour suzerain (2), et qu'il n'y avait pas de temps à perdre pour tenter de l'arrêter sur les marches du Galore. « Ah! beau « neveu, dit le roi, comment songez-vous à « nous quitter? — Sire, je l'ai juré; et vous de« vez autant que moi désirer de connaitre le nou« veau seigneur de céans. Je ne tarderai pas « sans doute à vous satisfaire. » Cela dit, ils se séparèrent; le roi fort inquiet d'un départ qui

(1) Lancelot, lié par les derniers conseils de la Dame du lac, devait cacher son nom aussi longtemps qu'il le pourrait (voy. p. 125). Voilà pourquoi il a évité de paraître désarmé devant la reine, et pourquoi il change d'armes si souvent.

(2) Ici, les derniers compilateurs ayant trouvé dans certaines rédactions le nom du roi d'Outre les marches de Galore, et dans les autres celui de Galehaut, le prince des Iles étranges, ont, pour cela, deux fois mentionné trois assemblées successives; les premières avec ce roi de Galore, les secondes avec Galehaut. Je n'ai pas cru devoir m'égarer avec eux dans cette voie confuse.

pouvait le priver de son meilleur chevalier dans la guerre qu'il allait soutenir.

XXV.

Nous avons vu que le Blanc chevalier, quand il avait laissé Gauvain chez l'ermite du Plessis, était allé reprendre ses écuyers qui l'attendaient à la Tombe-Lucan. Il chevaucha quelques jours sans trouver aventure : enfin, dans une épaisse forêt où il s'était engagé, il entendit un grand bruit, puis vit un chevalier qui traînait à la queue de son cheval un homme en chemise, les yeux bandés, les mains liées derrière le dos : à son cou était nouée par les cheveux la tête sanglante d'une femme. Il se sentit ému de grande pitié : « Qui « êtes-vous ? » demande-t-il au malheureux qu'on traînait ainsi. — « Je suis à la reine de la Grande- « Bretagne. — Sire, dit aussitôt le Blanc cheva- « lier à celui qui tenait les rênes, est-ce là le « traitement qu'on doit infliger à chrétien ? — « On lui ferait, dit l'autre, pis encore, si on lui « rendait justice. Il m'a honni dans ma femme « épousée, celle dont il soutient la tête. — N'en « croyez rien, chevalier. Jamais je n'eus telle « pensée à l'égard de sa femme. — Puisqu'il « nie, chevalier, au lieu de vous venger de vos

« propres mains, que ne l'accusez-vous en cour ? « ne redoutez-vous pas la reine, à laquelle il ap- « partient ? — Il n'y a pas de reine qui m'em- « pêche de venger ma honte. — C'est donc « moi qui le protégerai : je le prends sous ma « garde. » En même temps, il débande les yeux du patient; l'autre recule, revient et reçoit dans les reins une pointe de lance qui l'abat mort aux pieds de son cheval. Ceux qui l'accompagnaient prennent la fuite et le Blanc chevalier présentant le cheval conquis à celui qu'il venait de venger : « Montez, dit-il, et suivez-moi. — « Sire chevalier, si vous le trouviez bon, je ga- « gnerais mon logis, pour me saigner et ven- « touser avant de retourner près de la reine. Et « comment lui nommerai-je mon libérateur ? — « Vous lui deviserez mon écu, cela suffira. » Ils se quittèrent, et quand la reine, à quelques jours de là, apprit de la bouche du chevalier ce qui lui était arrivé, elle n'eut pas de peine à deviner que le libérateur était encore le vainqueur de la Douloureuse garde.

On était au mois d'août, la sécheresse était grande. Chemin faisant, le Blanc chevalier rêvait profondément, et nous n'avons pas besoin de dire quel était le sujet de sa rêverie. Son cheval, qu'il ne dirigeait plus, entre dans un bourbier nouvellement desséché, pose les pieds dans une profonde crevasse, bronche, tombe et l'entraîne sous lui. Les écuyers accourus le trouvent embarrassé sous les flancs de l'animal. On le dégage avec peine, on relève le cheval, et, comme il venait de remonter, il fait rencontre d'un homme de religion auquel il demande la voie de la maison la plus voisine. « Écoutez, dit le saint homme, « un bon conseil. Ne chevauchez jamais après les « Nones du samedi ; autrement il vous arrivera « plus de mal que de bien. » Il les mène dans l'abbaye où lui-même était reclus ; le Blanc chevalier y resta dix jours, baigné, ventousé, mais non guéri. En quittant cette maison, il échangea l'écu d'argent à trois bandes vermeilles pour un autre de sinople à la bande blanche de belic ; ne voulant plus rien devoir aux vertus surnaturelles du premier écu.

Le jour même, il rencontre un chevalier armé qui lui demande à qui il est. — « Au roi Artus. « — Dites alors au plus vain des rois. Sa mai« son est le rendez-vous de tous les vaniteux. « L'autre jour un chevalier navré avait fait jurer « à l'un de ceux qui vivent à cette cour, qu'il le « vengerait de quiconque dirait mieux aimer « que lui celui qui l'avait navré : c'était un « engagement bien déraisonnable ; Gauvain lui« même n'en serait pas venu à son honneur. — « Seriez-vous, sire chevalier, de ceux qui aiment « moins le navré que celui qui l'avait navré ? — « Oui, sans doute. — Et moi, je suis celui qui

« fit le serment dont vous parlez. Confessez que « vous aimez mieux le navré. — Je ne mentirai « pour rien au monde. — Défendez-vous donc. »

Ils prennent du champ, reviennent et se frappent rudement ; ils font plier sous eux les arçons : mais le glaive du Chevalier malade perce l'écu, s'ouvre passage dans le haubert, et y laisse le fer et le bois. Ils tombent de cheval en même temps ; le Chevalier malade relevé le premier s'élance sur l'autre chevalier l'épée haute. Mais il ne trouve plus qu'un corps inerte ; l'âme s'en était allée.

Il remonte à grand' peine, et gagne lentement la forêt. Ses écuyers rassemblent des branches et des rameaux, en forment une litière qu'ils enferment dans un merveilleux tissu de soie, présent de la Dame du lac. Après avoir doucement couché leur seigneur, ils attachent à la litière deux beaux palefrois et se remettent lentement en marche.

XXVI.

MESSIRE Gauvain, de son côté, avait commencé sa quête. Après avoir erré quinze jours sans rien apprendre du chevalier vainqueur de la Douloureuse garde, il fit rencontre d'une demoiselle à laquelle il ne manqua pas de demander nouvelles de celui qu'il cherchait. C'était précisément la pucelle que la Dame du lac avait envoyée au Blanc chevalier pour lui indiquer le chemin de la Prison douloureuse. « Ah ! dit-elle, vous êtes mon« seigneur Gauvain qui nous aviez laissées dans « la Douloureuse garde ! — Ce n'était pas à moi, « demoiselle, à vous en tirer ; mais enfin quelles « nouvelles de notre chevalier ? — Suivez votre « chemin; peut-être en apprendrez-vous quelque « chose. » Cela dit, elle laissa Gauvain à l'entrée d'une forêt.

Quand il en sortit, il vit la prairie couverte de nombreux pavillons, et non loin de lui deux palefrois traînant lentement la litière du Chevalier malade. Il alla demander aux écuyers à qui la litière appartenait. — « A un chevalier « gravement blessé, qui vient de s'endormir. » Gauvain n'insista pas et revint aux pavillons de la prairie. Il voit bientôt passer deux chevaliers qui allaient prendre le frais dans le bois. Il les salue et apprend d'eux que ces tentes sont au roi des Cent chevaliers. On ne désignait pas autrement ce prince, parce qu'il se faisait toujours accompagner ainsi : le livre de Merlin le nomme Aguiguenon, et celui de Lancelot, Malaquin ; il était cousin de Galehaut, et la terre d'Estrangor qui lui appartenait était sur les marches de Norgalles et de Cambenic

Comme ils s'éloignaient, Gauvain vit sur la même voie deux écuyers qui portaient une bière. « Leur seigneur, dirent-ils , venait d'être « tué pour avoir soutenu qu'il aimait moins le « navré que celui qui l'avait navré. — Et quelles « étaient les armes de celui qui mit à mort vo- « tre seigneur ? — Un écu de sinople à la bande « blanche de belic ; à le voir, on eût cru qu'il « était lui-même assez malade. — Oh ! pensa « Gauvain, ce doit être le chevalier que je cher- « che et qui déferra le chevalier navré à la cour « du roi. » Il allait rentrer dans la forêt, quand il remarqua à peu de distance une enceinte de lances formée autour d'un riche pavillon devant lequel était assis Hélain le blond, un des meilleurs chevaliers de la Table ronde. « Soyez « le bienvenu, monseigneur Gauvain ! lui dit « Hélain en se levant ; où allez-vous ainsi ? — « En quête d'un chevalier qu'on porte en litière. « — Mais le jour baisse ; vous n'espérez pas le « retrouver, une fois la nuit venue : remettez à « demain votre quête. » Gauvain y consentit et entra dans le pavillon.

On allait le désarmer, quand on entendit un grand bruit au dehors. C'était la compagnie d'une dame montée sur un palefroi, et chevauchant sous un dais que tenaient quatre chevaliers, pour la garantir des rayons du soleil couchant. Elle portait un manteau d'hermine jeté sur une robe de satin vermeil. Vingt chevaliers du roi des Cent chevaliers arrivent et s'adressent à l'escorte : « Seigneurs, dit le premier, no-« tre roi désire que vous conduisiez cette dame à « son pavillon. — Nous n'avons rien à faire avec « votre roi. — Nous saurons bien vous contrain-« dre d'obéir. » Le combat s'engagea, et le parti des Cent chevaliers l'eût emporté, si Gauvain ne fût intervenu. « J'offre, leur dit-il, de conduire « cette dame au pavillon de votre roi et de la « ramener. » C'était la dame de Nohan, qui se rendait de son côté à l'Assemblée des Marches de Galore; car alors les hautes dames paraissaient à ces réunions pour mieux encourager ceux qui prenaient part aux joutes (1). Le roi des Cent-Chevaliers vint à la rencontre de la dame, et l'aurait volontiers retenue, si Gauvain ne se fût engagé à la ramener au milieu des siens. Après l'avoir reconduite, il revint au pavillon d'Hélain; mais ce retard d'une nuit l'empêcha de rejoindre le Chevalier malade.

Celui-ci, le lendemain, se fit poser à terre sous un grand orme, pour prendre le frais et essayer de dormir. Vient à passer une dame richement accompagnée; elle veut voir quel est ce chevalier

(1) L'usage en revint au treizième siècle; mais on voit qu'il était interrompu au douzième, époque de la composition du Lancelot. Pour cette assemblée de Galore, voyez plus haut, page 185, *note*.

endormi, descend, se baisse, lui découvre le visage, et reconnaît en fondant en larmes celui qui l'avait délivrée des poursuites du roi de Northumberland. « Ah ! dit-elle aux écuyers, gué-
« rira-t-il ? — Nous le croyons. » Réveillé par le bruit, le malade a beau se détourner, elle lui porte les mains sur le visage et lui couvre de baisers la bouche et les yeux. « Cher seigneur !
« disait-elle, ne vous cachez pas, je vous ai re-
« connu : je vous demande en grâce de con-
« sentir à attendre chez moi votre parfaite gué-
« rison ; vous n'aurez à craindre aucun indiscret,
« et nous prendrons de vous tout le soin possi-
« ble. »

C'était encore, on l'a déjà deviné, la dame de Nohan, que le Chevalier malade ne put se défendre de suivre. La litière se remit en marche : ils passèrent devant la Douloureuse garde sans s'y arrêter, et descendirent dans un des châteaux de la dame, qui était à dix lieues de Nohan. Le chevalier y séjourna jusqu'au temps de sa parfaite guérison.

Nous ne suivrons pas Gauvain dans tous les incidents de sa quête ; nous ne dirons pas comment il rencontra le félon Bréhus sans pitié, frère de Brandus ; comment il se défendit de ses mauvais tours, et apprit enfin le nom du vainqueur de la Douloureuse garde. Ces aventures multipliées et assez confuses peuvent être facilement distraites du livre de Lancelot.

XXVII.

UNE fois guéri de ses blessures, notre chevalier remerciait la dame de Nohan et prenait congé d'elle. Il rencontra le soir même un écuyer chevauchant à toutes brides. « Qui vous oblige à tant de hâte? » lui dit-il en passant devant lui. — « Je cherche « celui qui seul peut nous tirer de peine; ma« dame la reine est dans la Douloureuse garde, « et les gens du château jurent de la retenir « tant que ne sera pas revenu le preux cheva« lier qui l'a conquise. La reine a envoyé des « messagers sur toutes les routes pour s'enqué« rir de lui et le prier de venir la délivrer. — « Bel ami, dit le Chevalier, madame la reine « sera-t-elle délivrée si celui dont tu parles ren« tre dans le château? — Assurément. — Re« tourne, et dis à madame la reine qu'il arri« vera cette nuit ou demain matin. — Mais j'ai « ordre de ne revenir qu'après avoir vu ce che« valier. — Rapporte que tu l'as vu. — Vous « êtes donc celui que je cherche? — Eh! tu me « fais parler malgré moi. »

Il entra dans la Douloureuse garde en même

temps que l'écuyer. Toutes les rues étaient illuminées de cierges et de torches. « Où est la « reine? demande-t-il à l'écuyer. — Je vais vous « conduire à elle : mais il faut traverser un sou- « terrain fermé d'une porte de fer. » Avant de la franchir, le Chevalier dépose son heaume, il entre, l'écuyer lui tend une poignée de chandelles (1), en l'avertissant de les allumer pendant qu'il poussera la porte derrière lui ; mais il la ferme en dehors et s'esquive. Le Chevalier, ne l'entendant plus, devine qu'on l'a trompé, qu'il ne trouvera pas la reine et ne sortira du souterrain que par la grâce de Dieu. La nuit arrive et s'écoule. Au point du jour, il aperçoit d'incertaines lueurs et entend une voix de femme : « Sire « chevalier, vous le voyez, vous n'avez pas de « défense; il faut composer pour sortir d'où vous « êtes. —Que demandè-t-on de moi? — Que vous « rameniez la paix dans ce lamentable château. « — Mais la reine, où est-elle? —Loin d'ici; elle « vous charge d'être son otage. Par vous doi- « vent cesser les enchantements de la Doulou- « reuse garde. — Et par quel moyen? — Faites « ce que vous pourrez et ce qu'exigera l'aven- « ture. — J'en prends l'engagement. » Une fenêtre s'éclaire au haut de la voûte et laisse voir

(1) *Plein poing de chandelles.* Expression qui revient souvent.

des reliques de saints : Lancelot jure sur elles de ne reculer devant aucun obstacle.

Alors la porte de fer tourne sur ses gonds et s'ouvre de nouveau ; il trouve en dehors un repas abondant dont il avait grand besoin. Une voix lui crie : « Maintenant, vous avez le choix de « demeurer quarante jours dans le château, ou « de tenter de conquérir la double clef des en- « chantements. — Je préfère, dit-il, le second « parti. »

En reprenant les armes qu'il avait déposées à l'entrée, il se signe et avance. D'abord il est dans une nuit profonde, puis, par la baie d'une porte éloignée, il voit poindre une lumière. Il marche de ce côté, franchit la porte, et, tout d'un coup, entend un grand bruit; il avance encore, malgré un fracas horrible qui lui donne à penser que la voûte s'écroule. Les parois, le seuil, tout semble tourner sur lui; il se retient à la muraille du mieux qu'il peut, jusqu'à l'entrée d'une seconde porte cintrée. Elle était défendue par deux chevaliers de cuivre émaillé (1), tenant chacun une grande épée que deux hommes auraient eu peine à soulever. Ils en ferraillaient constamment, de façon que rien ne pouvait passer sans être mis en pièces.

(1) *Deux chevaliers de cuivre tresjeté.* Ce dernier mot paraît avoir précisément le sens d'*émaillé*. Cet émail

Le Chevalier, l'écu en avant, s'élance entre les épées qui pénètrent dans les mailles de son haubert jusqu'à l'épaule, d'où s'échappe un jet de sang; il passe outre en tombant sur ses mains: malgré la douleur qu'il ressent de cette chute, il reprend l'épée tombée devant lui et continue d'avancer, toujours l'écu devant sa poitrine. Il arrive ainsi à une troisième porte défendue par un puits (1) de sept pieds de long et de large, exhalant une odeur fétide, et d'où sortait un bruit effroyable. A la porte était un grand éthiopien, jetant par la bouche des torrents de flamme bleue, tandis que jaillissaient des charbons ardents de ses yeux. A l'approche du Chevalier, le monstre lève des deux mains une hache énorme, prête à retomber dès qu'il le verrait à portée.

Le Chevalier hésita un instant, le puits seul paraissant offrir un obstacle insurmontable. Cependant il se souvient du serment qu'il a prononcé, remet l'épée dans le fourreau, prend son écu par l'extrémité des guiches, et le lance de toute sa force au visage de l'éthiopien : la hache écartèle l'écu, mais elle y reste engagée. D'un grand élan, le Chevalier saute de l'autre côté du puits en levant les mains qu'il arrête sur le cou de l'éthiopien. Celui-ci fait de grands efforts

donnait au cuivre une belle couleur d'or et d'outremer.

(1) Ici finit la lacune du bon masc., 337, f° 16.

pour dégager sa hache, et cependant le Chevalier lui étreint la gorge et le frappe au visage à poings fermés. Force lui est de lâcher son arme, il fléchit, tombe à la renverse; le Chevalier, tombé en même temps que lui, se relève, le saisit par les pieds et le précipite dans le gouffre.

Alors il regarde autour de lui. Une femme de cuivre merveilleusement émaillé tenait de la main droite la double clef des enchantements. Pour les prendre il approche d'un pilier de cuivre dressé au milieu de la salle. Des lettres creusées dans le métal disaient : *La grosse clef déferme le pilier, la menue le coffre.* Il ouvre le pilier, aperçoit le coffre; mais, quand il touche à la seconde clef, il entend un bruit si effroyable, des cris si perçants, que le pilier lui-même en est ébranlé. Il se signe, ouvre le coffre, et de trente tuyaux de cuivre sortent autant de voix distinctes, plus douloureuses l'une que l'autre. De là partaient tous les enchantements répandus dans le château. De violents tourbillons se forment et de noires vapeurs, puis des clameurs aussi épouvantables que si tous les diables d'enfer eussent été là réunis. En réalité, il s'y en trouvait un assez grand nombre. Le Chevalier sent ses forces l'abandonner ; il tombe pâmé devant le pilier : quand il revient à lui, le pilier, l'image de cuivre, le puits, les deux chevaliers qui gardaient la première porte, tout avait disparu. Le souterrain était ouvert, il en sortit tenant dans ses mains la double clef des enchantements. En repassant par le cimetière, il n'y trouva plus de tombes, de lettres ni de heaumes ; il s'agenouilla dans la chapelle, déposa les clefs sur l'autel et monta au palais.

Comment peindre la joie illuminant tous les visages, et dire les actions de grâces qu'on lui rendit! Il sut alors que la reine n'avait pas été retenue prisonnière et qu'on s'était entendu pour le tromper et le décider ainsi à revenir à la Douloureuse garde. Il ne s'y arrêta qu'une seule nuit et, dès le lendemain, il fit ses adieux à ceux qu'il venait de délivrer de la cruelle oppression des démons.

A compter de ce moment, la ville, le bourg et le château ne s'appelèrent plus que *la Joyeuse Garde :* nous en reparlerons plus d'une fois.

XXVIII.

NOTRE chevalier, le lendemain, longeant le cours d'une rivière, aperçut sur l'autre rive une haute bretêche que protégeait une enceinte de palissades. Dans l'intention de s'y arrêter, il passa le gué avec la demoiselle qui l'avait si longtemps attendu dans la Joyeuse garde. Le gardien de la bretèche tira la porte coulante (1) à leur approche, et laissa entrer les écuyers et la demoiselle. Mais, quand ce fut au tour du Chevalier, il fit revenir la porte sur elle-même. « Frère, lui demande le Chevalier, pourquoi me laisses-tu « dehors? —C'est qu'avant d'entrer, vous devez « me dire qui vous êtes. — Je suis de la maison « du roi Artus ; cela doit te suffire. — Oui, pour « que la porte reste baissée. — Au moins laisse « sortir mes écuyers et ma demoiselle. » Ici, pas de réponse, et le bon chevalier, outré de dépit, repassait lentement le gué, pendant que la dame de la bretèche ôtait la housse de l'écu que les écuyers avaient déposé. A la vue du blason d'argent à la bande noire (2), elle se hâte d'ou-

(1) « La porte coléice. » Comme celle dont il est parlé dans la Roman de la Rose :

Si a bones portes coulans,
Pour faire ceux dehors dolans;
Et pour eux prendre et retenir
S'il osoient avant venir.

On peut voir une belle gravure de la porte coléice ou coulante de Villeneuve-sur-Yonne, qui existe encore, dans le *Dictionn. d'architecture* de M. Viollet-Le-Duc, t. VII, p. 336.

(2) Nous avons déjà averti nos lecteurs, p. 185, que nous laisserions de côté les trois assemblées ou rencontres qui, dans le roman, nous paraissaient faire

vrir la fenêtre et de crier : « Revenez, revenez, « chevalier ! veuillez, au nom de la chose que « vous aimez le mieux, passer la nuit dans notre « maison. »

Le Chevalier revient sur ses pas. Cette fois la porte se tire devant lui ; il est conduit dans une chambre haute où ses écuyers le désarment. La dame eut tout loisir d'admirer la beauté de son corps et la bonne grâce de ses mouvements. On cornait le dîner, quand arrive le maître de la bretêche : « Ah ! sire, lui dit la dame en le « débarrassant de ses armes, vous avez pour « hôte le preux jouteur dont vous me parliez, « celui qui vainquit l'assemblée. — Dame, dit « sévèrement le bon chevalier, vous n'ètes pas « courtoise d'avoir découvert l'écu que je te- « nais caché. — Pardonnez, sire, à ma curio- « sité; elle nous permet de vous rendre tout « l'honneur qui vous est dû. — En effet, dit à « son tour le maître du logis, vous êtes l'homme « que je désirais le plus connaître. Non que vous « m'ayiez bien traité à la deuxième assemblée ; « vous nous avez renversés, moi et mon cheval

double emploi avec celles où Galehaut sera le tenant contre le roi Artus. Des incidents d'un seul récit primitif les rédacteurs de l'ensemble avaient formé sans nécessité deux récits distincts. C'est dans ces premières assemblées que Lancelot avait porté l'écu d'argent à la bande noire qui le fait ici reconnaître.

« l'un sur l'autre, et peu s'en fallut que j'en « eusse le cœur crevé. »

On se mit au manger. Les nappes ôtées, le bon chevalier demande au maître de la maison ce qui l'avait obligé à sortir armé. « Je revenais « de garder un pont, dans l'espoir de voir passer « celui qui promit au navré de combattre qui- « conque aimerait mieux celui qui l'avait navré. « Le navré était mon ennemi mortel, pour avoir « tué le frère de ma mère : vous comprenez que, « pour venger cette mort, je donnerais ma vie. » Ces paroles désolèrent le bon chevalier, qui regretta bien de les avoir provoquées. Il cacha son émotion ; les lits furent dressés, ils allèrent reposer. Mais lui ne put dormir : toute la nuit il gémit et pleura ; car il se voyait contraint, pour éviter le parjure, de provoquer celui qui lui donnait une si courtoise hospitalité.

De grand matin, il se présente devant son hôte, tout armé, à l'exception du heaume et des gants : « Beau sire, dit-il en s'agenouillant, vous m'avez « fait grande courtoisie ; je vous demande un « don, pour le temps que je resterai dans votre « maison. — Sire, relevez-vous ; sauf mon hon- « neur, il n'est rien que je puisse vous refuser.— « Grand merci ! avouez donc que vous aimez « mieux le navré que celui qui l'a navré.

— « Sainte-Marie ! êtes-vous donc le chevalier « qui jura de venger le navré ?

— « Vous l'avez dit. » Le châtelain resta un temps sans parler. Enfin : « Sire, dit-il, sortez « d'ici ; j'aime mieux le navré que le mort. »

Le bon chevalier partit avec sa demoiselle et les écuyers. Mais bientôt il voit accourir le maître de la bretèche, entièrement armé. « Chevalier, « dit-il, j'aime mieux le mort que le navré. Je « ne pouvais refuser le don que je vous avais « promis, pour le temps où vous seriez mon « hôte ; mais nous sommes en pleine cam- « pagne. »

Notre chevalier veut inutilement l'apaiser. Ils prennent du champ ; la rencontre est assez rude pour que tous deux vident les arçons et soient jetés sous le ventre de leurs chevaux. Ils se débarrassent, jettent leurs écus, brandissent les épées et se frappent à coups redoublés. Le maître de la bretèche perd le premier de ses forces ; il recule : l'autre, tout en le tenant de court, le prie de reconnaître qu'il aime mieux le navré. « A Dieu ne plaise que je démente ce que j'ai « dans le cœur ! » Le bon chevalier le ménage moins ; le fait reculer jusqu'à la rive, et le prie encore d'accorder ce qu'il lui demande. — « Ja- « mais ! » D'un dernier coup il l'étend à terre ; il appuie un genou sur sa poitrine, il délace son heaume : « Vous pouvez encore sauver votre vie. « — Plutôt mourir ! » Pour ne pas l'achever de son épée, le bon chevalier le saisit, le soulève et va le jeter dans le courant. Cela fait, il s'éloigne en regrettant le serment qui vient de le contraindre à tuer un prud'homme qui lui avait donné le pain, le sel et le gîte.

XXIX.

Après avoir ainsi combattu et mis à mort malgré lui le vavasseur chez lequel il avait reçu une si courtoise hospitalité, le Chevalier erra tristement le reste du jour sans trouver aventure. Il passa la nuit chez une dame veuve, à l'entrée d'une forêt voisine de Kamalot, et se remit en chemin le lendemain matin, toujours accompagné de la demoiselle du Lac et de ses deux écuyers. Bientôt il fit rencontre d'un valet monté sur un grand chasseur. « Valet, lui dit-il, quelles nou-« velles? — L'arrivée à Kamalot de madame la « reine. — Quelle reine? — La reine Genièvre, la « femme du roi Artus. » Et, cela dit, le valet s'éloigne.

Le bon chevalier, tout pensif, arrive dans Kamalot. Il abandonne les rênes et laisse le coursier aller à l'aventure, jusqu'en face d'une maison forte. Aux fenêtres était une dame, en simple chemise et surcot, les tresses répandues sur les épaules : elle plongeait les yeux sur les prés et les bois. Le bon chevalier, sortant tout à coup de sa rêverie, la regarde et retient son cheval pour la contempler plus longtemps.

Vint alors à passer un chevalier armé de toutes armes, qui lui demande ce qu'il a tant à regarder. L'autre ne l'entend pas et ne fait nulle réponse. « Je demande ce que vous regardez, » dit l'inconnu en le poussant du bras. — « Ce « qui me plaît ; et vous n'êtes pas courtois de me « jeter ainsi hors de mes pensées. — Je vous de-« mande pourtant, par la chose que vous aimez « le plus, quelle est cette dame que vous regar-« dez si bien ? — C'est madame la reine. — Est-« ce à vous de savoir quelle est la reine ? Bien « m'est avis que vous ne regardez de ce côté « que pour éviter de me parler. Après tout, au-« riez-vous le courage de me suivre ? — Oh ! « répond le bon chevalier, si vous allez où je « n'oserais aller, vous pouvez vous vanter de « passer les plus renommés de prouesse. — « Nous verrons bien. »

L'inconnu continue son chemin et le bon chevalier le suit. « Beau sire, lui dit l'inconnu, « vous passerez la nuit chez moi, et demain « matin nous irons où je vous ai dit. » Le bon chevalier se laissa héberger dans une maison qui longeait la rivière ; et, le lendemain de grand matin, il s'arme, sort avec son hôte, en annonçant à la demoiselle et à ses écuyers, qu'il viendra les reprendre dès que l'aventure sera mise à fin. Pour être sûr de n'être pas découvert, il avait passé à son cou un vieil écu enfumé, au lieu de celui qu'il avait apporté la veille. En continuant à suivre le cours de l'eau, ils se retrouvèrent à l'entrée de Kamalot. Les murs, les tours, les moulins, rappellent alors à notre chevalier le jour de son adoubement. Il arrête son cheval, en laissant l'autre chevalier aller en avant et arriver le premier devant la maison du roi, située, comme tous les autres manoirs d'Artus, sur la rivière. Une dame était aux loges; c'était encore la reine qui suivait des yeux le roi partant pour la chasse. Elle avait levé sa guimpe (1) pour se défendre de la fraîcheur matinale, et était en simple surcot. Quand passa le premier des deux chevaliers, elle baissa sa guimpe, et celui-ci lui dit : « Madame, vous plairait-il me dire si vous « êtes la reine? — Oui; pour quelle raison le « demandez-vous? — Dame, pour un chevalier, « le plus fou des chevaliers. — Est-ce de vous

(1) La guimpe ou guimple était, comme on doit le savoir, une sorte de voile épais passé sur le cou, tombant sur la poitrine quand on le baissait, couvrant le nez et même les yeux quand on le tenait levé. Il ne faut pas l'oublier, ni prendre le change quand on voit les dames lever ou baisser leur guimpe.

« que vous entendez parler? — Oh! non. — De « qui donc? » Il ne voulut pas répondre à cette question, dans la crainte de nuire au compagnon qu'il avait perdu de vue, et il poursuivit son chemin. Peu de temps après, le bon chevalier arrive en face de la maison du roi. Des femmes lavaient leur linge dans la rivière : « N'avez-vous pas « vu, leur demande-t-il, passer un chevalier? — « Nenni, nous ne faisons que d'arriver. » Mais la reine, qui avait entendu la demande et la réponse, abaissant de nouveau sa guimpe : « Sire « chevalier, dit-elle à haute voix, celui que vous « cherchez est entré dans la forêt. Ne perdez « pas un moment si vous voulez le rejoindre. » Il leve les yeux et reconnaît la reine. A ces mots : *Ne perdez pas un moment*, il pique son cheval des éperons sans répondre, mais sans détourner les yeux du visage de la reine. Le cheval qu'il ne dirige plus cède alors à l'envie de s'abreuver et descend dans la rivière. Le lit était profond, si bien que la bête enfonce et nage jusqu'à l'autre bord, défendu par les murs du palais. Elle revient, perd ses forces; le souffle lui manque; elle va disparaître avec celui qu'elle porte, quand la reine, qui suivait des yeux le Chevalier avec une attention presque égale, dit : « Sainte Marie! au se« cours! » Messire Yvain de Galles sortait pour aller rejoindre le roi : « Ah! messire Yvain, lui « dit-elle, voyez ce chevalier; il va mourir s'il

« n'est secouru. » Yvain aussitôt pousse dans l'eau et arrive au chevalier, dont les flots avaient déjà plusieurs fois recouvert les armes; il le ramène à la rive. « Eh, beau sire! lui dit-il, com« ment n'avez-vous pas retenu votre cheval? —
« Vous voyez, sire, je le laissais boire. — Vous « le laissiez plutôt noyer et vous noyer avec lui. « Où alliez-vous donc? — J'entendais à suivre un « chevalier. »

Yvain l'eût aisément reconnu s'il eût eu la ventaille abaissée et s'il eût gardé l'écu qu'il avait porté à la dernière assemblée. Mais celui qu'il avait choisi le matin ne donnait pas grande idée de lui. Yvain lui demande s'il tenait toujours à rejoindre son compagnon : « Assuré« ment. — Repassez donc la rivière, vers le gué, « un peu plus haut; suivez dans la forêt le che« min qui sera devant vous. » Cela dit, il le laisse, et le bon chevalier qui ne pouvait détourner ses yeux de la reine, au lieu de gagner le gué, suit les maisons sans penser où il va. Bientôt arrive Dagonnet, le sot chevalier, qui lui demande ce qu'il cherche; et, n'obtenant pas de réponse, saisit le cheval au frein et l'emmène, sans trouver la moindre résistance.

« Assurément, disait la reine à Yvain, ce che« valier vous doit la vie; sans vous il se fût « noyé. — Et c'eût été dommage, répondait « Yvain, car, malgré son écu enfumé, on voit

« qu'il est jeune et de bonne nature. — Mais « voyez donc ; n'est-ce pas encore lui qui se laisse « arrêter? Allez voir, je vous prie, messire « Yvain. » Yvain obéit, va reconnaître Dagonnet et les conduit en riant devant la reine. « En « vérité, madame, vous aviez bien deviné ; notre « chevalier a été pris par Dagonnet. — Oui ,dit « le sot, je l'ai rencontré près du gué ; je lui ai « parlé, il n'a pas répondu : j'ai saisi le frein de « son cheval, il m'a laissé faire, et je vous l'amène « prisonnier. — C'est fort bien, Dagonnet, dit « messire Yvain ; si vous voulez, il restera sous « ma garde. — J'y consens, dit le sot, mais en « répondez-vous? — N'en soyez pas inquiet. »

Tout cela fit assez rire la reine et les dames et demoiselles qui l'entouraient ; car on connaissait Dagonnet pour la plus couarde pièce de chair qu'on pût imaginer.

La reine cependant regardait le bon chevalier. Son grand air et sa bonne tenue n'échappaient pas à son attention. « Savez-vous, Dagonnet, dit-« elle, le nom de votre prisonnier? — Non, ma-« dame ; je n'ai pu tirer un seul mot de lui. » Au son de la voix de la reine, le bon chevalier, qui tenait sa lance par le milieu de la hampe, lève la tête, écarte les doigts de la main ; le glaive tombe et va déchirer la soie du manteau de la reine. Surprise étrangement, elle dit à demi-voix : « Ce chevalier ne semble pas avoir

« en lui toute la sagesse du monde. — S'il en « eût eu quelque peu, reprend Yvain, Dagonnet « ne l'eût pas ramené jusqu'ici. Voyons, cheva- « lier, qui êtes-vous? — Qui je suis? un cheva- « lier. — Je le vois bien; et que demandez-vous? « — Je ne sais. — Attendez-vous quelqu'un ou « quelque chose? — Vraiment, je ne sais que « dire. »

« Madame, dit Yvain, j'ai promis à Dagonnet « de le garder; mais, si vous voulez me servir de « garant, je le laisserai partir. — Oh! je puis, « sans trop m'engager, répondre de lui à Dagon- « net. » Messire Yvain relève la lance, la rend au prisonnier de Dagonnet, le conduit au bas des degrés, et lui montrant le gué : « Beau sire, « voici le chemin qu'a pris celui que vous vou- « liez rejoindre. »

Cette fois, le prisonnier de Dagonnet passa le gué et entra dans la forêt, tandis que messire Yvain, curieux de savoir ce qui adviendrait de lui, montait à cheval sans chausser d'éperons, et le suivait à distance. Il le vit approcher d'un tertre sur lequel flottait un gonfanon. C'était l'enseigne du chevalier dont il avait perdu la trace, et qui justement alors descendait de leur côté. « Ah! sire, lui dit le prisonnier de Dagon- « net, je vous rejoins enfin. Que me vouliez-vous, « en m'engageant à vous suivre? — Avant tout, « je veux savoir quelle est votre prouesse. —

« C'est là ce que je montrerai volontiers. » Le chevalier s'éloigne un peu, va prendre son écu et sa lance, et pique vers le prisonnier de Dagonnet qui le reçoit comme il convient, et le fait sauter par-dessus les arçons. Puis, arrêtant au frein le cheval, il le présente au vaincu : « Reprenez-le, « dit-il. J'ai mieux à faire que de vous l'enlever. « — Non, il n'en sera pas ainsi ; vous m'avez « abattu, mais vous n'aurez pas le même avan-« tage à l'escrime. — Vous le voulez ? Voyons « donc. » Il descend à son tour, met en avant l'écu, tire son épée et attend le chevalier. Les coups retentissent sur les écus et les heaumes : le prisonnier de Dagonnet gagne du terrain, pousse et fait reculer l'autre, qui, reconnaissant qu'il n'est pas de force, dit : « Je vous rends les « armes ; vous pouvez venir où je vous con-« duirai ; le chemin ne sera pas long. — J'irai « volontiers. » Ils remontent tous deux et chevauchent, suivis de près par messire Yvain ; car c qu'il avait déjà vu lui donnait envie d'en voir la suite.

Après avoir cheminé quelque temps, le chevalier vaincu dit : « Nous sommes ici près de la « demeure de deux géants. Personne n'ose les « aborder, s'il ne veut se déclarer ennemi du roi « Artus et de la reine Genièvre. Voici le sentier « qui conduit à eux ; allez-y, si vous voulez. »

Le prisonnier de Dagonnet ne répond pas, mais

pique des deux éperons, la lance sur feutre et l'écu devant la poitrine. Il est bientôt aperçu par un des deux géants, qui, d'une voix bruyante :

« Chevalier, si tu as en haine le roi Artus et « la reine Genièvre, avance et sois le bienvenu. « Si tu les aimes, viens recevoir la mort. — Par « ma foi ! je les aime, et je vais te punir de ne « pas les aimer. » Le géant avance, lève une lourde massue; mais il était si grand, il avait les bras si longs, qu'il la fait porter au-delà du cheval du prisonnier de Dagonnet; elle ne frappe que la terre, pendant que notre bon chevalier, de la pointe de sa lance, le jette mort devant lui. L'autre géant arrive en ce moment, lève son énorme massue et la fait retomber sur la croupe du cheval; l'animal s'affaisse, les deux jambes rompues. Le prisonnier de Dagonnet se dégage : couvert de son écu, il marche sur le géant qui hausse une deuxième fois sa massue. Elle rencontre l'écu, l'écartèle et le met en pièces. Mais d'un revers de lance, le prisonnier de Dagonnet fait tomber le poing qui tenait la massue; et quand le géant hausse l'autre bras pour l'assommer d'un coup de poing, il est lui-même atteint du tranchant de l'épée qui, après lui avoir ouvert le ventre, descend sur son pied et le sépare de la jambe. Il fléchit et tombant de son haut ne peut continuer la lutte. Le vainqueur ne daigne pas lui arracher la vie. En ce moment

Yvain se découvre au prisonnier de Dagonnet, qui lui dit en le reconnaissant : « Avez-vous vu « comment ces gloutons ont tué mon cheval? « J'enrage de me trouver à pied. — Calmez-« vous, chevalier ; voici le mien, que je vous prie « de monter ; dites seulement au chevalier que « vous avez vaincu de me prendre en croupe « jusqu'à Kamalot. — Grand merci de votre « offre, sire! Vous, chevalier, descendez; lais-« sez les arçons à monseigneur Yvain, et montez « en croupe derrière lui. » C'est ainsi que rentra messire Yvain dans Kamalot. Il y arriva comme la reine revenait du moutier, appuyée sur messire Gauvain. Une grande compagnie les attendait dans la salle du palais; Yvain descendit au bas des degrés, laissa retourner le chevalier vaincu, et s'approchant de Gauvain : « Sire, dit-il, on parle beaucoup des aventures « de Kamalot; mais je ne crois pas qu'il en soit « arrivé de plus merveilleuses que celles dont « je viens d'être témoin. — Contez-nous-les « donc, dit messire Gauvain. » Yvain dit comment le prisonnier de Dagonnet avait réduit à merci l'autre chevalier ; comment il avait attaqué deux géants, tué l'un, rendu l'autre incapable de nuire. — « En vérité, fit alors messire « Gauvain, le prisonnier de Dagonnet, le vain-« queur des géants, ne peut être que le nouveau « seigneur de la Douloureuse garde. »

Dagonnet cependant faisait un bruit insupportable : « Le vainqueur de la Douloureuse garde « et des assemblées de Galore, le dompteur de « géants, est mon prisonnier! messire Gauvain « lui-même n'a jamais fait pareille conquête. « Je suis le premier chevalier du monde! »

XXX.

Le chevalier vainqueur des géants avait, en sortant de la forêt, rencontré un vavasseur revenant de la chasse avec un beau chevreuil troussé sur le roncin d'un écuyer. Ce vavasseur lui offrit l'hospitalité : « Vous serez bel et bien reçu, et « vous aurez de ce chevreuil à votre souper. » Le Chevalier ne refusa pas et passa la nuit dans ce logis. Le lendemain, après avoir entendu la messe, il se fit armer et prit congé du vavasseur.

A quelques jours de là, il arrive devant une chaussée qui avait une lieue de longueur et qu'on avait pratiquée sur un terrain humide et marécageux. A l'entrée se tenait un chevalier armé qu'il lui fallut encore défier, dès qu'il se fut déclaré l'ennemi du roi Artus et de celui qui avait juré de combattre tous ceux qui aimeraient moins le chevalier navré que celui qui l'avait navré.

Notre chevalier eut beau le conjurer de se dédire, il fut contraint de se mesurer avec lui, et de lui arracher la vie, pour échapper au parjure. Cette rencontre devait lui coûter cher. Comme en suivant la chaussée il approchait d'une ville appelée le Puy de Malehaut, il fut devancé par deux écuyers qui portaient, l'un le heaume, l'autre l'écu de celui qu'il venait d'immoler. Dès qu'il eut franchi lui-même les portes de Malehaut, elles se refermèrent sur lui; il entendit de grands cris confus, et bientôt il se vit entouré d'une foule furieuse de chevaliers, écuyers et sergents, qui se ruèrent à l'envi sur lui et commencèrent par tuer son cheval. Il se dégagea vivement et tint longtemps en respect plus de quarante glaives tendus vers lui; enfin, il gagna les degrés d'une maison forte (1) voisine, et continua une défense désespérée. Accablé de lassitude, il venait de tomber à genoux, quand la dame de la maison descendant jusqu'à lui offrit de le recevoir prisonnier: « Qu'ai-je fait, dame, pour mériter « d'être pris? — Vous avez tué le fils de mon « sénéchal, et vous n'échapperez pas autre« ment à la vengeance de ses parents et de ses « amis. » Il tendit son épée à la dame; la multitude s'arrêta, et il se laissa conduire dans une

(1) On disait : *maison fort*. De là le nom propre si commun de la Maisonfort.

geôle ou prison pratiquée à l'un des bouts de la grande salle. Cette geôle avait deux toises de large, et la longueur d'un jet de pierre. Les parois s'en rapprochaient à mesure qu'elles arrivaient au faîte. Deux fenêtres de verre, ouvertes de ce côté, permettaient au prisonnier de voir tout ce qui se passait dans la salle (1). C'est là que fut enfermé notre chevalier.

XXXI.

Le conte le laisse ici dans sa geôle pour nous ramener au roi Artus, qui vient d'être averti par le message d'une dame de ses vassales (2) que Galehaut, le fils de la Géante, le prince des Iles étranges, se pré-

(1) Il n'est pas aisé de bien se rendre compte de la description de cette geôle, qui varie dans les différentes leçons et même dans la même leçon, à quelques alinéas de distance; voici la plus intelligible : « La geole estoit au chief de la salle ; si estoit lée par desoz, et par dessus greille. Si avoit deux toises en tout sens, et haut jusqu'à la couverture de la salle ; à chascune quarréure de la salle avoit deux fenestres d'ivoire (s. d. de voirre) si clers, que cil qui estoit dedens povoit veoir tout ce qui entour estoit en la salle. »

(2) Les mss. 341, f° 60, et 773, f° 82, v°, disent : « La demoiselle des marches de Sezile. » Le n° 339, f° 19, porte seulement « la demoiselle. »

Léon Techener, Editeur. Imp. Ch. Delâtre, Paris.

parait à passer outre avec une armée de cent mille fervêtus. « Dites à la dame qui vous en« voie, répondit le roi, que je partirai cette nuit « ou demain au plus tard. A Dieu ne plaise que « j'attende un seul jour, quand on ose mettre le « pied sur nos terres! » Et sans écouter les remontrances de ses chevaliers, il partit de grand matin avec environ sept mille hommes d'armes. Que pouvait un si faible nombre devant l'armée de Galehaut? Cependant, grâce aux merveilleuses prouesses de messire Gauvain, le Roi des cent chevaliers fut obligé de céder le terrain à plusieurs reprises; mais le prince Galehaut, qui dédaignait de combattre en personne un ennemi si faiblement soutenu, contraignit enfin les Bretons à sonner la retraite. Il y eut devant les deux camps un furieux combat; Gauvain, couvert de blessures, arrêta les ennemis devant les premiers retranchements : mais à peine les assaillants se furent-ils retirés que lui-même tomba sanglant, inanimé, et le bruit de sa mort se répandit dans l'armée. Rien ne peut exprimer la douleur qu'en ressentirent la reine et tous ceux qui tenaient à l'honneur du roi.

Le camp des Bretons s'étendait le long d'une rivière, à sept lieues environ de la cité de Malehaut. La jeune et riche dame qui retenait le Bon chevalier dans sa geôle avait perdu naguère son baron; mais elle était aimée de tous ses hommes, et quand on demandait aux gens du pays ce qu'ils pensaient d'elle, ils répondaient : « C'est la reine de toutes les dames. »

On a vu que, de la geôle où il était enfermé, le Bon chevalier pouvait entendre et voir tout ce qu'on faisait dans la grande salle. Plusieurs vassaux, au retour de la bataille livrée par Galehaut aux Bretons, ne manquèrent pas de raconter les grandes prouesses et les blessures dangereuses de monseigneur Gauvain. Le Bon chevalier fit alors signe à celui d'entre eux qui paraissait avoir le plus d'autorité sur la dame de Malehaut : « Je vous prie, dit-il, d'aller demander à votre « dame la faveur d'un entretien. » Le prud'homme obéit, et bientôt vint tirer le prisonnier de la geôle pour l'amener dans la chambre haute.

« Beau sire, dit la dame, que me voulez-vous?
« — Dame, que vous me mettiez à rançon. Je « suis un pauvre chevalier; mais il en est plus « d'un, parmi les hommes du roi Artus, qui vo- « lontiers me rachèteraient. — Beau sire, répond « la dame, je ne vous ai pas retenu dans l'espoir « d'une rançon, mais pour la justice que je dois « à mon sénéchal, dont vous avez tué le fils. — « Je l'ai fait, dame, pour ne pas être parjure; « mais, croyez-moi, s'il vous plaisait me mettre « à rançon, vous n'en auriez pas regret. J'ap- « prends que les échelles du roi Artus et du « prince Galehaut doivent encore se rencontrer

« demain ; laissez-moi prendre part à l'assem-
« blée, et je promets de rentrer la nuit même
« en votre prison, s'il me reste assez de force
« pour y revenir. — Chevalier, je vous l'accor-
« derai volontiers, à une seule condition : vous
« me direz votre nom. — Hélas ! je ne le puis.
« — Vous n'irez donc pas à l'assemblée. — Je
« veux bien prendre l'engagement de vous sa-
« tisfaire, dès que je le pourrai. — Eh bien,
« partez dès cette nuit, si vous voulez. — Grand
« merci, dame. » Et il fut reconduit à la geôle.

Cependant, l'armée des Bretons étant devenue plus forte, Galehaut crut pouvoir, sans en être blâmé, défier tout de bon le roi Artus. Il chargea le Roi-premier conquis (ainsi désigné pour avoir fait son hommage avant les autres) de conduire la première bataille, forte de quarante mille hommes d'armes. Elle occupa le côté de la rivière d'Hombre opposé au camp d'Artus. Avant que les Bretons ne fussent armés, le chevalier de la dame de Malehaut était arrivé, monté sur un grand destrier et couvert d'armes vermeilles que la dame de Malehaut lui avait préparées. Il s'était arrêté en face de la bataille du Roi-premier conquis; mais, au lieu de regarder devant lui, ses yeux se portaient sur les loges d'une tourelle que le roi Artus avait fait dresser assez près du gué, pour être mieux en état de suivre tous les mouvements de ses hommes.

Aux loges était la reine avec ses demoiselles, puis, au fond de la tourelle, monseigneur Gauvain, condamné au repos par ses récentes blessures. Bientôt le Roi-premier conquis pousse dans le gué son cheval, pour avoir l'honneur du premier coup ; le Chevalier vermeil, appuyé sur son glaive, ne semble pas songer à le recevoir. Alors les hérauts, les goujats de la partie des Bretons, se demandent que vient faire un fervêtu si peu pressé de combattre. « Chevalier ! crient-« ils, ne voyez-vous pas le Roi-premier conquis ; « n'irez-vous pas à lui ? » Il ne les entend pas. Un ribaud plus insolent s'approche, détache l'écu et le passe à son cou, sans que notre chevalier ait l'air de s'en apercevoir. Un autre se baisse, prend une motte de terre mouillée et la lance sur le nasal du heaume, en criant : « A « quoi songez-vous, fainéant ? »

L'eau pénétrant dans les yeux, le Bon chevalier reprend ses esprits et voit le Roi premier conquis, comme il touchait la rive bretonne. Il pousse à lui, lance baissée, et reçoit la première atteinte : mais, à défaut de l'écu, le haubert était de bonne trempe et ne fut pas entamé. Le roi brisa sa lance contre les mailles, et, plus vigoureusement touché, tomba lourdement à terre. Ce premier coup étonna grandement les hérauts qui avaient d'abord si mal jugé du Bon chevalier ; et celui qui s'était emparé de l'écu revenant vers lui : « Sire, reprenez votre écu, il sera bien « employé avec vous. » Le Bon chevalier laissa, sans daigner regarder, repasser l'écu à son cou ; et cependant, la grande bataille du Roi-premier conquis, voyant le danger de leur seigneur, passait tout entière sur l'autre rive. Les premiers arrivés payèrent cher leur impatience : puis avancèrent les batailles du roi Artus, et la mêlée devint générale. Cette fois, l'avantage ne demeura pas aux plus nombreux, grâce aux surprenantes prouesses du Chevalier vermeil, qui rompait lances, abattait chevaux et cavaliers, tranchait têtes, bras et poitrines. La fin du jour put seule mettre un terme au carnage. Les gens du Roi-premier conquis s'éloignèrent en assez mauvais ordre, et ceux du roi Artus donnèrent au Chevalier vermeil tout l'honneur de la journée. Mais il avait disparu, et personne ne put dire ce qu'il était devenu.

Galehaut apprit du Roi-premier conquis que le roi Artus avait engagé tout ce qu'il avait amené d'hommes d'armes, et que la victoire des Bretons était due à la prouesse incomparable d'un seul chevalier. Le lendemain, il envoya au camp des Bretons le Roi des cent chevaliers et le Roi-premier conquis. Artus les reçut avec grand honneur : « Sire, dit le premier, Galehaut, « le seigneur des Iles lointaines, nous envoie « vers vous : il s'étonne d'avoir vu un si petit

« nombre d'hommes défendre les terres dont il « réclame l'hommage. Il vous offre une année « de trève, pour vous donner le temps de rassem- « bler tous vos chevaliers. Ce terme passé, tenez- « vous pour averti de ne plus compter sur un « second délai; et sachez que notre seigneur « Galehaut se fait fort de retenir dans son parti « le Chevalier vermeil, auquel vous avez dû « l'honneur de la première assemblée. »

Cela dit, les messagers se retirèrent, laissant le roi Artus satisfait de la longue trêve qu'on lui accordait, humilié d'être contraint de l'accepter, inquiet surtout de cette menace de lui enlever le Chevalier à l'écu vermeil.

XXXII.

Celui-ci s'était hâté de revenir chez la dame de Malehaut. Épuisé de fatigue, il s'était, en arrivant, jeté sur sa couche, sans toucher aux mets préparés pour lui. La dame de Malehaut, sachant de retour les chevaliers qu'elle avait envoyés à l'ost du roi Artus, son suzerain, n'eut rien de plus pressé que de demander les nouvelles de la journée. Elle apprit qu'une rencontre des plus meurtrières avait eu lieu entre les Bretons et les hommes du Premier roi conquis, et qu'un chevalier aux armes vermeilles avait eu la meilleure part à la victoire. En entendant cela, la dame regarda en dessous une cousine germaine à laquelle elle laissait le soin de sa maison, et sitôt qu'elle put lui parler sans témoins : « Belle « cousine, dit-elle, ne serait-ce pas notre che- « valier? Je voudrais bien m'en assurer. S'il a « tant combattu, on devra s'en apercevoir à ses « armes et à ses meurtrissures. — Tenez-vous « tant à le savoir ? fit la cousine. — Plus que je « ne pourrais dire ; mais faites en sorte de n'en « laisser rien deviner à personne. »

La cousine trouve alors moyen d'éloigner de la maison tous ceux qui la gardaient et, prenant plein son poing de chandelles (1), elles descendent à l'étable et voient le cheval de Lancelot couvert de plaies à la tête, au cou, aux jambes, étendu près de la mangeoire à laquelle il n'avait pas touché. « Dieu vous sauve, bon cheval! dit « la dame de Malehaut, vous semblez appartenir « à prud'homme. Qu'en pensez-vous, cousine? « — Oh ! je pense comme vous qu'il a eu plus de « travail que de loisir; mais ce n'est pas le che- « val que votre prisonnier avait emmené. — « Apparemment, reprend la dame, il en aura « perdu plusieurs : allons voir ses armes; nous « pourrons juger si elles ont été bien em-

(1) Cette expression qui revient encore ici semble indiquer un faisceau de petits cierges qu'on tenait à la main.

« ployées. » Elles remontent à la chambre où les armes étaient déposées : le haubert était faussé, déchiqueté vers les bras, les épaules et ailleurs. L'écu était fendu, écartelé, percé en vingt endroits de trous où l'on aurait aisément passé les poings fermés. Le heaume était bosselé, barré; le nasal détaché, le cercle traînant jusqu'à terre, à peine retenu par un dernier clou tordu.

« Voyez, cousine, dit la dame, que vous semble « de ces armes? — Que celui qui les porta n'est « pas demeuré oisif. — Dites que le plus preux « des hommes les a portées. — Puisque vous le « dites, dame, cela peut bien être.

« — Venez, venez, reprend la dame, il faut aller « le voir. Car enfin, avant de croire il faut voir. » Elles arrivent à l'entrée de la geôle demeurée entr'ouverte. La dame prend en sa main les chandelles, avance la tête dans la porte, et voit le chevalier étendu nu dans son lit, la couverture tirée jusqu'au dessous de la poitrine, les bras découverts en raison de la chaleur, les yeux entièrement fermés. Elle regarde, le visage était boursouflé, le cou froissé par la pression des mailles, le nez écorché, les épaules traversées de longues entailles, les bras tout à fait bleus des coups reçus, les poings enflés et rougis de sang.

Alors, revenant à la cousine : « A votre tour,

« regardez, et vous verrez merveilles. » Ce disant, elle entre dans la geôle pendant que la cousine passait sa tête dans la porte et ne semblait pas avoir assez de ses yeux. La dame lui donne à tenir les chandelles, et avance en relevant un peu sa robe. « Mon Dieu! que voulez-« vous faire? dit la cousine. — Je ne serai pas « contente si je m'en vais sans l'avoir baisé. — « Ah! dame, qu'avez-vous dit? Gardez-vous-« en bien; s'il venait à s'éveiller, il nous pri-« serait moins, vous, moi et toutes les femmes. « Ne soyez pas assez folle pour vous oublier « ainsi. — Quelle honte peut-on craindre en se « donnant à un tel prud'homme? — Aucune « peut-être, s'il le prend en gré; mais, s'il refuse « le don, la honte en sera doublée. Tel peut « avoir toutes les beautés du corps qui n'aura « pas les bontés du cœur; et peut-être, au lieu « de tenir à déduit votre bonne volonté, la re-« gardera-t-il comme une hardiesse outrageuse « et vilaine. Ainsi, par votre faute, aurez-vous « perdu tout le fruit de votre service. »

Tant lui dit la jeune cousine qu'elle l'entraîne sans faire plus. Et dès qu'elles sont revenues à leurs chambres, elles ne parlent que du chevalier, bien que la cousine fît tout ce qu'elle pouvait pour en abattre les paroles; car elle avait en soupçon que le cœur du prisonnier n'était plus à prendre. « Ce chevalier, dit-elle, pense

13.

« sans doute à toute autre chose que vous ne « supposez. — Quant à ses pensées, reprit la « dame, je présume qu'elles sont les plus hautes « du monde. Dieu, qui l'a fait le meilleur et le « plus brave, doit avoir adressé son cœur vers « ce que la terre a de plus grand et de plus « parfait. C'est assurément pour l'avoir mis en « haut lieu qu'on lui a vu faire tant de belles « armes. » Mais ce cœur, en quel écrin l'avait-il placé ? Combien elle eût donné pour en être la trésorière ! Et s'il en avait disposé, au moins se promettait-elle de faire tout au monde pour découvrir qui le possédait.

Ainsi passa-t-elle plusieurs jours, se nourrissant d'espérances vaines, et ne sachant comment amener le prisonnier à lui découvrir ses pensées. Une seconde fois, elle le fit sortir de la geôle et conduire près d'elle : il voulut s'asseoir à ses pieds ; elle ne le souffrit pas, et lui offrit un siége aussi élevé que le sien. « Sire chevalier, « dit-elle, je vous ai fait tenir prison, pour satis- « faire à mon sénéchal ; mais, tant que j'ai pu, « j'ai adouci la rigueur de votre captivité ; et si « votre bonté égale votre prouesse, vous m'en « saurez un peu de gré. — Assurément, dame, « répond le prisonnier, comptez-moi pour votre « chevalier en tout temps, en tous lieux et dans « toutes vos nécessités. — Grand merci ! Or « voici le guerdon que je demande ; vous me

« direz qui vous êtes et où s'adressent vos vœux. « Si vous désirez que la chose reste secrète, je « promets de n'en jamais parler. — Dame, je ne « puis le dire, à vous ni à personne au monde. « — En vérité! résignez-vous donc à tenir pri- « son jusqu'à la prochaine assemblée du prince « Galehaut contre le roi Artus. Au lieu d'atten- « dre près d'une année, si vous l'aviez voulu, « vous seriez libre dès aujourd'hui. Mais je trou- « verai moyen de savoir ce que vous voulez ca- « cher. — Comment ferez-vous? — J'irai à la « cour du roi Artus, où l'on ne doit pas man- « quer de le savoir. — Dame, je ne puis vous « retenir. »

Elle le renvoya avec de grands signes de ressentiment dont elle était pourtant bien éloignée, chaque jour augmentant au contraire le penchant qui l'entraînait vers lui. Elle fit bientôt ses préparatifs de départ, et, avant de quitter Malehaut, elle dit à sa cousine : « Je m'en vais « trouver le roi Artus; et, bien que j'aie témoi- « gné au chevalier grand dépit de n'avoir pu « apprendre son nom, je sens trop que je ne « puis le haïr. Je vous prie donc, cousine, d'al- « ler pendant mon absence au-devant de tout ce « qu'il pourra désirer : surtout gardez-le, en tout « honneur de vous et de lui. » La demoiselle le promit, et la dame de Malehaut se rendit à Londres où séjournait alors le roi Artus, qui l'accueillit, ainsi que la reine, avec tous les honneurs possibles. Il n'y eut pas un seul de ses chevaliers, une seule de ses dames, qui ne reçût les plus beaux dons. La reine voulut même qu'elle n'eût d'autre hôtel que le sien, tant on lui savait gré du secours qu'elle avait envoyé à la dernière assemblée.

Le lendemain, le roi voulut savoir le motif de son voyage. « Sire, répondit-elle, j'ai une cou-« sine dont l'héritage est menacé par un voisin « redoutable pour sa vaillance personnelle et « pour sa nombreuse parenté; nul n'ose se me-« surer à lui, et je viens vous prier de me don-« ner pour champion le Chevalier aux armes « vermeilles, qui l'autre jour fit tant de belles « armes.

« — Belle douce amie, répondit le roi, j'en « atteste madame la reine, la chose que j'aime « le plus au monde; je ne sais rien de ce cheva-« lier. Il n'est de ma maison ni de ma terre, « et mon plus grand désir serait de le voir et de « me l'attacher. »

Ici, la dame de Malehaut ne put s'empêcher de sourire; la reine s'en aperçut et lui dit : « En « vérité, je crois que vous savez mieux que nous « quel est ce chevalier. — Non, madame, et je « vous dirai, sur la foi que je dois à vous et au « roi mon seigneur lige, que je ne venais ici « que pour en savoir des nouvelles. Rien

« maintenant ne doit plus me retenir, et je vous
« demande congé. »

Les instances de la reine ne lui permirent pas de partir avant le troisième jour : mais il lui tardait bien de revoir le beau chevalier qu'elle gardait et que tant d'autres eussent désiré posséder. A peine arrivée, elle le fit sortir de la geôle, et d'un air affectueux : « Sire chevalier,
« dit-elle, je viens d'en apprendre tant de vous
« que je me sens toute disposée à vous mettre
« en liberté. Je vous laisse le choix de trois
« rançons. — Dame, dites votre plaisir. — Écou-
« tez-moi donc :

« Vous me direz ou qui vous êtes et quel est
« votre nom, — ou quelle est la dame que vous
« aimez d'amour, — ou si vous comptez faire
« à la prochaine assemblée autant d'armes que
« dans la précédente.

« — Ah! dame, c'est me causer un grand en-
« nui de me soumettre à un pareil choix. Quand
« vous m'aurez fait parler à contre-cœur, quelle
« sûreté me donnerez-vous de ma délivrance?

« — Les portes de la geôle et de ma maison
« vous seront ouvertes; je vous le promets.

« — Je vais donc parler comme je n'aurais
« jamais voulu le faire. Je ne vous dirai pas
« mon nom, et, si j'aime d'amour, ce n'est pas
« de moi que vous l'apprendrez; mais j'avouerai,
« puisqu'il le faut, que je compte, à la première

« assemblée, faire plus d'armes que jamais.
« Suis-je libre, maintenant? — Oui; dès aujour-
« d'hui vous pouvez sortir; mais si vous me savez
« quelque gré de vous avoir accordé prison
« courtoise, vous m'accorderez à votre tour de
« demeurer, jusqu'au jour de la grande assem-
« blée dont je vous donnerai avis. Je vous four-
« nirai un bon cheval et telles armes que vous
« désignerez. — Je suis prêt, dame, à faire
« votre volonté. — Grand merci! Voici comment
« nous vivrons : vous resterez dans cette geôle,
« où rien ne vous manquera. Nous vous ferons
« souvent compagnie, moi et ma cousine. Quel-
« les armes voulez-vous porter? — Des armes
« noires. »

XXXIII.

Le jour même, la dame fit faire un écu noir, une cotte d'armes noire, une couverture noire (1). Et cependant, le roi Artus rassemblait tous ses barons et chevaliers. Messire Gauvain, qui s'était éloigné de la cour en quête du Chevalier aux armes vermeilles, était revenu sans l'avoir découvert, ainsi que les quarante

(1) « Cotes à armes et couvertures noires. » F° 24. La couverture était le *surcot* de soie ou de laine qu'on jetait sur le haubert ou la cotte d'armes.

meilleurs chevaliers de la maison du roi. Ils avaient cependant tous juré de ne pas reparaître sans lui ; mais, quand vint la fin des trêves, tous pensèrent qu'il valait mieux renoncer à leur engagement, et revenir au roi Artus, dans le grand besoin qu'il allait avoir de leur aide.

Galehaut, de son côté, réunissait le double des hommes qu'il avait amenés la première fois ; si bien que les barres de fer qui formaient les lices de son premier camp n'arrivaient pas à la moitié de la nouvelle enceinte. Il annonça qu'il ne combattrait pas le premier jour, et ne paraîtrait dans le champ que pour juger de la façon dont se maintiendrait la chevalerie d'Artus. La seconde journée devait seule décider du triomphe de l'une des deux armées. Messire Gauvain se conforma aux dispositions de Galehaut, et régla seul l'ordre de l'attaque et de la défense.

Le lendemain, après la messe célébrée de grand matin dans les deux camps, on s'arma, on sortit des lices petit à petit, on s'aventura sur le gué, en attirant ou se laissant attirer sur l'une ou l'autre rive : les gens de Galehaut occupaïent la droite et ceux du roi Artus la gauche. Il y eut de beaux faits d'armes, parmi lesquels on distingua ceux d'Escoral le pauvre, chevalier de Galehaut, et plus tard, de la maison d'Artus ; il joûta contre Galeguinan, frère naturel de monseigneur Yvain de Galles : les lances brisées, tous les deux tombèrent en même temps sous le ventre de leurs chevaux. On accourut pour les relever; les gens de Galehaut plus nombreux emmenaient prisonnier Galeguinan, quand vint Yvain l'avoutre à la rescousse, qui délivra Escoral. Galehaut fit avancer une seconde échelle à laquelle répondit monseigneur Gauvain. Les Bretons allaient emporter l'avantage de la journée, quand Galehaut couvrit la plaine de nouvelles batailles, qui obligèrent le vaillant et sage neveu d'Artus à rentrer en bon ordre au camp. Les lices furent alors attaquées; Gauvain, qui valait le meilleur rempart, vit tomber son cheval mortellement frappé; messire Yvain, avec tous ceux qui n'avaient pas encore donné, fit un suprême effort, et les assaillants rebroussèrent chemin. Le Roi-premier conquis vuida les arçons; mais messire Gauvain eut grande peine à remonter : il était couvert de plaies dont il ne guérit jamais bien, et, à partir de ce jour, on parla moins de ses prouesses et plus de celles de Lancelot du lac (1).

Ainsi le roi Artus eut l'avantage de la première journée. Quelle ne fut pas sa douleur en voyant une seconde fois ramener son neveu Gauvain couvert de sang! Les médecins recon-

(1) Gauvain étant le héros sans pair des Bretons, notre auteur croit devoir justifier ainsi la supériorité qu'il donnera au jeune Lancelot sur le vieux Gauvain.

nurent qu'il avait deux côtes rompues; toutefois ils donnèrent bon espoir de le guérir. Quand on sut parmi les Bretons que sa vie était en danger, ce fut un deuil général. Les chevaliers de Malehaut, revenus la nuit même vers leur dame, y apportèrent la nouvelle de la blessure du neveu d'Artus. Le Bon chevalier sur-le-champ demanda à parler à la dame. « Est-« il vrai, dit-il, que messire Gauvain soit mort ? « — Non : mais ses nouvelles blessures font dé-« sespérer de sa vie. — Quel malheur pour le « roi, quelle perte pour le monde ! Dame, vous « m'avez faussé de promesse : vous deviez me « prévenir du jour des assemblées. — Oui, et je « m'acquitte aujourd'hui ; il vous suffira de « prendre part à celle qui doit recommencer « dans trois jours. Tout est prêt, vos armes, « votre cheval ; veuillez m'accorder encore ces « dernières heures. »

XXXIV.

Le lendemain, la dame de Malehaut annonça l'intention de faire un nouveau voyage. Elle se rendit au camp du roi ; mais, avant de quitter Malehaut, elle avait recommandé à sa cousine de pourvoir à tout ce que pourrait demander le Bon chevalier. La pucelle, pour mieux lui faire honneur, le coucha dans le propre lit de la dame, et attendit pour quitter son chevet qu'il fût endormi. Au matin, elle vint l'aider à revêtir les armes noires, puis le suivit longtemps des yeux.

Arrivé devant la rivière, à peu de distance du camp des Bretons, il s'arrêta, le bras appuyé sur son glaive, les yeux tournés vers la bretèche où se trouvaient messire Gauvain alité, un grand nombre de dames et la reine elle-même. Déjà les gens du roi Artus passaient le gué et se mesuraient à ceux de Galehaut; sur les deux rives se multipliaient les combats, les rencontres corps à corps. Cependant le Noir chevalier demeurait immobile, les yeux toujours arrêtés sur la bretèche, comme s'il eût attendu un commandement. A son cheval, à ses armes noires, la dame de Malehaut n'eut pas de peine à le reconnaître : mais, feignant de n'en rien savoir : « Dieu ! dit-elle, quel peut être ce chevalier, « qui n'aide et ne nuit à personne? » Tous et toutes regardent, Gauvain demande s'il ne peut aussi le voir. — « Oh ! dit la dame de Malehaut, « il est aisé d'approcher votre lit de la fenêtre. » Et quand Gauvain eut regardé : « Dame, dit-il à « la reine, vous souvient-il l'autre jour d'un « chevalier qui, à cette même place, ainsi ap- « puyé, ne semblait pas vouloir combattre? Il « fut pourtant le vainqueur de l'assemblée ;

« mais ses armes étaient vermeilles. — Cela « peut être, reprit la reine ; pourquoi le dites- « vous? — Plût à Dieu que ce fût le même che- « valier ! je n'avais pas encore vu de prouesses « comparables aux siennes. » Comme ils devisaient ainsi, le roi Artus ordonnait ses batailles et en formait cinq échelles; il confiait la première au roi Ydier, la seconde à Hervis de Rinel, la troisième à Aguisel d'Écosse, la quatrième au roi Yon, et la cinquième à Yvain de Galles. Galehaut suivait la même disposition : seulement, au lieu de quinze mille hommes, chacune de ses échelles en comprenait vingt ou trente mille. Malaquin, le roi des cent chevaliers, conduisit la première; le Roi-premier conquis la seconde ; le roi de Val d'Ooan la troisième ; le roi Clamadès des Lointaines îles la quatrième ; la cinquième fut confiée au sage et prudent Baudemagus, roi de Gorre, le père de Meléagan. Pour Galehaut, il ne revêtit pas l'armure de chevalier; il se contenta du court haubergeon et du chapeau de fer des écuyers, le bâton gros et court à la main. On ne pouvait le distinguer des autres valets que par le grand et beau cheval qui le portait.

« Ma dame, » dit à la reine la dame de Malehaut, toujours occupée du secret qu'elle voulait surprendre, « ne vous plairait-il pas mander « à ce chevalier de faire des armes pour l'amour

« de vous? — Belle amie, répond la reine, j'ai « toute autre chose à penser, quand monsei- « gneur le roi est en danger de perdre et sa « terre et son honneur, quand je vois mon cher « neveu en si mauvais point. Mandez-lui tout ce « qu'il vous plaira; une de mes demoiselles sera « votre messagère : mais, pour moi, je n'ai pas « le cœur à ces fantaisies. » La dame de Malehaut accepte le service de la demoiselle, et Gauvain la fait accompagner d'un écuyer chargé d'offrir pour lui deux lances au Noir chevalier. « Vous lui direz, demoiselle, fait la dame de « Malehaut, que toutes les dames et demoi- « selles de madame la reine le saluent en leur « seul nom, et que, s'il aspire aux bonnes grâ- « ces de l'une d'entre elles ou de toutes en- » semble, il fasse assez d'armes pour qu'on lui « en sache gré. »

La pucelle et l'écuyer se rendent près du Noir chevalier, qui, entendant le nom de monseigneur Gauvain, demande où il se trouve. — « Sire, « dans cette bretèche, avec bon nombre de da- « mes et demoiselles. » Aussitôt il serre ses étriers, il allonge les jambes et semble grandir d'un demi-pied. En passant devant la bretèche, il lève un instant les yeux vers les loges, puis s'avance dans le champ. « Madame, dit messire « Gauvain à la reine, regardez ce chevalier; « quelqu'un a-t-il jamais mieux porté ses armes? »

Les dames coururent aux créneaux, aux fenêtres, pour mieux le voir. Il passait de l'un à l'autre, renversant tous sur son passage. Le nombre était grand des jeunes chevaliers du parti de Galehaut qui s'étaient jetés en avant des échelles, pour faire essai de prouesse. Il en arrivait là dix, là vingt : quand ils chevauchaient en plus grand nombre, le Noir chevalier tournait et les esquivait. Cependant il attendit sans broncher une échelle de cent fervêtus, fondit comme un lion affamé au milieu d'eux, renversa le chevalier qui les conduisait, et s'ouvrit un passage. Sa lance brisée, il fait redouter le tronçon qui lui reste, revient aux écuyers qui lui tendent un autre glaive, et, après avoir rompu deux lances, il retourne vers la rivière à l'endroit d'où il était parti, en levant de nouveau les yeux vers la bretèche. Messire Gauvain dit à la reine : « Ma dame, vous avez suivi ce « chevalier dans la course qu'il vient de fournir, « mais vous avez mépris en ne vous associant pas « à notre message. Il s'est arrêté, apparemment « pour avoir pensé que vous l'aviez en dédain. « — Il a fait, dit la dame de Malehaut, tout ce « qu'il entendait faire pour nous, ce n'est plus « à nous à lui rien mander; qui voudra le « fasse ! — Ma dame, reprit Gauvain, n'ai-je pas « raison ? — Eh ! beau neveu, qu'attendez-vous « donc de moi ? — Je vais vous le dire. C'est

« grande chose qu'un prud'homme; et souvent « ce que mille autres n'avaient pas fait, un seul « le conduit à bonne fin. Mandez salut à ce che- « valier; conjurez-le de venir en aide au royaume « de Logres et à monseigneur le roi; et s'il aspire « à mériter honneur et joie, qu'il fasse assez « d'armes pour qu'on lui en sache gré, et pour « que le roi ne laisse pas l'honneur de la jour- « née à Galehaut. Je lui enverrai de mon côté « dix glaives au fer tranchant, à la hampe « grosse et roide; j'y joindrai trois bons chevaux « couverts de mes armes, et vous pourrez voir « de merveilleuses prouesses.

« — Ce qu'il vous plaira, répond la reine; je « vous laisse toute liberté. » La dame de Malehaut écoutait et avait peine à contenir sa joie : elle va connaître enfin ce qu'elle a tant cherché. La demoiselle qu'on avait chargée du premier message part avec six écuyers, conduisant trois des meilleurs chevaux de Gauvain et dix de ses plus fortes lances. Elle aborde le Noir chevalier qui, après l'avoir écoutée, lui demande où est la reine. — « Là, sire, à la même bretèche « que monseigneur Gauvain. — Dites à ma dame « qu'il sera fait ainsi qu'elle désire, et remerciez « monseigneur Gauvain de sa grande courtoisie. » Cela dit, il confie les trois chevaux aux écuyers, saisit la plus forte lance et pique des éperons.

Nous ne voulons pas raconter ses innombrables prouesses. Sans broncher une seule fois, il abat, il démonte quiconque ose affronter le fer de sa lance ou l'acier de son épée ; il voit tomber, sans tomber lui-même, et son cheval et les trois chevaux, présent de monseigneur Gauvain ; il brise ses dix lances ; vingt fois les échelles et l'armée du roi Artus, obligées de céder devant des masses plus épaisses, sont par lui ramenées et reprennent l'avantage. Enfin, il venait de quitter son dernier cheval mortellement frappé ; enfermé dans un profond cercle d'ennemis, il avait devancé ses plus hardis compagnons, Keu le sénéchal, Sagremor le desréé, Giflet fils de Do, Yvain l'avoutre, Brandelis et Gaheriet ; quand le prince Galehaut, auquel on vint raconter tant de beaux faits d'armes, pousse son cheval au milieu des batailles, et parvient jusqu'à lui : il le voit entouré d'ennemis qu'il retenait à distance. « Chevalier, dit-il, vous n'avez « rien à craindre. — Je le sais, répond-il fiè« rement. — Je viens défendre à mes chevaliers « de vous attaquer, tant que vous serez à pied. « Prenez mon cheval ; je veux cette fois être « votre écuyer. — Grand merci, sire ! » Et, montant aussitôt, il broche des éperons ; on lui ouvre passage, et il rejoint les bataillons d'Artus qui, ranimés par sa présence, obligent les échelles opposées à reculer en désordre. Galehaut suivait le Noir chevalier dans ses nombreuses évolutions : il n'eût pas voulu, disait-il, pour l'empire du monde, qu'il arrivât malheur à un si preux vassal. Il se contenta de rendre la retraite moins désastreuse, et, quand le coucher du soleil mit fin à la lutte, il reprit les traces du Noir chevalier qui, voulant éviter d'être reconnu, avait suivi le sentier frayé autour de la montagne voisine. Galehaut le rejoignit comme il tournait du côté opposé : « Dieu « vous bénisse, sire ! » lui dit-il. L'autre se contente de rendre le salut. « Sire, reprend Gale« haut, veuillez me dire qui vous êtes. — Beau « sire, vous le voyez, un chevalier. — Je le « sais, et le meilleur des chevaliers; celui au« quel je voudrais porter tout l'honneur du « monde. Je vous ai suivi dans l'espérance de « vous voir revenir avec moi. — Qui êtes-vous « pour faire une telle offre ? — Sire, je suis « Galehaut, le fils de la géante, le seigneur de « tous les hommes d'armes contre lesquels vous « avez soutenu l'honneur du roi de Logres. — « Vous êtes l'ennemi de monseigneur le roi « Artus, et vous m'invitez à revenir avec vous ? « N'y comptez pas, beau sire. — Ah ! sire, je « suis à vous plus que vous ne pouvez penser, « et, si vous consentez à m'accompagner, je pro« mets d'accorder tout ce qu'il vous plaira de« mander.

— « Voilà, fait le Noir chevalier, de belles pa-

« roles ; puis-je croire à leur sincérité ?—Je vous « en donnerai toutes les sûretés que votre bouche « demandera. — Sire, je sais qu'on vous tient « pour prud'homme; il ne serait pas de votre « honneur de promettre ce que vous n'auriez « pas l'intention de tenir. — Je ne le ferais pas « au prix du royaume de Logres. J'y engage ma « foi de chevalier; car, pour roi, je ne le suis « pas encore. Oui, si j'ai cette nuit votre compa- « gnie, j'entends vous donner tout ce que vous « me demanderez.

— « Sire, puisque vous tenez à me garder « cette nuit, je m'y accorde: donnez-moi sûreté « du don que vous m'offrez. » Galehaut met sa main dans la sienne. Ils reviennent en se tenant ainsi vers les tentes.

Gauvain avait vu s'éloigner le Noir chevalier, et, s'il eût pu quitter le lit, il eût suivi ses traces : il avait déjà prié le roi de se mettre lui-même à la voie pour le joindre, quand, reportant les yeux dans la campagne, il vit revenir Galehaut, le bras droit posé sur le cou du Noir chevalier, et prêt à passer la rivière. « Ah! « madame, dit-il à la reine, vous pouvez bien « dire que nos hommes en auront le pire; « Galehaut a conquis le Noir chevalier. » La reine regarde et, dans sa douleur, elle ne prononce pas un seul mot. Cependant, avant d'entrer dans le camp opposé, le Noir chevalier mettait encore à raison Galehaut : « Sire, je « vous prie d'abord de me faire parler aux deux « hommes en qui vous vous fiez davantage. » Galehaut mande aussitôt le Roi des cent chevaliers et le Roi-premier conquis : « Approchez, « leur dit-il, venez voir le plus riche homme du « monde. — Comment! sire, n'est-ce pas vous « le plus riche? — Non, mais je le serai avant « de dormir. » Les rois reconnurent aisément à ses armes le Noir chevalier qui leur dit : « Sei« gneurs, vous êtes les deux princes que votre « seigneur honore le plus; il vous en croit de « tout ce que vous lui conseillez. Il m'a promis, « si je consentais à passer la nuit avec vous, de « m'accorder ce que je viendrais à réclamer de « lui. Demandez-lui si je dis vrai? — Oui, ré« pond Galehaut. — De plus, reprend le Noir « chevalier, j'entends que ces deux prud'hom« mes, si vous manquez à votre parole, s'enga« gent à vous laisser et à me suivre partout où « je les conduirai, même à votre détriment et « à mon profit. » Galehaut les invite à donner leur foi. « Mais, fait le Roi des cent chevaliers, « vous ne pouvez exiger de nous rien de sem« blable. — Je sais, répond Galehaut, ce que « je fais et ce que je puis faire. » Ils ne résistent plus et prononcent le serment qui leur est demandé. « Allez maintenant, dit Galehaut, « avertir mes barons de se rendre ici, dans le

« meilleur appareil ; dites-leur que j'ai gagné « tout ce que je pouvais souhaiter. » Le Roi-premier conquis brocha son cheval et s'éloigna, pendant que Galehaut entretenait le Noir chevalier. Bientôt approchèrent plus de deux cents vassaux du prince des Iles lointaines, vingt-huit rois au premier rang.

Le camp prit un air joyeux de fête : on entendait de tous côtés : « Bienvenue la fleur des « chevaliers ! » Celui auquel on faisait tant d'honneur en rougissait de confusion. Quand il fut désarmé, Galehaut lui présenta une robe des plus riches et des plus belles. Dans sa chambre furent disposés quatre lits, l'un très-grand, très-haut, très-large ; le second de moindre dimension ; les deux autres de grandeur égale, mais moindre encore. Le grand lit fut garni le plus richement du monde ; et quand l'heure de reposer arriva : « Sire, dit Galehaut, ce grand « lit sera le vôtre. — Pour qui seront les deux « autres ? dit le Noir chevalier. — Pour deux « de mes hommes qui vous feront compagnie. « Je me tiendrai dans la chambre voisine, afin « de moins vous gêner. — Ah ! sire, je vous le « demande en grâce ; ne me faites pas reposer « plus haut que vos chevaliers : j'en aurais « trop de honte. — Sire, ne me demandez rien « qui puisse abaisser votre prix. »

A peine couché, le Noir chevalier, qui avait

si bien travaillé le jour, dormit d'un profond sommeil. Galehaut entra dans sa chambre le plus doucement qu'il put, et se coucha dans le second lit. Le matin venu, il se leva le premier pour n'être pas vu. Ils entendirent ensemble la messe, puis le Noir chevalier demanda ses armes. « Et « pourquoi, sire ? dit Galehaut. — Pour prendre « congé. — Ah, bel ami, demeurez encore; ne « suis-je pas toujours prêt à vous accorder ce « qu'il vous plaira demander? Vous pourrez « rencontrer ailleurs un compagnon plus digne « de vous, mais non qui vous aime davantage.

— « Je demeurerai donc, sire, car je ne trou- « verais pas ailleurs meilleure compagnie que la « vôtre. Et puis, voici le moment de parler du « don que vous me devez. — Dites, et vous l'au- « rez. Les deux rois sont là que vous avez de- « mandés pour garants. — Voici ma demande, « sire. Dès que, dans la troisième journée, le roi « Artus aura épuisé tous ses moyens de défense, « vous irez à lui et vous vous mettrez en sa « merci. »

Galehaut à ces mots parut surpris; il resta quelque temps silencieux. Les deux rois prirent la parole : « Pourquoi balancer, sire? vous avez « promis, il n'est plus temps de revenir. — « Croyez-vous, dit Galehaut, que j'en sois au « repentir? Je pensais seulement à la grande et « belle parole qui vient d'être dite. » Et se tournant vers le Noir chevalier : « Sire, vous aurez « le don; je ne puis rien retenir de ce qu'il vous « convient de réclamer. Je vous demande seu- « lement à mon tour de ne jamais préférer « aucune compagnie à la mienne. » Le Noir chevalier prit cet engagement. Et la nouvelle d'une paix prochaine s'étant répandue aussitôt, le camp retentit de chants et de transports d'allégresse, tandis que celui du roi Artus était plongé dans la consternation.

Le lendemain, jour de la dernière assemblée, le Noir chevalier revêtit les mêmes armes que son nouveau compagnon, sauf le heaume et le haubert, trop grands pour sa tête et ses épaules.

Le roi Artus avait défendu à ses hommes de s'aventurer et de provoquer les gens de Galehaut; mais les jeunes bacheliers ne tinrent pas compte de ses ordres, et bientôt les rencontres se multiplièrent assez pour entraîner les grandes échelles. Longtemps l'avantage parut incertain entre les deux partis; quand l'un faiblissait, un renfort venait rétablir la balance. Mais dès que le chevalier couvert des armes de Galehaut parut, le cœur sembla défaillir aux gens d'Artus, et messire Gauvain, qui de son lit suivait tous les mouvements des deux armées, dit à haute voix que ce guerrier n'était pas Galehaut, mais le chevalier qui, la veille, portait les armes noires. C'était, d'un côté, à qui le suivrait, de l'autre à qui éviterait de le rencontrer. Les Bretons peu à peu lâchèrent pied, retournèrent à leur camp où ils ne tardèrent pas à être poursuivis. Bientôt les lices sont emportées; plus d'espoir d'échapper à la complète déroute. Le roi Artus, résigné au sort qui semblait lui être réservé, avait fait approcher un palefroi pour ramener la reine dans la tour de Londres; messire Gauvain avait refusé de se laisser conduire en litière à la suite de la reine, ne voulant pas survivre, dit-il, à la perte de tout honneur terrestre. Cependant l'ami de Galehaut retenait les vainqueurs devant les tentes les plus avancées; puis, regardant autour de lui, il fit signe au prince des Iles lointaines; Galehaut approcha : « Sire, « lui dit-il, est-ce assez? » — « Oui; dites votre « plaisir. — C'est que vous teniez nos conven- « tions, le temps en est venu. — Puisqu'il vous « plaît, je les tiendrai sans regret. » Et, ce disant, il pique des deux vers l'étendard du roi Artus, qui voulait vendre chèrement sa vie. Il demande à lui parler : le roi, qui n'avait déjà plus l'espoir de garder sa couronne, fait quelques pas en avant. Dès que Galehaut le voit, il met pied à terre, s'agenouille, et, les mains jointes : « Sire, dit-il, je viens vous faire droit de ce que « j'ai méfait; j'en ai regret, et me mets en votre « merci. » A ces paroles si peu attendues, le roi lève les mains au ciel; il croit rêver, et ne laisse pas de s'humilier à son tour devant son vainqueur. Galehaut le relève, lui tend les bras ; ils s'entre-baisent. « Faites de moi votre plaisir, dit « Galehaut; j'irai où vous ordonnerez. Seulement, accordez-moi le temps d'avertir mes « gens de se retirer. — Allez! dit le roi, et ne « tardez pas à revenir; car j'ai beaucoup à dire « et apprendre de vous. »

Pendant que Galehaut retourne à son camp, et annonce à ses chevaliers l'accord conclu entre lui et le roi Artus, celui-ci fait avertir la reine de revenir sur ses pas, la paix étant faite et l'honneur sauf. Galehaut donne congé à ses alliés, et demandant à son compagnon s'il est content : « J'ai fait ce que vous avez désiré; le « roi attend mon retour. — Sire, vous avez « plus fait pour moi que je ne devais espérer. « Il me reste à vous prier de ne dire à personne « où je puis être. » Galehaut le promit, se désarma, revêtit une de ses meilleures robes et revint au camp du roi.

Déjà le roi Artus était désarmé, et la reine revenue avec la dame de Malehaut et les autres dames et demoiselles. Tous étaient réunis dans la bretèche où gisait monseigneur Gauvain, qui, voyant arriver Galehaut, se dressa sur sa couche et lui fit belle chère. « Sire, lui dit-il, soyez cent « fois le bienvenu ! vous êtes l'homme que je « désirais voir le plus, comme le prince le plus

« justement prisé et le mieux aimé de ses gens; « comme celui qui sait distinguer les preux entre « tous, ainsi que nous avons vu. » — Galehaut lui demandant comment il se trouvait : — « J'ai « été près de la mort, mais la joie de notre ac- « commodement m'a guéri. »

Ils passèrent ainsi la journée ; le roi, la reine et Gauvain ne croyaient jamais pouvoir assez bien recevoir Galehaut; ils ne lui parlèrent pas de son ami le Noir chevalier. Vers le soir, Galehaut dit à celui-ci : « Le roi m'a fortement pressé de lui « revenir : mais j'aimerais bien mieux demeurer « avec vous. — Ah ! sire, faites plutôt ce que « vous demande le roi : il pourra vous conjurer « de lui dire mon nom ; n'insistez pas pour le sa- « voir, avant que moi-même je ne vous l'ap- « prenne. — Je vous obéirai à regret : c'est « la première chose que je vous eusse demandée. « Quant au roi Artus, c'est le plus preux, le « plus loyal des rois; et mon seul regret est de « ne l'avoir pas connu plus tôt, lui, son neveu « messire Gauvain, et madame la reine, la plus « vaillante dame du monde. »

En entendant parler de la reine, le Bon chevalier baisse la tête et s'oublie au point de laisser couler ses larmes. Galehaut s'en aperçoit et cherche à le distraire d'une pensée qu'il ne devinait pas encore. « Cher sire, lui dit le Bon cheva- « lier, allez retrouver le roi et monseigneur Gau-

« vain; vous prendrez garde à ce qu'ils pourront « dire de moi et me le rapporterez. » Galehaut s'éloigne en le recommandant à Dieu.

La nuit venue, il arriva dans la tente du roi : son lit y fut dressé non loin de ceux du roi et de monseigneur Gauvain. La reine demeura dans la bretèche, avec la dame de Malehaut qui continuait à avoir l'éveil sur tout.

Pour l'ami de Galehaut, il n'y a pas d'honneur que ne lui rendent les deux rois auxquels avait été remis le soin de l'entretenir. Ils lui laissent le grand lit et se tiennent dans la chambre voisine, pour être prêts à le servir. Durant toute la nuit, ils l'entendent gémir, et, quand de grand matin Galehaut revient, il s'inquiète en lui voyant les yeux rouges et mouillés de larmes. « Beau « compain, lui dit-il, vous avez un chagrin se- « cret; pourquoi ne m'en voulez-vous pas dire « la cause? Auriez-vous reçu quelque offense; « auriez-vous à vous plaindre de quelqu'un? « Un mot de vous, et tout ce qui m'appartient « serait employé à vous venger. — Ah ! sire, ré- « pond-il, croyez-moi, si j'avais un grand cha- « grin, ce serait de ne pouvoir reconnaître votre « douce et simple courtoisie. Je n'ai pas de pei- « nes à confesser ni d'offenses à venger, mais « je suis assez sujet, tout en dormant, à me « plaindre et pleurer sans le vouloir; on ne doit « pas s'en inquiéter. »

Ils allèrent entendre la messe: au moment où le prêtre faisait trois parties du corps de Notre-Seigneur, Galehaut, prenant son ami par la main, lui montre les morceaux que le prêtre tenait : « Croyez-vous, lui dit-il, que ce soit ici le corps « de Notre-Seigneur? — Assurément, je le crois. « — Soyez donc sans crainte; car, par ces trois « parties de chair que vous voyez en semblance « de pain, je ne ferai jamais en ma vie chose qui « puisse vous causer d'ennui. — Grand merci, « sire! vous me l'avez déjà trop bien prouvé, « pour le peu que je vaux et que je puisse vous « rendre. »

Au sortir de la messe, Galehaut retourna à la cour du roi Artus. Après dîner, comme ils conversaient autour du lit de monseigneur Gauvain, celui-ci dit à Galehaut : « Sire, s'il ne vous dé- « plaisait, je vous ferais une demande. La paix « que vous êtes venu conclure avec monseigneur « le roi, par qui fut-elle conseillée? Veuillez me « le dire, au nom de ce que vous aimez le mieux. « — Sire, vous m'avez conjuré de façon à ne pas « recevoir de refus. Elle fut faite par un cheva- « lier. — Et ce chevalier, quel est-il? — J'atteste « Dieu que je ne le sais. — N'est-ce pas, dit la « reine, le Chevalier aux armes noires? — Allons, « reprend Gauvain, vous pourrez bien au moins « nous le dire, si vous tenez à vous acquitter. — « Je me suis acquitté, en vous disant que c'était

« un chevalier, et je ne vous en aurais même pas « tant dit, si vous ne m'aviez conjuré par la chose « que j'aimais le mieux. La chose que j'aime le « mieux fit la paix.—Cette chose, reprit la reine, « est donc le Chevalier noir, et vous ne pouvez « vous défendre de nous le présenter. — Il faut « d'abord que je sache où le trouver. — Taisez- « vous; il est dans votre tente : c'est lui qui « portait hier vos armes. »

GALEHAUT.

Cela est vrai. Mais je ne connais pas même son nom.

ARTUS.

Comment! vous ne connaissez pas le Chevalier aux armes noires? Je le croyais de votre terre.

GALEHAUT.

Sire, il n'en est rien.

ARTUS.

Je doute qu'il soit de la mienne : il n'y a pas un prud'homme parmi mes chevaliers dont je ne connaisse le nom et la race.

GAUVAIN.

N'en parlons plus, sire; nos questions pourraient fatiguer monseigneur Galehaut.

GALEHAUT.

Ne le croyez pas; mais je demanderai à mon tour au roi s'il a jamais vu un chevalier plus vaillant, plus digne de louange que celui qui porta les armes noires.

ARTUS.

Non ; il n'est pas d'homme que j'aie plus grand désir de voir et garder à ma cour.

GALEHAUT.

Vraiment? Eh bien, dites-moi, vous, sire, madame la reine et monseigneur Gauvain : que voudriez-vous donner pour gagner sa compagnie ?

ARTUS.

Je prends Dieu à témoin que je partagerais avec lui tout ce que je possède, sauf le corps de madame, dont je tiens à garder seul la possession.

GALEHAUT.

Le partage que vous offrez est assez beau. Et vous, messire Gauvain, si Dieu vous rendait la santé, quel sacrifice feriez-vous pour avoir la compagnie d'un tel prud'homme ?

GAUVAIN.

Si je revenais en santé, je voudrais être la plus belle dame du monde, à la condition d'être aimée de lui toute ma vie.

GALEHAUT.

Voilà encore assurément un beau vœu. Vous, maintenant, ma dame, que donneriez-vous pour avoir constamment à votre service un tel chevalier?

LA REINE.

En vérité, messire Gauvain a fait toutes les

offres que dame pourrait faire; il ne m'a laissé rien à dire.

XXXV.

La réponse de la reine les fit tous longuement rire, et l'entretien enjoué se continua quelque temps, jusqu'à ce qu'enfin la reine s'étant levée annonça qu'elle allait regagner la bretèche, et pria Galehaut de la reconduire. Avant de monter sur son palefroi, elle le prit un peu à l'écart : « Galehaut, « lui dit-elle, je vous aime beaucoup, et peut- « être trouverai-je moyen de vous le prouver « mieux que vous ne sauriez penser. Vous avez « assurément dans votre tente le Noir cheva- « lier, et il se pourrait bien que je le connusse « déjà. Si vous comptez mon amitié pour quel- « que chose, faites tant, je vous prie, que je le « voie. — Madame, je n'ai plus de pouvoir sur « lui, depuis que la paix est faite. — Oh! vous « savez assurément où il est. — Peut-être : mais « il ne dépendrait ni de vous ni de moi de l'a- « mener ici, quand même il serait en ce moment « dans ma tente. — Où donc est-il? Ne pouvez-vous « au moins le dire? — Je pense qu'il est en mon « pays : mais, puisque vous le demandez, croyez- « le bien, madame, je ferai ce que je pourrai

« pour vous contenter. — Oh! si vous le voulez,
« Galehaut, je le verrai, et aurai de nouvelles
« raisons de vous aimer. Oui, je désire le voir :
« est-il rien de plus désirable en effet que la vue
« et la conversation d'un prud'homme tel que
« lui? Faites donc en sorte, cher sire, de nous le
« ramener, et, s'il est en votre pays, ne tardez
« pas d'un jour à l'envoyer quérir. »

La reine monta, et Galehaut s'en revint au roi qui lui proposa de faire des deux camps un seul. On convint de ranger les tentes sur les bords de la rivière, de façon à ne laisser entre les hommes de Galehaut et les Bretons que l'intervalle du gué. Puis, Galehaut revint raconter à son ami ce qu'il avait fait, les vœux exprimés par le roi et par Gauvain, la réponse enjouée de la reine, enfin le désir qu'elle avait témoigné de le voir.
« J'ai soutenu que je vous croyais retourné
« dans mon pays; la reine m'a fait promettre
« de vous inviter à revenir le plus tôt possible.
« Que ferez-vous maintenant? Auriez-vous honte
« de voir la reine? »

Le Noir chevalier ému de ce qu'il entendait fut quelque temps sans répondre. Enfin : « Cher
« sire, dit-il, vous avez tout pouvoir sur moi;
« voyez ce qu'il me convient de faire. — Moi,
« je pense que vous devez répondre au vœu de
« la reine. — Que ce soit alors le plus secrète-
« ment du monde. — Oh! remettez-vous sur

« moi du reste. » Galehaut mande aussitôt au Roi des cent chevaliers de faire replier les tentes, de lever les lices de fer et de tout disposer en face des tentes bretonnes, de façon qu'il n'y ait que la rivière entre deux.

Il reprend ensuite le chemin de la tente du roi. La reine, des fenêtres de la bretèche, le vit approcher et, descendant aussitôt au-devant de lui, elle s'informe des nouvelles : « Dame, j'en « ai tant fait que je dois bien craindre de per- « dre, pour vous, ce que j'aime le plus au monde. « — Oh ! ce que vous perdrez à cause de moi, « je vous le rendrai au cent double : quand vien- « dra-t-il ? — Le plus tôt qu'il pourra ; je l'ai « envoyé quérir. — Nous verrons : si vous le « voulez bien, il sera demain ici. » Elle remonta dans la bretèche et Galehaut revint à son ami.

Plusieurs jours passèrent sans que l'impatience de la reine fût satisfaite. « Le Noir cheva- « lier, lui disait Galehaut, est prévenu ; il est « sans doute en chemin, le voyage est long, il « ne tardera guère. » Et la reine, qui devinait la vérité, lui reprochait de vouloir lui faire perdre toute patience.

Enfin, un matin, il dit à son ami : « Il n'y a plus « à s'en défendre, il faut que vous voyiez la reine. « — Faites alors que personne ne s'en aper- « çoive : maints chevaliers autour du roi m'ont « déjà vu et ne manqueraient pas de me recon-

« naître. » Galehaut appelant alors son sénéchal : « Je vous avertirai bientôt, lui dit-il, de venir me « joindre dans le camp du roi; vous prendrez « avec vous mon compagnon, sans vous lais- « ser approcher l'un ou l'autre. — Je ferai « votre plaisir. » Puis il se rend chez le roi, et dès que la reine le voit : « Quelles nouvelles? — « Dame, assez bonnes. La fleur des chevaliers « est arrivée. — Je pourrai donc le voir sans « que nul autre que vous le sache? — Ainsi l'en- « tendons-nous : il a toutes les peurs du monde « d'être reconnu. — Il était donc déjà venu en « cour? Cela redouble mon désir de le voir. — « Madame, il viendra cette nuit même, à la chute « du jour. Voyez-vous là-bas, dans les prés, cet « endroit ombragé d'arbrisseaux? Nous pour- « rons nous y arrêter en petite compagnie. — « Galehaut, vous parlez bien : plût à Dieu que « la nuit fût déjà proche ! » Ils se mettent à rire, la reine lui prend les mains, et la dame de Malehaut, qui les suit de l'œil, remarque que l'intimité s'est faite entre eux bien vite.

Dans son impatience de voir arriver la fin du jour, la reine va et vient, parle et folâtre, pour tromper le temps. Après souper, aux premières approches de la nuit, elle prend Galehaut par les mains en faisant signe à la dame de Malehaut et à Laure de Carduel de l'accompagner. Ils se dirigent vers l'endroit désigné, et, tout en marchant, Galehaut appelle un écuyer et lui dit d'aller avertir son sénéchal de venir les retrouver dans l'endroit où ils allaient s'arrêter. « Eh « quoi! dit vivement la reine, est-ce votre sé-« néchal que vous me présenterez? — Non, ma-« dame, mais ils viendront ensemble. » Parlant ainsi, ils arrivèrent aux arbres et s'assirent; Galehaut et la reine d'un côté, à peu de distance des deux dames, légèrement surprises de voir s'établir entre eux une telle privauté. Cependant l'écuyer joignait le sénéchal; celui-ci prenait avec lui notre chevalier, et ils arrivaient à l'endroit que le valet avait indiqué. L'un et l'autre étaient grands et beaux; on connaissait peu d'hommes à leur comparer.

La dame de Malehaut toujours inquiète reconnut son cher et ancien prisonnier. Pour n'être pas elle-même découverte, elle baissa la tête et se rapprocha de Laure de Carduel. Le sénéchal les salue en passant près d'elles, et Galehaut qui les voit approcher dit à la reine : « Dame, voici « le meilleur chevalier du monde. — Lequel? « — Lequel vous semble-t-il? — Tous deux sont « beaux; mais ils ne représentent pas la moitié « de ce que je me figurais du Noir chevalier. — « C'est pourtant l'un des deux. »

Arrivés enfin devant la reine, le Noir chevalier est saisi d'un tel tremblement qu'il peut à peine la saluer. Ils mettent le genou en terre:

le Noir chevalier reste les yeux baissés, comme saisi de honte. La reine devine alors que c'est lui. Et Galehaut s'adressant au sénéchal : « Allez « donc, sire, faire compagnie à ces dames : nous « sommes ici trois, et elles n'ont pas un seul « chevalier avec elles. » Le sénéchal s'éloigne ; la reine prend le chevalier par la main, le relève, le fait asseoir à ses côtés et, d'un air riant : « Sire, nous vous avons bien longtemps désiré ; « enfin, grâce à Dieu et à Galehaut, il nous est per- « mis de vous voir. Je ne sais pourtant pas encore « si vous êtes celui que je demandais. Galehaut « me l'a bien dit ; mais j'attends, pour en être « sûre, que vous me l'assuriez de votre bou- « che. » L'autre répond, en bégayant et sans lever les yeux, qu'il ne sait que dire. La reine ne conçoit rien à son trouble, et Galehaut, qui déjà en soupçonne la cause, pense que son ami sera plus à l'aise sans témoins. D'une voix assez haute pour être entendu de l'autre cercle : « Assurément, dit-il, je suis bien discourtois de « laisser ces deux dames en compagnie d'un « seul chevalier. » Il se lève et va de leur côté ; les dames se lèvent à son arrivée, il les fait rasseoir et la conversation s'établit entre eux, pendant que la reine entre ainsi en propos avec le chevalier :

« Pourquoi, beau doux sire, vous cacher de « moi ? Je n'en puis deviner la raison. Au moins

« êtes-vous celui qui vainquit la première as-
« semblée? — Non, dame.

« — Comment! ne portiez-vous pas les armes
« noires? N'avez-vous pas reçu les trois che-
« vaux de messire Gauvain? — Oui, dame, je
« portais les armes noires et je reçus les chevaux.

« — Vous aviez les armes de Galehaut dans la
« dernière assemblée? — Il est vrai, dame. —
« Vous avez donc été vainqueur le premier,
« vainqueur le second jour? — Non, dame, je
« ne le fus pas. » Alors la reine devine qu'il ne voulait pas dire qu'il eût été vainqueur, et elle l'en prise davantage.

« Maintenant, reprend-elle, me direz-vous qui
« vous fit chevalier? — Vous, ma dame. — Moi!
« et quand donc? — Dame, il peut vous souvenir
« du jour qu'un chevalier vint à Kamalot devant
« mon seigneur le roi : il était navré parmi les
« flancs, une épée lui séparait le corps en deux.
« Ce même jour un valet vint à lui et fut che-
« valier le dimanche.

« — De cela me souvient-il bien. Seriez-vous
« celui qu'une dame présenta au roi, vêtu de la
« robe blanche? — Dame, oui.

« Pourquoi dites-vous donc que je vous fis
« chevalier? — Au royaume de Logres, la cou-
« tume est telle : on ne peut faire sans épée un
« chevalier; qui donne l'épée fait le chevalier.
« Je tiens de vous la mienne et non pas du roi.

« — En vérité j'en ai beaucoup de joie. Mais « où allâtes-vous en nous quittant? — J'allai « porter secours à la dame de Nohan, et j'eus à « défendre mon droit contre messire Keu, qui « était venu dans la même intention.

« — Et alors ne m'avez-vous rien mandé? — « Dame, je vous ai adressé deux demoiselles. — « Oui, je m'en souviens. Et quand vous revîntes « de Nohan, n'avez-vous pas rencontré quel- « qu'un se réclamant de moi? — Dame, oui. « Un chevalier gardien d'un gué me dit de « descendre de cheval. Je lui demandai à qui il « était; il me dit : A la reine. — Descendez, « descendez, ajouta-t-il. Je lui demandai en « quel nom il parlait; il répondit : En mon seul « nom. Alors je remis le pied à l'étrier et joutai « contre lui. Ce fut de ma part grand outrage, « ma dame, et je vous en crie merci; prenez-en « l'amende, telle que vous la marquerez. — Cer- « tes, bel ami, vous n'avez en rien méfait; c'est « à lui que j'en sais mauvais gré, car je ne lui « avais pas donné telle charge. Enfin, de là, où « allâtes-vous? — A la Douloureuse garde. — « Qui parvint à la conquérir? — Dame, j'y en- « trai. — Vous y ai-je vu? — Dame, oui, plus d'une « fois. — En quel endroit? — Dame, devant la « porte : je vous demandai s'il vous plaisait d'en- « trer; vous dites que oui. — Oh! vous paraissiez « bien troublé; car je vous l'ai demandé deux

« fois inutilement. Et quelles armes portiez-vous
« alors? — La première fois j'avais un écu blanc
« à la bande vermeille de belic; la seconde
« j'avais deux bandes. — Je me souviens de les
« avoir distinguées. Vous ai-je encore vu une au-
« tre fois? — Dame, oui; la nuit où vous croyiez
« avoir perdu monseigneur Gauvain et ses com-
« pagnons. Les gens du château criaient au roi :
« Prenez-le! prenez-le! Je sortis cependant,
« portant au cou l'écu à trois bandes vermeilles de
« belic. Et quand je fus près du roi, les mêmes
« gens criaient : Roi, prends-le! roi, prends-le!
« Le roi me laissa pourtant aller. — A notre
« grand regret; car, en vous arrêtant, il eût mis
« fin aux enchantements du château. Mais, dites-
« moi : est-ce vous qui avez jeté de prison mon-
« seigneur Gauvain et ses compagnons? —
« Dame, j'y aidai comme je pus. »

La reine, à cette dernière réponse, devina qu'il était bien Lancelot du Lac. Elle reprend : « Du jour où vous fûtes chevalier, jusqu'au « temps de notre séjour à la Douloureuse garde, « vous avais-je vu? — Dame, oui : sans vous, je « ne serais plus en vie; car vous avez averti mon- « seigneur Yvain de me tirer de l'eau quand « j'allais me noyer. — Comment! c'est vous que « le couard Dagonnet ramena prisonnier? — « Dame, je fus pris, mais j'ignore par qui. — « Et où alliez-vous? — Je suivais un chevalier.

« — Et quand vous vous êtes la dernière fois éloi-
« gné de nous, où allâtes-vous? — Dame, je
« trouvai deux vilains géants qui tuèrent mon
« cheval; monseigneur Yvain voulut bien alors
« me donner le sien.

« — Maintenant, beau sire, je sais qui vous
« êtes. Vous avez nom Lancelot du Lac. » Et ne le voyant pas répondre : « On sait au moins votre
« nom à la cour, grâce à messire Gauvain. Mais
« comment vous étiez-vous laissé prendre par
« le dernier des hommes ? — Ma dame, je n'a-
« vais alors ni mon corps ni mon cœur. — Me
« direz-vous, maintenant, pour qui, aux deux as-
« semblées, vous avez fait tant d'àrmes? » Il pousse alors un profond soupir, et la reine qui le tient de court : « Avouez-le-moi; je ne
« le dirai à personne. Assurément, vous les
« faisiez pour quelque dame ou demoiselle.
« Voyons, nommez-la moi, par la foi que vous
« me devez. — Ah ! dame, je le vois, il faut vous
« le dire. Cette dame... — Eh bien ? — C'est vous.
« — Moi ! — Oui. — Ce n'est pas pour moi que
« vous avez rompu les deux glaives que ma de-
« moiselle vous avait portés; je n'étais pour rien
« dans le message. — Ma dame, je fis pour vos
« dames ce que je dus; pour vous, ce que je
« pus. — Comment! tout ce que vous avez fait,
« vous l'avez fait pour moi ! M'aimez-vous donc
« tant? — Dame, je n'aime ni moi ni autre au-

« tant que vous. — Et depuis quand m'aimez-« vous ainsi? — Dès le jour que je fus appelé « chevalier. — Et d'où vous vint ce grand « amour? »

Au moment où la reine prononçait ces derniers mots, la dame de Malehaut se prit à tousser en relevant sa tête jusque-là baissée. Lancelot la reconnut, et il en fut assez ému pour ne pouvoir répondre. Les larmes lui vinrent aux yeux; plus il regardait la dame de Malehaut, plus il avait de malaise au cœur (1).

La reine aperçoit et son trouble et les regards qu'il jette sur les dames voisines. « Répondez, « dit-elle, d'où vous est venu cet amour? » Lui, faisant un suprême effort : « Dame, du jour que « je vous ai vue. Si votre bouche a dit vrai, « vous me fîtes alors votre ami. — Mon ami! et « comment? — Quand j'eus pris congé de mon-« seigneur le roi, je vins devant vous armé, « sauf la tête et les mains. Je vous recommandai « à Dieu et dis que, si vous y consentiez, je serais

(1) Il y a dans le *Paradis* de Dante, chant XVI, une allusion ingénieuse à cette toux de la dame de Malehaut; c'est quand le poëte, oubliant un instant la contemplation céleste pour s'arrêter aux souvenirs de la terre, est averti de sa distraction par Béatrice :

Onde Beatrice, ch'era un poco sovra,
Ridendo parve quella che tossio
Al primo fallo scritto di Ginevra.

« votre chevalier. Puis je dis : Adieu, dame! et
« vous avez répondu : *Adieu, beau doux ami*. Ce
« mot, depuis, ne m'est pas sorti du cœur. Ce
« mot me fera prud'homme, si jamais je le dois
« être, et je ne me suis jamais trouvé en aventure
« de mort sans m'en souvenir. Ce mot m'a con-
« forté dans tous mes ennuis ; ce mot m'a guéri
« de toutes douleurs, m'a sauvé de tous dangers.
« Ce mot m'a nourri dans mes faims, m'a enrichi
« dans mes pauvretés. — Par ma foi ! dit la
« reine, le mot fut dit de bonne heure, et Dieu soit
« loué de me l'avoir fait dire. Mais je ne le pre-
« nais pas tant au sérieux ; souvent je l'ai dit
« à d'autres chevaliers par simple courtoisie :
« vous l'avez entendu autrement ; bien vous en
« est venu, puisqu'à vous en croire, il a fait de
« vous un prud'homme. Ce n'est pourtant pas
« la coutume parmi les chevaliers de prendre
« telle parole à cœur, et d'imaginer qu'ils soient,
« à compter de là, retenus par une dame. D'ail-
« leurs, je vois bien à vos yeux, à vos regards,
« que vous avez mis votre amour dans une de
« nos deux voisines ; car vous avez pleuré, quand
« vous avez pu croire qu'elles vous entendaient.
« Dites-moi donc, par la foi que vous devez à la
« chose que vous aimez le plus, à laquelle des
« trois vous êtes engagé d'amour. — Ah ! ma
« dame, je vous crie merci : jamais l'une ou
« l'autre n'eurent le moindre pouvoir sur mes

« pensées. — Oh ! l'on ne me trompe pas ainsi. « J'ai surpris vos yeux, et j'ai vu par d'autres « indices que, si votre corps est près de moi, « votre cœur est près d'elle. » Elle parlait ainsi pour le mettre à malaise, car elle ne doutait déjà plus de son amour pour elle. Mais l'épreuve était trop forte, et il en ressentit telle angoisse qu'il pensa se trouver mal : la crainte d'être remarqué par les dames le retint; cependant la reine, qui le vit pâlir, chanceler et incliner la tête en avant, posa vite la main sur son capuchon, pour l'empêcher de tomber. En même temps, elle appela Galehaut qui accourut, et quand il voit la mine piteuse de son compain : « Pour Dieu ! « ma dame, dit-il, qu'a-t-il donc eu? — Je ne « sais : je lui ai seulement demandé laquelle de « ces dames il aimait. — Merci, dame ! avec de « telles paroles, vous pourriez bien me l'enlever, « et tout le monde y perdrait. — J'y perdrais au-« tant que personne ; mais enfin, Galehaut, sa-« vez-vous pour qui il a fait tant d'armes ? — Non, « dame. — Croiriez-vous qu'il assure les avoir « faites pour moi? — S'il vous l'a dit, vous devez « le croire, car personne ne l'égale en prouesse « et personne ne le surpasse en sincérité. — Ah ! « Galehaut, si vous connaissiez tout ce qu'il a « fait depuis qu'il fut armé chevalier, vous auriez « encore plus raison de le dire prud'homme ! Il « a vengé en maintes rencontres le chevalier na-

« vré; il a sauvé la dame de Nohan; il a terrassé « deux géants; il a pris la Douloureuse garde; il « a été le mieux faisant des deux assemblées. « Tout cela, dit-il, pour un seul mot, pour le « nom de *beau doux ami* que je lui donnai à son « départ de la cour!

« — Dame, dit Galehaut, j'ai fait pour vous ce « que vous avez demandé; c'est à vous mainte- « nant de lui accorder la merci qu'il demande. « — Quelle merci voulez-vous que j'en aie? — « Dame, vous savez qu'il vous aime plus que « tout au monde et qu'il a fait pour vous plus « que ne fit aucun chevalier. Sans lui, jamais il « n'aurait été parlé de paix avec monseigneur « le roi. — Oui, répond la reine; je le sais, et « n'eût-il amené que cette paix, encore au- « rait-il plus fait que je ne pouvais mériter, car « il a sauvé l'honneur de monseigneur le roi : il « ne peut donc rien demander que j'aie hon- « nêtement le droit de refuser. Mais, Galehaut, « il ne demande rien : au lieu de cela, il ne « cesse de pleurer, depuis qu'il a jeté les yeux « sur ces autres dames : peut-être a-t-il peur « d'avoir été reconnu. — Je ne sais rien, dit « Galehaut, de ses secrets, mais il craint beau- « coup d'être découvert. Ne vous arrêtez pas à « cela, ma dame; ayez seulement merci de qui « vous aime cent fois plus que lui-même. — « J'en aurai la merci que vous souhaiterez, car

« j'y suis tenue envers vous ; mais enfin, il ne « me prie de rien.

« — Ma dame, vous devez savoir, dit Galehaut, « qu'on ne peut se défendre de trembler devant « celle qu'on aime. Je vais demander pour lui, et « je ne vous prierais pas, qu'encore le devriez- « vous accorder : vous ne pouvez gagner un plus « riche trésor. — Je le sais ; et je ferai pour lui ce « que vous direz. — Grand merci ! Je réclame pour « lui votre amour ; vous le tiendrez désormais « pour votre chevalier ; vous serez loyalement sa « dame jusqu'à la fin de vos jours. Ainsi l'au- « rez-vous rendu plus riche qu'en lui donnant « le monde entier. — Eh bien, oui ! je m'accorde « à ce qu'il soit tout mien, moi toute sienne ; et « que vous vous portiez garant de notre fidé- « lité à cet engagement (1). — Grand merci, « dame ! maintenant je demande les premières « arrhes. — Vous me voyez prête à les donner. « — Grand merci ! j'entends que devant moi

(1) « Et que par vous seront amendé le mefait et le trespas del convenant. » *Var.* « des convenances. » Ce passage laisse quelque doute ; on serait tenté de l'entendre : « et que sur vous retombe le bon marché que nous ferons des convenances. » Mais une telle interprétation serait de notre temps plutôt que du douzième siècle. L'ancien traducteur italien l'a entendu comme moi : « *che per voi sieno emendate tutte le cose mal fatte.* » C'est-à-dire : « et que vous soyez juge de « la façon dont ce commun engagement sera tenu. »

« vous le baisiez. — J'y consentirais volontiers ; « mais le temps, le lieu ne le permettent pas. « Ces dames s'étonnent que nous soyons restés « si longtemps à part; elles ne manqueraient « pas de regarder. Si pourtant il le voulait, je « m'y accorderais encore. » Et Lancelot est tellement ravi de ces paroles qu'il ne peut que répondre : « Dame, grand merci ! — Quant à « son vouloir, reprend Galehaut, vous n'en pou« vez douter. Nous allons nous lever, nous irons « un peu plus loin, comme si nous étions en « grand conseil ; ces dames ne pourront rien « voir. — Pourquoi, dit la reine, me ferais-je « prier? Je le veux en vérité plus que lui. »

Alors ils s'éloignent un peu tous les trois, faisant semblant de traiter une affaire sérieuse, et la reine, voyant que le bon chevalier n'ose commencer, le prend par le menton et le baise longuement; si bien que la dame de Malehaut s'en aperçut.

Et la reine, comme sage et vaillante dame qu'elle était, dit : « Beau doux ami, je suis « toute vôtre, et j'en ai grande joie. Mais que la « chose demeure entièrement secrète. Je suis, « vous le savez, une des dames dont on dit, hélas ! « plus de bien qu'on ne devrait; si par vous je « venais à perdre mon bon renom, nos amours en « seraient bien contrariées. Et vous, Galehaut, « qui êtes le plus sage, souvenez-vous que s'il

Léon Techener, Éditeur. Imp. Ch. Delâtre, Paris.

« nous arrive malheur, vous en aurez été la pre-
« mière cause, comme vous le serez de tout le
« bonheur que nous nous promettons.

« — De mon côté, fit Galehaut, j'ai un don à « vous demander : au lieu de travailler à me « séparer de lui, vous vous emploierez, dame, « à resserrer les liens de notre amitié. — Ah! « Galehaut! si j'y manquais, combien serait mal « employé ce que vous avez fait pour nous! » Elle prit alors Lancelot par la main : « Gale-« haut, je vous donne à toujours ce chevalier, « mes droits réservés sur lui. Vous y consentez, « n'est-ce pas? » Lancelot lève la main en signe d'engagement. — « Cher sire, continua-t-elle, je « vous ai donné Lancelot du Lac, le fils du roi « Ban de Benoïc. » Galehaut apprit ainsi le nom de son compagnon et il en ressentit une grande joie; car il avait entendu parler déjà de l'ancienne prud'homie du roi Ban de Benoïc, et des hauts faits de Lancelot.

Ce fut la première entrevue de la reine et de Lancelot, ménagée par le prince Galehaut. Ils se levèrent enfin : la nuit était arrivée, la lune éclairait toute la prairie. Ils regagnèrent la tente du roi Artus, tandis que le sénéchal faisait la conduite aux deux dames. Galehaut avertit Lancelot de les joindre avant de retourner à son camp, et pendant que lui-même accompagnerait la reine. Le roi en les revoyant demanda d'où ils venaient : —

« Sire, dit Galehaut, de ces prés, où nous étions « même assez peu accompagnés. » Ils s'assoient et parlent de diverses choses, la reine et Galehaut ayant peine à couvrir leur ravissement intérieur. Enfin la reine se lève et s'en va reposer dans la bretèche; Galehaut la recommande à Dieu, en lui disant qu'il s'en va partager le lit de son cher compain.

XXXVI.

La reine, rentrée dans la bretèche et penchée sur la fenêtre, se mit à rèver à toutes les joies du cœur dont elle était inondée. Mais déjà le secret de son bonheur ne lui appartenait plus; la dame de Malehaut avait vu beaucoup, et deviné ce qu'elle n'avait pas vu. Elle approcha doucement et se prit à dire : « Comme est bonne la compa-« gñie de quatre! » La reine entend et ne sonne mot, comme si la parole n'était pas arrivée jusqu'à elle. « Oui, reprend l'autre, bonne est la com-« pagnie de quatre. » La reine alors se tournant: « Dites-moi pourquoi vous parlez ainsi? — J'ai « peut-être été indiscrète, ma dame, contre mon « désir; je sais qu'il ne faut pas être avec sa « dame trop familière, si l'on tient à conserver « ses bonnes grâces. — Non, vous ne pouvez rien « dire qui m'empêche de vous aimer; je vous

« sais trop sage et trop courtoise pour rien « craindre de vous : dites-moi le fond de votre « pensée ; je le veux, je vous en prie. — Puisque « vous le voulez, ma dame, j'ai dit que bonne « était la compagnie de quatre, parce que j'ai « vu la nouvelle liaison que vous avez faite hier « avec le bon chevalier, dans le verger. Vous « êtes la chose du monde qu'il aime le plus, et « vous n'avez pas à vous en défendre ; vous « ne pouviez mieux employer votre amour. — « Mon Dieu ! le connaîtriez-vous? dit vivement « la reine. — Je le connais si bien qu'il ne tenait « qu'à moi de vous disputer sa possession ; je l'ai « gardé dans ma chartre privée pendant plus « d'un an. Les armes vermeilles, les armes noi- « res avec lesquelles il a vaincu les deux assem- « blées, c'est moi qui les lui avais fournies. Et « quand l'autre jour je vous ai priée de lui man- « der de faire pour vous des armes, c'est que « déjà je soupçonnais son cœur d'être à vous, « comme à la seule dame digne de lui. Quelque « temps, j'eus l'espérance de m'en faire aimer ; « mais il me répondit de façon à me désabuser, « et dès lors je n'ai plus songé qu'à découvrir « où s'adressaient toutes ses pensées. C'est pour « cela que je suis venue à deux reprises à la « cour.

« — Mais vous disiez que mieux valait la com- « pagnie de quatre : pourquoi ? Le secret, s'il y

« en a, n'est-il pas mieux gardé par trois? — Oui, « sans doute. — La compagnie de trois vaut « donc mieux que celle de quatre. — Ma dame, « ce n'est pas ici le cas. Le chevalier vous aime, « cela est certain : Galehaut le sait, ils pourront « donc en parler à leur aise, quand ils seront « ensemble. Mais ils ne seront pas toujours « ici ; ils ne tarderont même pas à s'éloigner : « vous resterez, et vous n'aurez personne à la- « quelle vous puissiez découvrir vos pensées ; « vous en porterez seule tout le faix. S'il vous « plaisait de me mettre en quatrième dans votre « compagnie, nous nous consolerions de l'ab- « sence en parlant d'eux entre nous, comme « entre eux ils ne manqueront pas de parler de « nous.

« — Maintenant, dit la reine, savez-vous quel « est le chevalier dont vous parlez ? — Mon Dieu ! « non ; mais aux regards qu'il me jeta, quand « il était avec vous, à la crainte qu'il témoigna « d'être aperçu, vous pouvez juger s'il m'avait re- « connue. — Oh ! je vois que vous êtes trop subtile « pour qu'on puisse espérer de vous cacher quel- « que chose. Vous souhaitez avoir toute ma con- « fiance, vous l'aurez. Oui, j'aime le bon che- « valier, je ne veux pas m'en défendre auprès « de vous ; mais si j'ai mon faix, je veux que « vous portiez aussi le vôtre. — Que voulez-vous « dire, ma dame ? assurément, il n'est rien que

« je ne fasse pour mériter votre amitié. — Vous « l'avez ; quelle meilleure compagnie pourrais- « je espérer jamais? Mais sachez-le bien, une « fois engagée, je n'entends plus me séparer de « vous; dès que j'aime, il n'est pas d'amitié « aussi ferme que la mienne. — Nous serons donc « ensemble, ma dame, toutes les fois et tant « qu'il vous plaira. — Remettez-vous à moi du « soin de bien établir notre intimité ; et, dès ce « moment, apprenez le nom du chevalier que « vous avez retenu et qui m'a donné sa foi ; c'est « le fils du roi Ban de Benoïc, c'est Lancelot du « Lac, le meilleur chevalier du monde. »

Tout en devisant ainsi, il fallut se mettre au lit. La reine voulut partager le sien avec la dame de Malehaut qui fut longtemps à s'en défendre, comme ne méritant pas un tel honneur. Ne demandez pas si elles parlèrent encore de ce qui leur tenait au cœur, avant de s'endormir. La reine demanda à son amie si elle avait déjà mis son amour en quelque lieu. « Non : je n'aimai « qu'une seule fois, et ce fut seulement en pen- « sée. » Elle entendait parler de Lancelot qu'elle avait un instant éperdument aimé. La reine se confirma alors dans son projet : mais elle n'en voulut rien dire avant de savoir dans quelle disposition se trouverait Galehaut.

Elles se levèrent au point du jour et se rendirent à la tente du roi pour faire bonne compagnie à monseigneur Gauvain : « Éveillez-vous, « sire, dit la reine en riant, c'est en vérité trop « de paresse de dormir encore. » Puis, prenant avec elle une nombreuse suite de dames et demoiselles, elle vint à l'endroit où elle avait donné les premiers gages d'amour. « C'est, dit-« elle à la dame de Malehaut, le lieu que je pré-« férerai maintenant à tous les autres. Là m'a-t-« il été permis de bien connaître les deux plus « vaillants chevaliers de la terre! Avez-vous re-« marqué tout ce qu'il y a de beau, de grand, de « généreux dans Galehaut? J'entends bientôt lui « conter comment nous sommes devenues amies « inséparables, et j'ai l'assurance qu'il en aura « grande joie. »

Quand elles revinrent à la tente du roi, elles y trouvèrent Galehaut, et la reine ayant saisi l'occasion de le prendre à part : « Galehaut, dit-elle, « au nom de ce qui vous est le plus cher au « monde, dites-moi si vous aimez d'amour dame « ou demoiselle? — Non, ma dame. — Voici « pourquoi je vous fais cette demande : j'ai placé « mes amours à votre volonté ; j'entends placer « les vôtres à la mienne, c'est-à-dire en dame « belle, courtoise et sage, d'assez haute condi-« tion, revêtue d'assez grands honneurs. — Ma « dame, vous pouvez vouloir ; mon cœur et mon « corps sont à vous : veuillez dire quelle est cette « dame dont vous entendez me rendre l'ami. —

« D'ici vous pouvez la voir ; c'est la dame de « Malehaut. »

Elle lui conte alors comment la dame avait surpris leur secret, et comment elle avait, pendant un an, retenu Lancelot dans sa prison. « Je la « sais la meilleure et la plus loyale dame du « monde ; voilà pourquoi je désire que vous « vous engagiez d'amour l'un envers l'autre. Le « plus sage des chevaliers ne doit-il pas avoir la « plus sage des amies ? Quand vous serez en « terres lointaines, vous et mon chevalier, vous « pourrez parler en commun de ce que votre « cœur aime, de ce qui sera dans le fond de vo- « tre pensée. Et cependant, nous qui serons res- « tées, aurons plus de courage à supporter nos « maux ; nos joies seront communes, nos peines « et nos espérances.

« — Je vous l'ai dit, ma dame, reprend Gale- « haut, vous avez le corps, vous avez le cœur. » Alors la reine appela la dame de Malehaut : « Êtes-vous, lui dit-elle, disposée à faire ce qui « me plaira ? —Assurément, ma dame.—Je vous « donne donc, cœur et corps, à ce chevalier. Y « consentez-vous ? —Ma dame, vous pouvez faire « de moi comme de vous-même. — Donnez-moi « tous deux la main. Galehaut, je vous donne à « cette dame, en sincère et loyal amour. Et « vous, dame de Malehaut, je vous donne à ce « chevalier, comme à celui qui désormais aura

« vos plus douces pensées. » Tous deux déclarèrent s'y accorder : la reine les fit entrebaiser, et ils convinrent d'aviser aux moyens de se voir le plus secrètement et le plus souvent possible.

Cela fait, ils retournent à la tente du roi qui les attendait pour se rendre à la messe. Après le service et le manger du matin, ils vont tenir bonne compagnie à monseigneur Gauvain : ils vont visiter les chevaliers blessés dans les dernières assemblées, Galehaut tenant d'une main la dame de Malehaut, de l'autre la reine. Enfin, ils conviennent de se réunir la nuit prochaine, ainsi qu'ils avaient fait la veille, et à la même place. « Je resterai, dit la reine, « avec le roi, pendant que vous avertirez votre « ami de se mêler à la foule des chevaliers ; « comme on l'a vu rarement, personne ne s'occu- « pera de lui; et quand l'assemblée se dispersera « petit à petit, nous pourrons, sans éveiller les « soupçons, gagner l'endroit que vous savez. »

Galehaut ne manqua pas de mettre son ami au courant de ces conventions. Quand la nuit fut proche, il avertit son sénéchal de passer dans la prairie avec Lancelot, dès que lui-même aurait rejoint le roi et la reine. Il se rendit d'abord chez le roi ; on se mit à table, et, quand les nappes furent levées, la reine proposa aux dames une promenade dans les prés. Tous partirent ensemble, le roi, la reine, les chevaliers, les dames.

Bientôt la reine ralentit son pas pour attendre la dame de Malehaut, et plusieurs dames et demoiselles. Le sénéchal et le Bon chevalier se perdirent dans la compagnie du roi, puis, comme sans dessein, suivirent lentement le sentier qui les menait à l'endroit où les deux dames les avaient déjà devancés. Que vous dirai-je de plus? Ils y demeurèrent près d'une heure, sans qu'il soit bien à propos de répéter leur conversation. Au lieu de parler, il ne fut question entre eux que de baisers, embrassements et douces étreintes, avant-coureurs de joies plus grandes. Il fallut trop tôt penser à rejoindre : les dames retournèrent vers le roi, Lancelot et Galehaut regagnèrent leur tente. Les jours suivants, mêmes rencontres secrètes; jusqu'à ce que messire Gauvain, se trouvant en état de chevaucher, remercia le roi, la reine et les dames de la bonne compagnie qu'on lui avait faite, et remontra au roi combien il était de son intérêt d'attacher à sa maison le prince Galehaut et son ami, le Bon chevalier : « Vous leur devez beaucoup, sire oncle, et vous « avez tout à espérer de leur service. » Mais Galehaut, quand le roi lui en parla, répondit qu'il avait grand besoin de retourner en Sorelois, après une absence aussi longue ; il promit seulement de revenir dès qu'il aurait mis ordre à ses propres affaires.

Ne demandez pas si les dernières entrevues de

Lancelot et de Galehaut avec leurs dames furent mêlées de soupirs et de larmes. On se promit bien de saisir toutes les occasions de retour. Puis la reine, mettant le roi à raison, le faisait insister près de la dame de Malehaut, pour la retenir à la cour. « C'est, disait-elle, une dame « sage, prudente et bien aimée de tous : je pense « qu'elle ne vous refusera pas, par affection pour « moi. » Le roi approuva la pensée de la reine, et la dame de Malehaut, après un semblant de résistance, consentit à ce que le roi voulut bien lui demander.

XXXVII.

Galehaut, ayant pris congé du roi Artus, emmena Lancelot dans son pays de Sorelois, situé entre le royaume de Galles et les Iles étranges. Il tenait cette terre non d'héritage, mais pour l'avoir conquise sur Glohier, neveu du roi de Northumberland. Le roi Glohier avait en mourant laissé une belle fille : Galehaut la faisait élever avec grand soin et pensait à lui rendre son patrimoine, en la mariant à Galehaudin, un sien neveu, dès qu'il serait en âge d'être armé chevalier (1).

(1) Au moyen âge, les droits de l'hérédité n'étaient

Le Sorelois était la plus plaisante de toutes les terres contiguës à la mer de Bretagne ; il abondait en rivières, en bois, en terres fertiles. Il confinait aux domaines du roi Artus, et Galehaut se plaisait à y séjourner, parce qu'il y prenait le déduit des chiens et des oiseaux. La mer le bornait d'un côté, de l'autre une rivière nommée Asurne (1), large, rapide et profonde, qui aboutissait à la mer. On y trouvait des châteaux, des cités, des forêts, des montagnes. Pour y pénétrer, il fallait passer par deux chaussées qui n'avaient que trois coudées de large et plus de sept mille et cinquante coudées de long (2). A l'entrée et à la sortie se dressaient une forte tour défendue par un chevalier de prouesse éprouvée, et par dix sergents armés de haches, de lances et d'épées. Quiconque demandait à passer était tenu de combattre le chevalier et les dix sergents.

guère foulés aux pieds que dans certains cas exceptionnels dont l'Église était juge. Voilà pourquoi on voit Galehaut réserver le Sorelois à l'héritière du prince sur lequel il l'avait conquis. Les Grandes Chroniques de France nous apprennent que la raison qui avait porté Philippe-Auguste à épouser la fille du comte de Hainaut, fut qu'elle descendait en ligne féminine de Charles, duc de Lorraine, frère du dernier roi Carlovingien. (Chroniques de S.-Denis, éd. Techener, t. IV, p. 215.)

(1) Var. *Arcise. — Aise. — Surpe.*

(2) La coudée répondait à peu près à notre demi-mètre.

S'il forçait le passage, on inscrivait son nom à l'entrée de la tour, et dès-lors il devait faire le service de celui qu'il avait vaincu, jusqu'à ce qu'il plût à Galehaut d'envoyer un de ses chevaliers pour le remplacer. S'il était vaincu, le chevalier le retenait prisonnier. Ces chaussées avaient été établies au temps de Glohos, le père de Glohier, par crainte des ennemis du dehors. Auparavant, on arrivait en Sorelois en bateaux et navires; mais à partir du temps où Merlin prophétisait jusqu'au terme des temps aventureux, c'est-à-dire durant mille et six cent quatre-vingt-dix semaines (1), on ne pouvait entrer en Sorelois que par les chaussées, défendues comme on vient de voir (2).

C'est dans le Sorelois que Galehaut retint longtemps son ami. Mais tous les déduits auxquels ils pouvaient se livrer à leur gré leur seraient devenus bientôt à charge, sans l'amitié qui les unissait, et la douceur qu'ils trouvaient à s'entretenir de leurs amours. Personne, dans le royaume de

(1) Environ trente-deux ans et six mois. Cette évaluation m'est fournie par les mss. 751 et 1430.

(2) Malgré l'étendue qu'on lui suppose, le Sorelois doit être la langue de terre située dans le Chestershire, à l'extrémité nord du pays de Galles, entre le Lancashire et Flint. Au-dessus de Chester, deux petites rivières séparent presque entièrement cette langue du continent breton.

Logres, ne savait où résidait Galehaut, sinon les deux rois qui avaient été garants, et seuls aussi connaissaient le nom du chevalier que Galehaut y avait conduit. Mais les jeux, les plaisirs, les déduits d'oiseaux, de chiens ou de filets ne pouvant les distraire, ils seraient revenus à la cour du roi Artus, sans la crainte d'éveiller les soupçons de ceux qui entouraient la reine : les bonnes dispositions du roi ne les rassuraient pas, et ils attendaient avec impatience l'annonce de nouvelles assemblées pour avoir occasion de montrer leur prouesse et justifier le choix des dames de leurs pensées.

Il y avait un mois qu'ils étaient en Sorelois, quand la Dame du lac envoya vers Galehaut un jeune valet qu'elle le pria de nourrir, jusqu'au moment de l'armer chevalier. C'était Lionel, le fils aîné du roi Bohor de Gannes. Lancelot n'eut pas de peine à le reconnaître; il avait longtemps vécu avec lui chez la Dame du lac. Quand Lionel vint au monde, sa mère remarqua sur son sein une tache vermeille en forme de lion : de là le nom qu'elle lui avait donné. Quand elle avait voulu l'embrasser, il avait passé lui-même ses petits bras autour de son cou, en serrant comme s'il eût voulu l'étrangler. C'était le présage de sa prouesse, ainsi que le témoigne l'histoire de sa vie. La marque lui demeura jusqu'au jour où il combattit le lion couronné de Libye, dont il offrit la peau à messire Yvain de Galles. Mais ici le livre laisse Galehaut, Lancelot et Lionel, pour revenir au roi Artus et à messire Gauvain.

XXXVIII.

Après le départ de Galehaut, le roi Artus était revenu dans ses domaines, constamment occupé à redresser les torts, à rendre à tous bonne justice, à bien employer ses largesses. De Londres, de Kamalot, de Carduel, il était passé à Carlion, la ville qui lui agréait le plus. Il y tint cour enforcée pendant quinze jours.

Les fêtes touchaient à leur fin, et la reine, qui ne souhaitait rien tant que le retour de son ami, pensait avoir trouvé l'occasion d'une assemblée nouvelle, quand un incident inattendu vint rejeter à d'autres temps l'accomplissement de ses vœux les plus chers. Le roi Artus, assis un jour à table au milieu de ses chevaliers, était tombé dans une rêverie qui lui avait fait tout oublier, et les mets et les convives. La main appuyée sur l'ivoire de son couteau, il soupirait; des larmes coulaient de ses yeux. Keu le sénéchal s'en aperçut le premier, et le fit aussitôt remarquer à messire Gauvain, à messire Yvain, à Lucan le bouteiller, à Sagremor le desréé, à Giflet le fils Do. Messire Gauvain appelant un valet : « Va,

« dit-il, à cette demoiselle qui verse devant le « roi; prends de ses mains la coupe et dis-lui « de venir me parler. »

Cette demoiselle était Laure de Carduel, fille d'un roi de Norvègue, jadis bouteiller du royaume de Logres, et d'une sœur du roi Artus. Elle était aimée de la reine, et le roi se plaisait à lui voir remplir l'office de son père.

Quand elle fut devant messire Gauvain : « Belle « cousine, lui dit-il, allez dire au roi que nous « le prions de nous apprendre pourquoi il rêve « si longtemps, et quel conseil nous pourrions « lui donner. » Laure revint au roi, bien empêchée de remplir ce message. Elle s'agenouilla, et, n'osant parler, saisit la nappe et la tira vivement devant elle. Le couteau échappa de la main d'Artus, qui, tout surpris, regarda la demoiselle : « Sire, dit-elle, messire Gauvain me charge de « vous demander ce qui vous rend soucieux, et « si vos hommes liges ne pourraient vous aider « de leur conseil.

« — Retournez, et dites à ceux qui vous en« voient qu'ils auraient mieux fait de ne pas « vous donner ce message. Puisqu'ils veulent « me faire parler, ils sauront que je pensais à « leur honte. »

Laure rendit la réponse; les chevaliers, d'abord interdits, se levèrent de table et s'étant approchés du roi : « Sire, vous nous avez dit que

« vous pensiez à notre honte : nous vous prions, « comme notre seigneur lige, de nous apprendre « comment nous avons mérité un tel reproche.

« — Je vais vous le dire. Oui, c'est à vous « grande honte d'avoir oublié le vœu que vous « aviez fait de ne revenir céans qu'après avoir « eu nouvelles du preux chevalier aux armes « vermeilles qui, plus tard, fit ma paix avec « Galehaut Vous êtes revenus sans lui, et vous « n'en savez rien encore. N'est-ce pas là le fait « de parjures et de foi-mentis ?

« — Sire roi, répond messire Gauvain avec un « calme apparent, vous avez droit ; mais vous « seriez à votre tour à blâmer, si vous pouviez « supporter dans votre maison des chevaliers « parjures et foi-mentis. Vous donc, chevaliers, « écoutez-moi. » Et s'avançant près d'une fenêtre d'où l'on découvrait un moutier : « Que Dieu « ni les saints ne me protégent, si je rentre dans « la maison de monseigneur le roi avant d'avoir « trouvé le Chevalier vermeil. Que ceux qui « avaient, une première fois, entrepris la même « quête, me suivent, si tel est encore leur plai- « sir ! » Cela dit, il sort : ceux qui l'entendent et l'avaient accompagné dans la quête précédente, s'engagent comme lui à ne pas revenir avant d'avoir recueilli des nouvelles du chevalier. Ils étaient quatorze dans la salle ; les autres étaient dans leurs terres.

Le roi ne tarda pas à regretter ses paroles. En se levant de table, il va chez la reine et la prie de faire en sorte de retenir Gauvain. La reine court aussitôt à l'hôtel de messire Gauvain et le trouva déjà couvert de ses armes, sauf la tête et les mains. « Beau neveu, lui dit-elle, est-il vrai « que vous recommenciez votre quête ? — Rien « n'est plus vrai, dame. — Je viens, par la foi « que vous me devez, vous demander un don. « — Dame, sachez auparavant que, pour tous les « royaumes du monde, je ne consentirais à de- « meurer. — Comment! beau sire, se peut-il « que pour vous enquérir d'un chevalier in- « connu, vous laissiez votre oncle le roi Artus, « accablé de douleur et du regret d'avoir trop « légèrement parlé ? Attendez au moins que « vous ayiez réuni les quarante chevaliers, vos « premiers compagnons. — Pour ceux-là, dit « messire Gauvain, c'est leur affaire, non la « mienne ; qui voudra rester sous l'injure des « paroles du roi, demeure ! pour moi, je n'en- « tends revenir qu'après avoir vu de mes yeux « le chevalier auquel nous devons la paix. »

La reine voit bien que rien ne lui ferait changer de résolution : « Dites au roi, fit encore mes- « sire Gauvain, que je ne renoncerai à la quête « entreprise que dans le cas où il aurait à crain- « dre d'être honni ou déshérité (1). »

(1) Cet épisode du ressentiment de Gauvain contre

Il demande son heaume, et se dispose à monter à cheval. « Ah! beau neveu! lui dit encore la « reine, vous ne savez quel chemin pourra vous « mieux conduire au but de votre quête. Écoutez-« moi, mais auparavant promettez de ne parler « à personne de ce que je vais dire. Vous ferez « sagement de joindre Galehaut : il doit vivre « dans la compagnie du Chevalier vermeil, et « celui-ci n'est autre que Lancelot du lac, le « vainqueur de la Douloureuse garde. »

Elle s'éloigna, craignant d'en avoir trop dit, et laissant messire Gauvain satisfait de ce qu'il venait d'apprendre. On lui amena son cheval, il monta, pendit l'écu à son cou, prit une lance de la main de ses écuyers et s'éloigna, suivi de dix-neuf des quarante chevaliers qui s'étaient une première fois engagés à la même quête. Leurs noms étoient : Yvain de Galles, Brandelis, Keu le sénéchal, Sagremor le desréé, Lucan le bouteiller, Gosouin d'Estrangor, Giflet le fils Do de Carduel, Gladoalin de Kaermur, Galegantin le Gallois, Caradoc-Briebras, Caradigais, Yvain de Lionel, le duc Taulas, Conan de Kaert, Greu le

le roi semble être une sorte de contrefaçon de la querelle racontée dans les rédactions inédites du livre d'Artus, à l'occasion du sobriquet de *Mort à jeun*, donné à Sagremor par Keu. On trouvera dans l'Appendice une notice de ces rédactions que les premiers assembleurs des livres de la Table ronde ont laissées de côté.

roux chevalier, Adam le bel, Galeschaus, le valet de Nort et le roi Ydier.

Arrivé devant une borne qu'on appelait le *Perron Merlin*, où Merlin avait occis les deux enchanteurs (1), messire Gauvain dit à ses compagnons : « Seigneurs, si vous m'en croyez, nous « nous séparerons ici. Partout où l'aventure nous « conduira, nous demanderons nouvelles des « chevaliers errants qui seront passés ; et quand « nous serons de retour chez monseigneur le roi « Artus, nous dirons sincèrement ce que nous « aurons vu et fait, soit à notre honneur, soit à « notre désavantage. »

Tous le promirent; en se séparant, ils eurent soin, pour n'être reconnus de personne et pour se reconnaître entre eux, de retourner leurs écus de façon qu'on ne distinguât pas les couleurs dont ils étaient peints et les attributs qui pouvaient y être tracés.

XXXIX.

Suivons d'abord les pas de messire Gauvain. Il chevaucha deux jours sans rien voir qui soit à redire. On était au mois de juillet, le ciel était pur, le temps serein, la terre verte et fleurie.

(1) On ne retrouve pas cette action de Merlin dans le livre de ses faits et gestes.

Enfin, à la descente d'une montagne, il aperçoit d'assez loin quatre chevaliers armés. Un d'entre eux quitte ses compagnons, arrive au galop sur lui la lance en arrêt, sans prendre le temps de le défier. Messire Gauvain se prépare à bien le recevoir; mais l'autre se contente de saisir son cheval par le frein; le cheval se dresse, peu s'en faut qu'il ne se renverse en arrière, et messire Gauvain reconnaît Sagremor : « Eh « quoi, Desréé, lui dit-il, c'est à moi que vous « en voulez? — Ah! sire, pardonnez : je ne « vous avais pas reconnu. — Je l'ai bien vu, de « par Dieu! mais le mal n'est pas grand. Quels « chevaliers étaient avec vous? — Vous allez les « reconnaître; c'est messire Yvain, c'est Keu le « sénéchal, c'est Giflet le fils Do. Après nous « être séparés, nous nous sommes rencontrés « hier, à l'issue d'un carrefour à sept voies. »

Les trois autres chevaliers en approchant furent ravis de se retrouver avec messire Gauvain; comme, sans le vouloir, ils s'étaient rejoints, ils convinrent de chevaucher quelque temps de compagnie.

Les voilà devisant, riant, gabant; mais étonnés de tant cheminer sans aventures. Enfin, à la descente d'un tertre, dans une grande plaine limitée par une forêt, leurs yeux s'arrêtent sur un grand pin qui couvrait de son ombrage une fontaine. Bientôt ils voient accourir au galop un écuyer portant sur son épaule une liasse de lances. Arrivé devant la fontaine, l'écuyer descend, délie le faisceau et dresse les lances autour du pin; il ôte de son cou un écu noir goutté d'argent, et le suspend par la guiche (1) à l'une des branches. Cela fait, et sans descendre de cheval, l'écuyer pique des deux, et rentre dans la forêt d'où il venait de sortir.

De la même forêt, mais par une autre voie arrive presque aussitôt un chevalier entièrement armé qui regarde les lances rangées autour du pin, s'arrête, délace son heaume et descend : quand il voit l'écu suspendu aux branches, il gémit, soupire et verse des larmes. Un moment après, il semble consolé, relève gaiement la tête et donne les signes d'un vif contentement.

« En vérité, dit le sénéchal, si ce chevalier « n'est pas fou, je ne crois pas qu'il y en ait au « monde. — La chose est étrange en effet, dit « messire Gauvain; comment deviner ce que « cela signifie? — Rien de plus facile, répond « Keu; je vais aller le demander. Si le chevalier « refuse de parler, je saurai bien le mettre à « raison. — L'amende, s'écrie Sagremor, est de « mon droit; c'est moi qui dois ordinairement

(1) La *guiche* était ce que nous appelons aujourd'hui assez improprement *baudrier :* ce dernier mot est dérivé de *baudré* qui répondait à *ceinture ; baudrier* serait donc proprement le *ceinturon*.

« sortir le premier des rangs, et de là mon « surnom de Desréé (1). — Sagremor a le droit « pour lui, » disent en riant les autres.

Keu cède en murmurant, et Sagremor arrive devant la fontaine : « Beau sire, dit-il, quatre che- « valiers arrêtés à l'entrée de la plaine désirent « savoir qui vous êtes, et pourquoi vous passez « ainsi du deuil à la joie. — Beau sire, répond « l'autre sans le regarder, vos quatre chevaliers

(1) « Par mon chief vous n'irés pas, mès je irai ; car « vous savez bien que li derroi de la maison le roi Artus « sont mien, et por ce ai-je nom *Desréé.* » (Msc. 1430, f° 75, v°.) C'était un surnom que Sagremor avait mérité, parce que, dans les grandes assemblées ou dans les tournois, il sortait le premier des rangs, et ne réglait jamais ses mouvements sur ceux des autres. Le sens de *desréé* est justifié par un passage de la partie inédite du livre d'Artus : « Lors commence à approcher li conroi « li uns à l'autre. Et Sagremor *desrenge* tout premiers « à l'Amirant Monys, un Saisne orgueilleux. Et quant « si compaignon le voient aler, si dient : C'est Sagremor « li *desréés,* bien est drois qu'il ait la première jouste. » (Msc. 337, f° 144, v°.) — Le nom, voit-on dans le même livre d'Artus, lui avait été donné au retour de la dernière bataille livrée aux Saisnes. Après s'être trop avancé dans les rangs ennemis il avait été abattu et eût été retenu prisonnier, si Gauvain n'était venu le délivrer. La vieille reine de Vendebiere avait alors dit : « Il ne pourra longuement vivre ; jamais chevalier n'a « mieux mérité le nom de *desréé.* » Depuis ce temps on ne l'avait plus appelé autrement, et il ne le trouvait pas mauvais.

« n'ont rien à voir dans ce que je fais : je ne « demande pas leur compagnie. — Cela ne peut « passer ainsi. — Comment donc cela passera-t-il? « Entendez-vous m'obliger à dire ce qui ne vous « touche en rien? — Oui ; vous parlerez, ou vous « vous défendrez. »

L'inconnu lace aussitôt son heaume, remplace l'écu blanc au noir quartier qu'il portait, par celui qui était suspendu à l'arbre, non sans gémir et sans verser de nouvelles larmes : il empoigne la plus forte des lances que le valet avait apportées et attend Sagremor. Celui-ci rompt son glaive sur l'écu noir goutté d'argent, mais dès la première atteinte il est jeté des arçons. En même temps l'inconnu saisit le frein, frappe rudement le cheval, et le fait galoper à vide du côté de la forêt.

Rien ne se peut comparer au dépit, à la confusion de Sagremor. Keu, charmé de sa mésaventure, dit en riant à messire Gauvain : « Ne « pensez-vous pas que Sagremor aurait pu ne « pas tant se presser? » A son tour il broche des éperons, et raille encore en passant le pauvre Desréé : « Vous avez votre droit, Sagremor : « êtes-vous content ? »

Mais il allait être payé de la même monnaie. Le chevalier du Pin, qu'il interrogea et défia de même, répondit en lui faisant mesurer la terre, et en chassant son cheval du côté de la forêt.

Giflet, messire Yvain veulent venger leurs compagnons : ils sont comme eux abattus, et privés de leurs chevaux. Messire Gauvain, tout en admirant la prouesse du chevalier du Pin, ne vit pas sans un violent chagrin la mésaventure de ses amis. « A Dieu ne plaise, dit-il, que « je ne les venge ou ne partage leur sort! » Il empoignait un glaive et allait brocher des éperons, quand il voit sortir de la forêt un gros nain bossu, monté sur un énorme cheval à selle dorée : il portait sur l'épaule une forte gaule (1) de chêne nouvellement coupée : « Attendez, sire, dit Giflet à messire Gauvain, voyons ce qui va arriver. » Le nain s'arrête devant la fontaine, se dresse sur la selle et, de la gaule qu'il tient à deux mains, frappe à coups redoublés le chevalier, qui reprend avec le nain le chemin de la forêt, sans essayer de résister.

« Je n'ai rien vu dans ma vie d'aussi étrange, « dit messire Gauvain. Jamais tel prud'homme « ne fut maltraité par une si vile pièce de chair. « Je veux savoir quel est ce chevalier. — Avant « tout, fait le sénéchal, veuillez, messire Gau« vain, penser à nos chevaux et nous les ren« voyer si vous les rejoignez; autrement nous « sommes condamnés à rester ici. » Gauvain fait un signe de consentement, détache un des freins

(1) Un bleteron, mss. 776, f° 116; et 1430, f° 76.

que le chevalier du Pin avait jetés sur les branches après avoir chassé les chevaux, et broche vers la forêt. Il rejoignit bientôt le cheval d'Yvain qu'il remit sur la trace de son maître en laissant aux deux autres chevaliers le soin de retrouver les leurs.

Il reconnut les *éclos* (1) du chevalier et du nain : mais la nuit vint, il cessa de les voir, descendit et s'endormit au pied d'un chêne. Le lendemain, au sortir du bois, il trouve dans une prairie belle et riante un riche pavillon tendu. Il approche de l'entrée, et sans descendre avance la tête : une belle demoiselle était à demi couchée sur un lit somptueux; sa pucelle passait un peigne d'ivoire incrusté d'or dans ses longs cheveux blonds qui flottaient sur ses épaules (2) ; une autre pucelle lui présentait d'une main un miroir, de l'autre un chapelet de fleurs. Gauvain lui souhaita le bonjour. « Dieu, répond-elle, vous le « donne également, si vous n'êtes de ces mau« vais garçons qui ont laissé battre le bon che-

(1) Traces marquées par les fers de chevaux. Le mot est à regretter ; Rabelais l'a souvent employé.

(2) Dans la partie inédite du livre d'*Artus*, cette demoiselle qu'on peigne est parente de Giromelan, et se tient dans une tour où la foule assiége messire Gauvain et la demoiselle à la Harpe. On l'y voit railler également messire Gauvain, mais pour avoir tenu dans ses bras, une nuit entière, la belle Helais, sans lui rien faire.

« valier! — Demoiselle, que je sois ou non de « ceux-là, veuillez me dire quel est ce bon che« valier, et pourquoi il se laissait frapper par « un vilain nain. — Taisez-vous! vous êtes, je « le vois, de ceux que j'ai dit. Dieu vous envoie « honte! » Et comme elle achevait ces mots, messire Gauvain sentit son cheval bondir sous lui, et tomber sans vie. Il regarde et voit le nain qui avait enfoncé dans les flancs de l'animal une longue épée. Outré de colère, messire Gauvain se débarrasse, saisit le nain, le frappe du poing, le soulève et l'attache avec son licou à l'une des colonnes du pavillon : « Ah! criait le monstre, « ma mère me l'avait bien dit. — Qu'avait-elle « dit, ta mère? — Que je serais tué par une mé« chante merde, la plus puante du monde. — « C'est fort bien; tu es mort en effet, si tu ne « dis quel est ce chevalier qui pleurait et riait, « et qui s'est laissé battre par toi. — Je le dirai, « si tu promets de combattre contre un meil« leur que lui, et qui aura pour lui le droit. » Gauvain réfléchit un instant, il sentait le danger de soutenir une mauvaise cause; mais il désirait tant de faire parler le nain qu'il promit ce qu'on lui demandait.

Le nain alors : « Ce chevalier se nomme Hec« tor, et sa prouesse est déjà bien éprouvée. « Laissez votre miroir, pucelle, et allez le qué« rir. » La pucelle obéit, lève un pan de la tente, descend dans une grotte et reparaît bientôt tenant par la main un chevalier en cotte d'armes, jeune, blond et de bonne grâce; bien qu'il eût le visage camoussé par les mailles du haubert qui avaient plié sous le bâton du nain. « Voilà « celui que tu as vu combattre à la fontaine, dit « le nain ; et la demoiselle ici couchée est ma « nièce, fille unique d'un riche homme, vassal « de ma dame de Roestoc. Durant la guerre que « soutient ma dame, ce mien frère reçut une « blessure mortelle. Avant de rendre l'âme, il « me fit approcher et me donna la garde de sa « fille unique et la disposition de son héri« tage (1). Or ma nièce s'est éprise de ce cheva« lier qui, de son côté, n'aime rien autant qu'elle. « Comme je ne voulais pas sitôt remettre à ma « nièce l'héritage paternel, dès que je m'aper« çus de leur amour, je déclarai que s'ils vou« laient un jour être l'un à l'autre, ils devaient « attendre qu'il me plût de les unir ; et qu'au« trement, ma nièce n'entrerait jamais en pos« session des domaines dont j'avais la garde. Le

(1) Cela était raconté un peu différemment dans l'Artus inédit. Hélie, le mari de la dame de Roestoc, mortellement frappé dans une bataille contre les Saisnes, est ramené dans son château; avant d'expirer, il recommande à sa belle, sage et jeune femme, une nièce qui avait, dans la personne du nain Monabonagrin, un second oncle.

« baron qui poursuit ma dame de Roestoc est un « chevalier voisin, nommé Segurade, auquel, « jusqu'à présent, personne n'a pu faire rendre « les armes. Il a demandé la main de ma dame, « qui, ne le trouvant ni assez jeune, ni assez haut « homme, l'a toujours refusé. Pour contraindre « sa volonté, il a commencé contre elle une « guerre cruelle, avec l'aide non pas tant de sa « parenté que des jeunes chevaliers attirés par « son renom de prouesse et de largesse. Il a « donc brûlé, ravagé ses terres, et les gens du « pays, désolés de ces courses continuelles, sont « allés trouver Madame et l'ont menacée de « l'abandonner, si elle refusait de s'accommoder. « Madame de Roestoc, d'après le conseil de son « parent le plus âgé, a donc enfin promis d'é-« pouser dans un an Segurade, s'il continuait à « outrer tous les chevaliers qui se présenteraient « pour disputer sa main. Segurade, plein de con-« fiance dans sa prouesse, a consenti ce délai « d'une année; cependant, il a soin de faire « garder tous les passages qui conduisent à la « terre de Roestoc, pour arrêter les chevaliers « qui viendraient tenter de lui disputer Ma-« dame.

« D'un autre côté, ma nièce et ce chevalier « étaient impatients du retard que je mettais à « leur union. Je voulais au moins attendre le « terme consenti par Segurade, pour savoir au

« juste si je deviendrais son homme lige; mais « Hector eût donné un de ses yeux pour se me- « surer avec lui, et ma nièce, qu'effrayait les « grands récits de la prouesse de Segurade, avait « défendu à son ami de le défier, sans son exprès « congé. Elle fit même ouvrer un écu noir « goutté d'argent, qu'elle se réserva de garder, « en lui recommandant de ne répondre à aucun « défi avec un autre écu que celui-ci, lequel « signifie douleur et larmes. Hector, de son « côté, avait trop de confiance en sa prouesse, « pour ne pas espérer de vaincre Segurade, s'il « pouvait se rencontrer avec lui. Comme il était « dans ces pensées, il lui arriva de songer qu'il « était venu tout armé au pin de la fontaine « où je le trouvai ce matin : que là devait se « rendre Segurade, après y avoir convoqué une « grande assemblée. Il en était ravi de joie, mais « quand en levant les yeux vers les branches « de l'arbre, il apercevait une nuée semée de « petites étoiles sans clarté, il en ressentait une « grande tristesse : et, cependant, il emportait « le prix de l'assemblée. Hector alla raconter ce « qu'il avait rêvé à son amie; elle lui soutint « que tout songe était mensonge, et que le vain- « queur de Segurade n'était pas encore né. — « Cela, pensa-t-il, j'espère le savoir bientôt. Il se « leva donc le lendemain au point du jour, comme « j'étais déjà au moutier; car tu sauras que je

« n'ai pas manqué la messe une seule fois dans « ma vie. Il prit ses armes et les fit porter du « château où nous étions à la fontaine du Pin, « sans m'en prévenir. Mais ma nièce l'avait vu « sortir ; elle accourut au moutier, et m'indiqua « l'endroit où il ne devait pas manquer de se « rendre, en mémoire de son rêve. Moi, ne vou- « lant pas perdre ma messe, je fis avertir un de « mes écuyers de monter mon meilleur coureur, « et d'aller poser autour du pin un faisceau de « lances, et sur une branche l'écu noir goutté « d'argent. Car je prévoyais, qu'en voyant les « lances et l'écu, Hector n'irait pas chercher plus « loin Segurade, et qu'il se contenterait de l'at- « tendre. L'écuyer arriva le premier, et quand « Hector passa avec l'intention d'aller trouver « Segurade, il remarqua le faisceau de lances de « son rêve, et s'arrêta, persuadé que là devait « avoir lieu l'assemblée qu'il attendait. Puis, en « jetant les yeux sur l'écu goutté d'argent, il « crut voir l'accomplissement du présage si- « nistre de la nue semée d'étoiles sans éclat, « et il pleura d'avoir, en allant combattre Se- « gurade, provoqué le courroux de son amie. « Mais la victoire que la vision lui avait pro- « mise lui rendait l'espérance et sa première « gaieté. Pour moi, dès que j'eus entendu la « messe, je montai et j'arrivai à la fontaine où, « l'ayant retrouvé, je l'ai châtié, battu, ramené

« comme tu as vu. Il n'avait garde de résister, « car il sait que je puis décider de son malheur « ou de sa joie.

« Voilà, je pense, continua le nain, ce que « tu désirais savoir. Maintenant, tu as promis « de combattre un chevalier plus fort que lui, « c'est-à-dire Segurade, qui a le droit pour lui, « puisqu'il ne fait que répondre au défi de che- « valiers qui n'ont rien à lui reprocher. Mais « je n'ai pas la moindre confiance dans ta « prouesse; et je te crois plutôt le dernier et « le plus vil des hommes. »

Messire Gauvain le laissa dire et le détacha du poteau, tout en ayant grand regret de son cheval. Un valet vint avertir que le souper était prêt : le nain se mit à table et fit signe à messire Gauvain de prendre place à son côté. Les nappes ôtées, et comme on allait se lever, une pucelle descendit de son palefroi à l'entrée du pavillon, et vint présenter des lettres au nain.

« En vérité, » dit-il après avoir brisé la cire et lu, « les femmes sont étranges. Ma dame ne « m'ordonne-t-elle pas de courir sans délai à la « recherche du roi Artus, et de lui amener mes- « sire Gauvain pour champion! Que j'aie le « temps d'aller et venir, peu lui importe : que je « trouve messire Gauvain qui ne vient pas dans « l'année trois fois en cour, elle n'en fait pas le « moindre doute. Par mon Dieu ! au lieu de cou-

« rir inutilement, je vais lui conduire ce cheva-
« lier, tout vil et méprisable qu'il soit. »

Gauvain souriait, Hector souffrait pour lui. On apporte les armes, la demoiselle et les pucelles en revêtent nos deux chevaliers. « Vous « espérez apparemment séjourner, dit le nain à « Gauvain, pour défaut de cheval; mais je vous « en donnerai un meilleur que le vôtre. » Le cheval arrive, gros, fort et bien taillé. Tous montent; Gauvain, Hector, le nain, la demoiselle et ses pucelles; trois écuyers portent les écus et une liasse de lances.

Le château de Roestoc où ils se rendaient était éloigné de plusieurs journées. En passant un cours d'eau, ils voient avancer vers eux deux chevaliers armés et trois sergents portant haubergeon, hache et épée. « Voilà les gens de Se« gurade, dit le nain; ils gardent les marches de « la terre de Madame. Défendez-nous, Hector : « car, pour ce mauvais chevalier, il vaudrait bien « autant qu'une chambrière. » Hector obtient l'agrément de son amie, prend de ses mains l'écu, saisit un glaive et attend au passage d'une haie les chevaliers de Segurade. Le combat ne fut pas long : le premier fut lancé rudement à terre; les autres, voyant Hector mettre la main à l'épée, prirent ensemble la fuite.

« Hector, dit alors le nain, vous êtes un prud'« homme. Et que serions-nous devenus si nous

« n'avions eu que ce vil chevalier pour nous « défendre ! » Plus loin, devant une chaussée levée entre un marais et un plessis ou parc fermé de murs, le nain, qui chevauchait en avant, distingue trois chevaliers et trois sergents. « Voilà, « dit-il, encore des hommes de Segurade : Hector, « je vous en prie, défendez-nous. » Hector reprend son écu, son glaive, va au-devant des chevaliers et renverse le premier; les deux autres saisissent les rênes de son cheval, et les sergents le frappent à coups redoublés. D'un revers d'épée, Hector fait tomber la main qui retenait le frein, et fend la tête du troisième. Les sergents épouvantés reculent, et, quand il les a poursuivis assez loin, il s'arrête attendant ses compagnons, détache son écu, lève son heaume pour s'éventer, et reçoit de nouveau les félicitations du nain.

Ils croisèrent encore, un peu plus avant, un chevalier accompagné de trente sergents, armés, comme les vilains, d'haubergeons, de lances et d'épées. Hector ne soutint pas leur premier choc; il tomba, mais, bientôt relevé, il parvint à blesser le chevalier en se débarrassant de toute cette piétaille, à la grande satisfaction de Gauvain qui avait arrêté son cheval, et le lui présenta quand il voulut remonter. « Maudite « l'heure, dit le nain, où naquit ce mauvais che- « valier ! Est-ce en tenant les chevaux, dans vo- « tre pays, qu'on acquiert honneur et louange ?

« — Sire, au nom du ciel, dit Hector à Gauvain, « ne lui répondez pas. »

Comme ils approchaient de Roestoc, et qu'ils dînaient auprès d'une belle fontaine, le nain appelle la pucelle qui lui avait apporté les lettres, et l'avertit d'aller prévenir la dame de Roestoc de leur prochaine arrivée. « Vous la prierez aussi « de venir au-devant de nous, pour obtenir de « ma nièce qu'elle laisse Hector combattre Se« gurade; car Madame n'aurait qu'une piteuse « assistance du champion que je lui amène. »

La pucelle obéit, et la dame de Roestoc arriva sur un palefroi amblant, accompagnée de son sénéchal et de nombreux chevaliers. Grohadain le nain après l'avoir saluée dit : « Ma dame, j'ai « honte de n'avoir pas mieux trouvé que ce che« valier. — Il n'y a pas grand mal, répond la « dame, si votre belle nièce veut bien, pour « l'amour de moi, permettre à son ami le preux « Hector de prendre en main ma défense. — « Pour cela, Madame, répond la nièce, ne l'es« pérez pas ; ce serait envoyer mon ami à la mort, « et j'aimerais mieux renier Dieu. — Ainsi, reprit « la dame, me voilà chétive et délaissée ! — Oh ! « Madame, dit le bon sénéchal, ne désespérez pas. « Le champion qui consent à vous défendre est « de haute mine, et s'il n'était prud'homme il ne « vous offrirait pas de jouter contre Segurade. « Pensez à le remercier. »

La dame essuya ses larmes, et s'avançant vers messire Gauvain : « Chevalier, soyez le bien-« venu ! — Et à vous, Madame, Dieu donne bonne « aventure (1) ! — Grand merci ! Avez-vous « l'espoir de vaincre Segurade ? — Cela, je ne « puis le dire. — Vous ne pouvez ? Que je suis « malheureuse ! — Eh Dieu ! Madame, fait le « sénéchal, qu'avez-vous encore ? — Ce chevalier « ne peut me promettre de vaincre Segurade. « — Il parle sagement : comment pourrait-il « compter sur ce qui est en la main de Dieu ? »

Devisant ainsi, ils arrivent à Roestoc. On désarme messire Gauvain et Hector ; on les introduit dans une salle fraîchement jonchée. Plus Hector regarde son compagnon, plus il est frappé de sa haute mine et de sa noble tenue ; mais il craindrait de faire acte de vilenie s'il lui demandait son nom.

Les tables sont dressées et le manger servi. Comme ils étaient assis, arrive un écuyer qui sans descendre de cheval approche assez près de la salle pour être entendu : « Dame, dit-il, « Monseigneur apprend que vous avez trouvé « champion. Il est prêt à le combattre, et lui ac-« corde trois jours pour dernier délai. » Le sénéchal répond : « Vous direz à votre seigneur que « notre chevalier, quoique fatigué du voyage, sera

(1) Nous dirions aujourd'hui : « Bonne chance ! »

« prêt au terme indiqué. — Comment ! fait l'é« cuyer, votre champion est las pour si peu ! Mon« seigneur Segurade ne le serait pas, après avoir « mis à merci deux, trois ou quatre de vos meil« leurs champions. — Dites ce qu'il vous plaira : « tel demande aujourd'hui la bataille qui pourra « bien regretter de l'avoir désirée. »

L'écuyer s'éloigne, on se remet au manger. Quand les tables sont levées, messire Gauvain voit dix lances réunies au bout de la salle. Il prend le bois le plus fort, en essuie le fer, en rogne le bois d'un grand pied. Il fait ensuite la revue de ses armes; l'écu, la guiche et la courroie étaient en bon état. Plus le sénéchal le suit des yeux, et plus sa confiance augmente dans le nouveau chevalier.

Messire Gauvain, le troisième jour, se rendit de grand matin au moutier, avant le service de Notre-Seigneur. La dame de Roestoc arriva avec le sénéchal un peu plus tard. Elle vit son chevalier pieusement agenouillé devant le crucifix, et sa contenance lui parut digne et belle. « Ma« dame, lui dit le sénéchal, nous ne savons quel « est votre défenseur; mais je le tiens à prud'« homme; vous feriez que sage de lui offrir de « vos drueries (1), souvent une telle avance fait

(1) Ce joli mot, dérivé de *dru*, ami, répond à gage de fidèle affection ou d'amour; le mot actuel *joyau*, n'en serait pas l'équivalent.

« merveille sur les grands cœurs. » La dame charge une pucelle de lui apporter son écrin. Elle en tire une courroie à rainures d'or (1), un fermail ciselé en or d'Arabic incrusté d'émeraudes et de saphirs : puis, attendant Gauvain à la porte du moutier : « Dieu, lui dit-elle, vous « donne le bonjour (2) ! — Et à vous, dame, tous « les jours de votre vie ! Quant à celui-ci, nous y « avons égal intérêt. — Ah ! sire, je ne pourrai « jamais faire autant pour vous que vous allez « faire pour moi. Veuillez au moins prendre de « mes drueries et les porter pour l'amour de celle « qui veut être dès ce moment à toujours votre « amie. » Gauvain prend la courroie et l'attache ; il passe le fermail à son cou : « Dame, « faites meilleure chair : vous n'épouserez pas « Segurade. — Ah ! » dit en ricanant le nain qui les écoutait, « ce mauvais chevalier est assuré- « ment fou ou pris de vin. »

Hector et le sénéchal armèrent eux-mêmes messire Gauvain, à l'exception des mains et de la tête ; une chape à pluie (3) fut jetée sur son haubert. On lui amène un palefroi ; il monte et les valets qui l'accompagnent portent, l'un son écu, l'autre son glaive, un troisième conduit en

(1) « A membres d'or. »

(2) Nous disons aujourd'hui, sans doute pour abréger : « *Je* vous donne le bonjour ! »

(3) Apparemment une sorte de toile cirée.

laisse le cheval de combat. La dame était déjà hors de la ville, entourée, pressée par la foule qui voulait suivre les deux combattants d'aussi près que possible. « Ma dame, » lui disait assez bas le sénéchal, « nous avons été peu courtois, « en ne priant pas votre chevalier de nous ap« prendre son nom. — Vous dites vrai ; et je vais « le lui demander avant qu'il ne lace le heaume. » Messire Gauvain devina leur intention : il vint à eux avant de toucher à la borne qui marquait la place du combat, et pria la dame de lui accorder un don qui ne lui coûterait rien. « Quand il « m'en coûterait tout au monde, je vous l'accor« derais. — Eh bien ! dame, veuillez ne pas vous « enquérir de mon nom, d'ici à quelques jours. « — Hélas ! c'est là justement ce que j'allais « faire ; mais, puisque vous le voulez, je m'en « défendrai. »

Alors trois hommes parurent : deux étaient couverts d'une chape à pluie, le troisième était entièrement armé, la ventaille abattue, les gantelets détachés, la cotte d'armes bandée d'or et d'azur. Il était grand et bien formé, les jambes longues et droites, les flancs grêles, les épaules larges, les poings carrés, la tête grosse et les cheveux noirs entremêlés de gris. C'était Segurade : il fendit la foule, s'approcha de la dame de Roestoc, et d'une voix haute : « Dame, nous « sommes au dernier terme, et je pense que

« vous tiendrez vos conventions dès que j'en « aurai fini avec votre champion. » La dame émue garde le silence; mais Gauvain : « Beau « sire, dit-il, nous aurions besoin d'entendre de « votre bouche quelles sont ces conventions. — « Madame, reprend Segurade, les connaît, cela « doit suffire. — Non; ceux qui tiennent le parti « de Madame n'en sont pas informés; et il y « aurait peu de courtoisie à refuser ce qu'ils « demandent. — Chevalier, répond Segurade, « je ne suis pas en jugement de cour, je dis et « fais ce qu'il me plaît. — Ah! Segurade, si vous « obtenez de force une des plus belles et des « plus hautes dames du monde, vous aurez « trouvé bonne aventure : j'en sais de mon « pays plus d'un qui pourrait bien vous la dis- « puter. — Qu'ils viennent donc, je les défie; « eussent-ils avec eux Gauvain, le fils du roi « Loth. » Messire Gauvain ne relève pas ces paroles; il laisse Segurade, et va rejoindre le groupe de ses amis.

Un moment après, la dame de Roestoc s'éloigne et va attendre à quelque distance avec les autres dames (1). Gauvain attache ses gantelets et relève sa ventaille. Hector lui lace le heaume, et le sénéchal lui présente le cheval de combat.

(1) On voit pour la seconde fois que les dames n'assistaient pas encore aux combats judiciaires, sur les échafauds dressés devant les combattants.

Quand il est monté, Hector lui tend l'écu, le sénéchal la lance. Il passe dans l'enceinte fermée; Segurade y entre de l'autre côté. Alors, ils se mesurent des yeux, prennent du champ et se rapprochent; l'écu serré sur la poitrine, et lance sur feutre (1). Les chevaux sont lancés; les glaives éclatent dès le premier choc. Gauvain et Segurade reviennent l'un sur l'autre, s'étreignent et tombent ensemble si lourdement, qu'en les voyant immobiles on les eût crus mortellement atteints. Segurade se dégage, se redresse, met la main à l'épée, passe son bras dans les enarmes (2) de son écu, et revient sur Gauvain au moment où il se relevait. Ce fut alors un échange de coups d'estoc et de taille. Ils fendent, écartèlent et découpent leurs écus; ils faussent les heaumes, et font pénétrer la pointe de l'acier dans les hauberts. Telle est la sûreté de l'attaque, la vigueur de la défense, qu'on ne sait à qui des deux donner l'avantage. Enfin, cédant à la même fatigue, ils laissent

(1) Le feutre était une forte pièce de cuir fixé au côté gauche, où venait poser l'extrémité du bois de lance.

(2) Il faut distinguer l'*enarme* ou les *enarmes* de la guiche. L'enarme était la bande de cuir ou le rouleau de bois cloué au revers de l'écu, pour permettre d'y passer le bras. Il semble avoir la même origine que les *arms* (bras) des Anglais.

tomber leurs bras, et semblent garder à peine la force de retenir leurs écus. Ce temps d'arrêt fut court; tels que deux lions furieux, ils reviennent l'un sur l'autre, et rassemblent dans un dernier effort tout ce qui leur reste de vigueur. Aux approches de midi, messire Gauvain se contente de la défensive; l'ardeur de Segurade s'en accroît. Il était, on le sait, dans la destinée de Gauvain de n'avoir plus aux approches de midi que la valeur d'un guerrier ordinaire: mais une fois le soleil au milieu de sa course, il se ranimait et déployait la vigueur de deux hommes. Segurade s'en aperçut bientôt : comme il pensait l'avoir outré, le voilà qui reçoit des coups terribles, et se voit, à son tour, rudement mené. Ce n'est plus un homme, c'est un démon auquel il croit avoir affaire : il se garde, il se dérobe; c'en est fait, l'invincible sera vaincu; adieu sa renommée, adieu la conquête de la dame qu'il aime. Le sang perdu, les blessures ouvertes, le soleil ardent tombant à plomb sur son heaume décerclé, tout rend sa défaite inévitable. Il recule, il se roule, il se dérobe; efforts inutiles, un coup suprême le fait tomber sur les mains, et quand il essaye de se relever, Gauvain lui pose un genou sur la poitrine, délace son heaume et du pommeau de son épée le frappe au front, au visage. « Merci! « crie-t-il. — Avouez donc que vous êtes conquis

« et outré. — Merci, gentil chevalier! mais ne « m'obligez pas à dire le mot honteux. — C'est à « votre dame à décider. » On va dire à la dame de Roestoc que son chevalier a vaincu; elle arrive transportée de joie, tombe aux pieds de Gauvain, baise les mailles de ses chausses, l'or de ses éperons. « Madame, que voulez-vous de ce « chevalier? — Sire, il n'est pas à moi, mais à « vous; faites-en votre plaisir. — Non, dame, « je suis votre champion, j'ai défendu votre « droit; vous seule êtes la maîtresse. Je vous « dirai seulement que Segurade, un des meil- « leurs chevaliers du monde, vous crie merci. « — Cher sire, dit la dame, ce que vous ferez « sera bien fait. » Gauvain alors le releva et Segurade se reconnut vassal de la dame de Roestoc.

Hector et le sénéchal le conduisent au château où la dame de Roestoc les avait précédés, oubliant messire Gauvain qui demeura presque seul en place. Un jeune valet du pays avait arrêté et retenu son cheval, au moment où les deux champions vidaient du même coup les arçons. Quand il le lui ramena, messire Gauvain s'aperçut qu'on l'avait laissé seul, et que la dame de Roestoc s'était éloignée sans le remercier. Il prit le chemin de la forêt. Le jeune valet croit devoir l'avertir que Roestoc est du côté opposé. — « Je « le sais, frère; mais j'ai affaire au bois, je

« reviendrai bientôt. » Le valet resta quelque temps à l'attendre, puis, ne le voyant pas revenir, il suivit les éclos de son cheval et le rejoignit, comme il avait le genou posé sur un chevalier désarçonné qu'on entendait crier merci. « Je vous l'accorde à une condition, disait messire « Gauvain. Vous irez tenir la prison de la dame « de Roestoc. » Le chevalier se releva et tourna vers le château ; il y arriva comme la dame demandait où était passé le vainqueur de Segurade. « Madame, dit le chevalier de la forêt, je « suis le neveu de Segurade, et je viens me « mettre en votre prison, comme l'a ordonné « celui qui a combattu pour vous. Dans l'espoir « de venger mon oncle, j'avais suivi les traces de « votre chevalier, et pour mon malheur je l'ai « rejoint, j'ai rompu ma lance sur son écu ; lui, « sans daigner tirer l'épée, me saisit au corps, « m'arracha le heaume de la tête, et me laissa la « vie à la condition que je me rendrais votre « prisonnier. »

« Hélas ! dit la dame en pleurant, malheur « à moi d'avoir laissé partir sans lui rendre « grâces le plus preux des chevaliers ! » Hector et le sénéchal, également désolés de l'avoir perdu de vue, montèrent, dans l'espoir de le rejoindre et de le ramener à Roestoc. Mais après avoir battu la forêt dans tous les sens, ils revinrent sans l'avoir retrouvé. Nous les laisserons à Roestoc pour nous attacher aux pas de messire Gauvain.

XL.

Le valet qui, de son côté, avait suivi messire Gauvain et qui avait pu voir comment avait été reçu le neveu de Segurade, s'avança jusqu'à lui : « Sire, lui dit-il, Dieu vous donne cette nuit bon « gîte ! vous l'avez assurément mérité. Je suis le « valet qui gardai votre cheval : ma maison n'est « pas très-éloignée ; s'il vous plaisait y séjourner, « vous y trouveriez qui prendrait soin de vos « plaies, vous y seriez hébergé du mieux qu'il « nous serait possible. — Ami, répond messire « Gauvain, je vous remercie ; mais la nuit n'est « pas encore venue, et je puis mettre à profit le « reste de la journée. Mes plaies ne sont pas dan-« gereuses, mon cheval est encore en état de me « porter. — Sire, Taningue, ma maison, est assez « loin ; vous y arriveriez à la nuit serrée, et ce « serait à moi grand honneur d'y recevoir un « aussi vaillant prud'homme. »

Gauvain céda aux instances du valet et se laisse conduire dans une maison forte, construite sur la rivière de Saverne. En arrivant, le valet demande à le désarmer, et lui présente une robe vermeille fourrée. Il avait une sœur belle et sage, qui savait guérir les plaies. La pucelle examina les blessures de messire Gauvain, les couvrit d'un onguent dont elle avait la recette, et qui devait en tempérer le feu. Après souper, le valet dit à messire Gauvain : « Sire, je vous prie de me « donner un conseil : je suis fort, riche et dési- « reux de prouesse ; chacun me blâme de ne pas « encore être chevalier, et la dame de Roestoc, dont « ma terre dépend, m'en fait surtout de grands « reproches. Or, vous saurez qu'il y a douze ans, « je crus voir approcher de mon lit un grand et « beau chevalier : il me tirait par le nez et je lui « disais : Ah ! sire, ce n'est pas à vous grand « honneur de vous en prendre à un enfant. — « Ne vous souciez, répondait-il, je réparerai cela « plus tard en vous armant chevalier. Je suis « Gauvain, le neveu du roi Artus.

« En m'éveillant, j'allai dire à ma mère ce que « j'avais songé. Elle en fut ravie, et me fit pro- « mettre de ne recevoir mon adoubement que « de la main de monseigneur Gauvain. Je suis « allé depuis ce temps à la cour du roi Artus plus « de cinq fois, espérant y trouver son neveu ; j'y « étais encore il y a trois jours ; j'appris qu'il « avait entrepris la quête d'un merveilleux che- « valier. Et ma dame de Roestoc, m'ayant averti « qu'elle ne voulait plus attendre plus long- « temps ma chevalerie, je vous prie, sire, de « consentir à m'adouber : je ne pourrais l'être « assurément par un plus prud'homme.

— « Je ne voudrais pas vous refuser, répond « messire Gauvain ; mais vous êtes un riche ba-« ron, et je ne puis vous armer en ce moment « comme il conviendrait : je n'ai le temps ni « l'adoubement nécessaires. — Oh ! sire, il n'est « pour cela besoin de grande compagnie. J'ai « bien ce qu'il faut ici, la chapelle, le chapelain, « les robes et les armes. — Préparez-vous donc « pour demain matin ; je ne puis faire plus long « séjour. »

Le valet se rendit aussitôt à la chapelle et commença la veille : messire Gauvain alla reposer, la sage demoiselle se tenant près de son lit jusqu'au moment où il s'endormit. Au matin, il n'eut plus aucun ressentiment de ses blessures ; il se leva, alla entendre la messe, puis ceignit l'épée au valet et lui attacha l'éperon dextre. Le nouveau chevalier avait nom Helain de Taningue. Plus tard, il fut surnommé *le hardi*, à l'occasion d'une aventure qu'il mit à fin devant le roi Artus.

Messire Gauvain lui demanda congé. Helain, avant de le recommander à Dieu, lui dit : « Sire, « vous m'avez fait chevalier, et je ne sais à qui « je dois cet honneur : je n'insisterai pas, si « votre volonté est de ne pas le dire, mais j'au-« rais grand regret de ne pouvoir nommer à « ma dame de Roestoc le prud'homme qui m'aura « donné l'adoubement. — Je vous dirai mon

« nom volontiers, beau sire, à la condition de « n'en parler, vous ni votre sœur, avant trois « jours. Quand on vous demandera qui vous a « fait chevalier, vous répondrez que c'est le ne- « veu du roi Artus, celui qu'on nomme messire « Gauvain. — Ah! Dieu soit béni! s'écria Helain « transporté de joie. Voilà mon songe accompli : « et comment ne deviendrai-je pas prud'homme, « armé de la main du meilleur chevalier du « siècle! Sire, je vous prierais inutilement de « séjourner; mais, comme chevalier nouvel, je « vous réclame un don. — Je l'accorde d'avance. « — Veuillez échanger les armes que vous avez « revêtues à Roestoc contre les miennes. » Gauvain consentit à quitter ses armes et revêtit celles qu'Helain lui présenta. Le haubert était d'un riche travail : le heaume de bonne et forte trempe; mais Helain garda l'écu blanc, tel que devait le porter les nouveaux chevaliers. De son côté, messire Gauvain offrit à la sœur d'Helain la ceinture et le fermail qu'il avait reçus quelques jours auparavant. « Demoiselle, dit-il, voilà ce « que la dame de Roestoc me donna de bonne « amitié; et ce que de bonne amitié je vous « donne, comme à celle dont je serai toute ma « vie le chevalier. » Cela dit, il demanda son cheval et prit congé de la sage demoiselle, convoyé par Helain jusqu'à l'autre rive de la Saverne. En cet endroit, Gauvain demanda quel était le plus court chemin pour gagner le Sorelois. — « Sire, dit Helain, je pense que vous de-« vez traverser le royaume de Norgalles. » En ce temps-là, on ne connaissait guère les terres étrangères que par le récit des chevaliers errants, qui passaient d'un pays à un autre. Encore étaient-ils souvent mal informés des grandes voies, parce qu'ils aimaient à chevaucher par monts et par vaux, pour avoir plus de chances d'aventures.

Helain, quand il eut regagné Taningue, se hâta d'inviter ses amis à partager la joie de sa nouvelle chevalerie; et le troisième jour, il se rendit à Roestoc; mais il n'y trouva plus la dame : elle était partie depuis deux jours pour Kamalot, où nous l'accompagnerons dans son voyage, mais quand nous aurons suivi messire Gauvain dans sa quête de Lancelot.

XLI.

En quittant Helain de Taningue, il avait chevauché tout un jour sans trouver aventure. A l'entrée de la nuit, il alla prendre gîte dans une maison religieuse appelée le Bienfait, en souvenir des dons du duc Escans de Cambenic, qui d'ermitage en avait fait abbaye. Ce n'était pourtant pas des moines noirs qui l'occupaient, car on ne connaissait pas encore cet ordre en Grande-Bretagne ; les religieux portaient le seul nom d'*Abstinents*. Messire Gauvain était sûr d'un bon accueil en disant qu'il était chevalier errant ; car en ce temps-là, toutes les maisons s'ouvraient aux chevaliers ; dans les profondes forêts, sur les hautes montagnes, il y avait toujours quelque ermitage où les voyageurs étaient assurés de trouver un gîte, un repas et de bons enseignements. Le plus souvent l'ermite était un ancien chevalier, qui, comme Alyer, le père d'Helain de Taningue, après avoir été preux avec les hommes, voulait se rendre preux envers Dieu. Nul ne compatit mieux aux prud'hommes que ceux qui prud'hommes furent eux-mêmes.

Gauvain dormit bien, se leva de grand matin, s'arma, remercia les Abstinents, et se remit à la voie. Il arriva à l'entrée d'une grande lande qui laissait voir à droite la belle et noble ville de Cambenic, siége du duc Escans ; et devant lui la forêt de Brequelan. La rivière qui coulait déjà devant la maison du Bienfait la partageait en deux, et servait de limite d'un côté au royaume de Norgalles, de l'autre au duché de Cambenic.

En avançant dans cette lande, Gauvain crut entendre à main droite la voix d'une femme qui chantait. Il prend de ce côté, et bientôt arrive à portée d'une pucelle de belle apparence qui tenait suspendue à son cou une épée dont le pont et le fourreau (1) jetaient un vif éclat. Gauvain la salue courtoisement : « Sire cheva- « lier, répond-elle sans le regarder, Dieu vous « sauve également, si vous l'avez mérité. — Mé- « rité, demoiselle, et comment? — « Dame ou « demoiselle doit-elle le salut aux chevaliers qui « n'auraient jamais donné conseil ou porté se- « cours aux dames? — Demoiselle, en ce cas, « je ne perdrai pas votre salut : j'ai pu maintes « fois leur venir en aide. — Dieu vous donne « alors bonne aventure ! » Et elle presse le pas de son cheval, sans ajouter un mot. « Pourquoi « tant vous hâter, demoiselle ? fait messire Gau- « vain. — Parce que j'ai beaucoup à faire et « n'ai pas de temps à perdre. Je suis à la re- « cherche des deux meilleurs chevaliers qui soient « au monde ; je ne pense pas que vous soyez « l'un d'eux. Si pourtant vous tenez à savoir le « nom de ces preux, ayez le courage de me « suivre. — Eh bien ! je vous suivrai. »

Il chevauche derrière elle dans un étroit sentier qui les conduit dans la forêt, puis devant un tertre hérissé de rochers : au milieu s'élevait une tour, et la tour tenait à une grande et belle maison ceinte de murs. « Entrons, dit la demoi- « selle, on vous apprendra avant de sortir d'ici « les noms que vous désirez savoir. » Elle frappe

(1) On sait que, par *pont*, il faut toujours entendre le pommeau de l'épée.

à la porte; on ouvre. Mais quand messire Gauvain veut avancer, un chevalier lui crie du milieu de la cour : « On n'entre pas sans combattre. » Il se met en garde : le chevalier vient briser une lance sur son écu; mais, atteint plus sûrement, il vide les arçons. Messire Gauvain passe outre sur les pas de la demoiselle qu'il voyait entrer dans une salle de plain-pied : « Demoiselle, de grâce atten-« dez-moi, lui dit-il. — Non ; vous me retrouve-« rez dans la plus belle chambre de la maison. » Cependant le chevalier abattu s'était relevé, et revenait l'épée haute : il frappe le cou du cheval qui fléchit, s'étend et meurt. Messire Gauvain, indigné d'être mis à pied, se dégage, court au chevalier, le fait tomber à terre; lui arrache le heaume et allait lui trancher la tête, quand d'une fenêtre une pucelle lui crie : « Arrêtez ! arrêtez ! je le « prends sous ma garde. — En votre faveur, de-« moiselle, je lui pardonne; mais ce glouton a « tué vilainement mon cheval. » Et il se hâte de rejoindre la Pucelle à l'épée, dans la salle la plus voisine. Là un second chevalier l'atteint d'un grand coup de lance qui porte sur l'écu sans l'entamer. Messire Gauvain le frappe d'une main plus sûre; il lui tranche le bras droit jusqu'à l'os, et le malheureux s'enfuit en retenant de l'autre main ses chairs pantelantes. Messire Gauvain gagne alors la seconde chambre. Près de la Pucelle à l'épée, était assise, dans une haute chaire, une seconde demoiselle plus belle encore : « Vous êtes, lui dit celle-ci, mon prisonnier ; mais il ne tiendra qu'à vous de vous « affranchir. » Alors deux chevaliers ouvrent la porte avec fracas, et fondent sur lui. Messire Gauvain les reçoit de pied ferme, et, levant sa bonne épée, fend le premier heaume et tranche les mailles de la coiffe. Le chevalier chancelle et va chercher un appui contre le mur. Le second chevalier frappait par derrière ; messire Gauvain sans le regarder tourne le bras et d'un revers l'étend sur la jonchée (1). « Apprends, « glouton, dit-il, à mieux faire une autre fois. « Est-ce là, demoiselle, la rançon que vous de« mandez, ou faut-il encore travailler à vous « mériter ? — Pour le moment, ce que vous avez « fait suffit ; mais vous n'êtes pas au terme de « l'aventure. — Au moins vous, belle pucelle, « dit messire Gauvain à celle qui tenait l'épée, « vous devez nommer les deux chevaliers dont « vous étiez en quête. — Attendez : nous ne « sommes pas encore à la plus belle chambre. » Elle sort et messire Gauvain la suit jusque dans une salle des mieux parées. Au milieu se trouvait un lit à riches courtines, gardé par dix che-

(1) Les salles même les plus somptueuses n'étaient pas ordinairement pavées, encore moins parquetées. On couvrait la terre de fleurs et d'herbes odoriférantes, de là le mot *joncher*, couvrir de joncs.

valiers armés de toutes armes, le heaume excepté. Le plus grand se tournant vers Gauvain : « Si « vous avez intention de nous combattre, dit- « il, il faut nous le promettre avant d'ouvrir ces « courtines. — « De grand cœur je le promets, » et messire Gauvain va aussitôt ouvrir les rideaux. Il voit étendu dans le lit un beau chevalier : mais de grandes plaies crevées sur son bras gauche et sa jambe droite répandaient autour de lui une puanteur insupportable. « Quel dommage ! s'é- « crie-t-il, d'un chevalier si beau, si bien taillé ! « — Vous le plaindriez plus encore, reprend la « pucelle, si vous connaissiez sa prouesse. » Et comme elle refermait la courtine, messire Gauvain se tourne et voit les dix chevaliers lacer les heaumes. « Vous pourriez, lui dit la demoiselle, « éviter un combat aussi inégal, en payant le « droit. — Quel droit entendez-vous ? — Plein « heaume de votre sang. — A Dieu ne plaise ! « j'aimerais mieux répondre à vingt ennemis. « Sauf chevalier ou demoiselle, maudit qui peut « demander un pareil droit ! »

Les dix chevaliers fondent alors ensemble sur lui. Il soutient leur choc sans désavantage ; ils avançaient, reculaient, essayaient en vain d'entamer ses armes. Pendant qu'ils chamaillaient, le malade se réveille et entrevoyant la pucelle à l'épée : « Ah ! s'écrie-t-il, je vous avais prié d'al- « ler à la cour du roi Artus ; seriez-vous déjà

« revenue? — Non, je ne suis pas allée si loin; « mais j'ai ramené un chevalier qui pourrait « bien être l'un des deux que je cherchais. Voyez « plutôt. » Et elle souleva la tête du malade. Déjà, un des dix agresseurs était étendu sans vie; deux étaient navrés, les autres paraissaient incertains de ce qu'ils feraient. « Ah! les fils de « putain, s'écrie le malade, qui ne peuvent à « dix outrer un seul chevalier! » Et il laisse retomber sa tête sur l'oreiller, avec grands soupirs. Or messire Gauvain avait eu soin de prendre pour appui une porte fermée. Tout à coup il sent que la porte cède; la demoiselle à la chaire paraît, les chevaliers reculent de quelques pas. Elle prend Gauvain par le poing et veut lui ôter son épée. — « Que faites-vous, demoiselle? « dit messire Gauvain, je n'eus jamais plus besoin « de mon arme. » Et il ne la cédait pas. Elle fait signe aux chevaliers, qui recommencent une lutte ardente : ils frappent rudement sur le heaume et le haubert, tout en prenant garde de ne pas toucher la demoiselle qui retenait toujours la main de messire Gauvain. Celui-ci lui abandonne enfin l'épée, et, rassemblant toutes ses forces, frappe des poings et des pieds, terrasse un des sept qui restaient, lui arrache son arme et tient les autres en respect. Midi venait d'arriver, l'heure où ses forces étaient ordinairement doublées. La demoiselle le vient encore reprendre par le poing, pour lui ôter la deuxième épée : « Je vois, dit-il, que vous voulez me livrer « sans défense à ces gloutons. — Donnez, sire, il « le faut. » Elle dit ces mots en souriant; Gauvain ne résiste plus et abandonne encore son épée. La pucelle fait signe aux assaillants de vider la place, le prend par la main et le conduit dans la première salle : « Chevalier, dit-elle, vous « êtes pris; j'ai votre épée : voyez s'il vous plaira « de payer rançon. — De quelle rançon s'agit-« il? — On vous l'a déjà demandé : plein heaume « de votre sang. — Jamais ! la honte en serait « trop grande. J'aime mieux garder prison. — « Allons! un prud'homme ne doit pas pourrir en « chartre, et quand vous saurez ce que nous « entendons faire de votre sang, vous ne le refu-« serez plus. Sachez que le chevalier que vous « avez vu si malade, doit voir ses plaies se fer-« mer quand les deux meilleurs chevaliers du « siècle voudront bien lui donner une écuelle « pleine de leur sang pour en oindre l'un son « bras, l'autre sa jambe droite. Ne serait-ce pas « à vous grand honneur d'être un de ces deux « chevaliers? — Demoiselle, reprit Gauvain, je « voudrais qu'il en fût ainsi; mais je sais que « Dieu ne m'a pas fait si grande grâce. Je tente-« rai pourtant l'épreuve, pour témoigner de mon « grand désir d'adoucir les souffrances de votre « chevalier. »

Alors la pucelle à l'épée s'approche, et délace le heaume de messire Gauvain : l'autre demoiselle commence à soupçonner qu'il pourrait bien être messire Gauvain. Car elle avait ouï dire qu'il avait une cicatrice au sourcil droit, et une des dents de moins. On lui détache ensuite la chausse droite, on lui présente sa bonne épée, et il se frappe lui-même. Le sang jaillit de la cuisse en abondance et coule dans le heaume que tendait la pucelle. — « Assez ! dit-elle ; » et elle s'éloigne avec le beau sang qu'elle a recueilli.

L'autre demoiselle achève de désarmer messire Gauvain et visite les plaies : elles étaient vives et saignantes. Comme elle venait de les découvrir, et que le patient était étendu, pâle et sans mouvement, un jeune valet entre et n'a pas plutôt jeté les yeux sur le chevalier blessé qu'il s'éloigne en poussant des cris de désespoir. On court à lui, on l'avertit de faire moins de bruit, pour ne pas réveiller le chevalier alité. Il passe dans une autre chambre d'où ses cris perçants arrivent encore au lit du malade, qui se réveille et, voulant savoir d'où part le bruit, fait un mouvement, et se voit à sa grande surprise hors du lit. C'est que, grâce au sang dont l'avait arrosé la demoiselle pendant qu'il dormait, il avait retrouvé l'usage de sa jambe. — « Mon « Dieu ! serais-je guéri ? » s'écrie-t-il; et tout joyeux, le bras en écharpe, il entre dans la chambre où le jeune valet pleurait et s'arrachait les cheveux. Quand l'enfant le voit arriver il n'en pleure que davantage : « Comment ! petit vau-« rien, dit Agravain, êtes-vous affligé de me sa-« voir guéri ? — Je ne pense pas à vous ; mais au « dommage qui nous arrive, plus grand que le « profit de votre santé. Ici près, monseigneur « Gauvain se meurt. — Est-il possible ? » Et le bonheur d'Agravain se change en deuil. Cependant la demoiselle apprènait le bon effet de l'onction ; elle accourt, voit son ami pâmé de douleur, le prend dans ses bras. « Qui donc a tué mon frère « Gauvain ? dit Agravain, ouvrant les yeux. — « Votre frère Gauvain ! Serait-il ici ? — Oui, « dit l'enfant, je l'ai vu. — J'avais donc bien de-« viné qu'il lui serait donné, comme au plus preux « des preux, de vous guérir. Mais consolez-vous, « ses plaies ne sont pas mortelles. — Veuillez, dit « Agravain, me conduire à lui. » Les valets approchent pour le soutenir ; il refuse leur aide, il n'en a plus besoin. En le voyant, messire Gauvain reconnut bien le chevalier du lit, non son frère, tant la souffrance l'avait amaigri, décoloré. « Sire frère, dit Agravain, soyez mille fois le « bien venu ! je vous dois ma guérison. » Gauvain se lève à demi et l'embrasse ; puis il veut savoir comment il avait été si cruellement blessé. « Je ne dois pas, dit Agravain, vous le cacher, à « vous qui m'avez guéri.

« Vous n'avez pas oublié qu'après la dernière « assemblée contre le prince Galehaut, vous « aviez suivi la cour à Carduel : pour moi, je pris « congé de vous et je vins en ce pays, où la « demoiselle que j'aime m'avait mandé, pour « empêcher son père, le roi Tradelinan de Nor- « galles, de la donner à un chevalier qu'elle « n'aimait pas. J'arrivai, j'enlevai mon amie, et « m'enfermai avec elle dans cette maison. A « quelque temps de là, j'allai chasser en bois, « c'était au mois d'août. Vers midi je me sentis « tellement accablé par la chaleur, qu'après avoir « chargé mon frère Mordret et un écuyer de « rapporter céans deux grands chevreuils que « j'avais abattus, je me mis à l'aise, ôtai mon « surcot et ne gardai que ma chemise. Puis, « étendu près d'une fontaine à l'ombre d'un « sycomore, je m'endormis à quelque distance « de mon second écuyer, chargé de veiller à nos « chevaux. Deux demoiselles montées sur pale- « froi vinrent alors à passer, la guimpe levée, « tenant en leurs mains chacune un sachet, ainsi « que me le conta l'écuyer qui les prit pour mon « amie et sa meschine. Elles descendirent ; l'une « posa sur ma tête un oreiller et m'oignit la « jambe d'un certain onguent. L'autre en fit « autant sur le bras gauche. Puis elles remon- « tèrent et le valet les entendit dire en repas- « sant devant lui : « En vérité, nous avons été

« bien dures ; nous aurions dû lui laisser une « chance de guérison. — Eh bien, dit l'autre, je « destine qu'il retrouve l'usage de son bras, « quand le meilleur chevalier du siècle vivant « l'aura humecté de son sang. — Moi, j'entends « que la plaie de sa jambe se referme, quand « elle sera arrosée du sang du chevalier qui ap- « prochera le plus du meilleur.

« Elles se perdirent dans le bois, et mon valet, « ne pouvant les suivre, revint à moi tout ému. « Il voulut m'éveiller, mais l'oreiller me retenait « endormi, et je n'ouvris les yeux qu'au moment « où, sans le vouloir, je le dérangeai et le fis tom- « ber. Aussitôt je sentis de cuisantes douleurs ; « ma jambe et mon bras étaient couverts de pus. « Vainement j'essayai de remonter en selle ; l'é- « cuyer disposa une litière, des gens de la forêt « m'y étendirent et me ramenèrent à la maison. « Depuis ce temps, je ne me suis pas levé, jus- « qu'au moment où, grâce à votre prud'homie, « j'ai retrouvé l'usage de ma jambe. »

Agravain se tut ; mais la demoiselle à l'épée : « Je vous avais toujours dit qu'il fallait s'enqué- « rir de monseigneur Gauvain, comme du pre- « mier des preux ; vous ne vouliez pas me croire, « et vous souteniez qu'il y en avait assez d'autres « qui le valaient. » Agravain ne répondit pas, honteux d'avoir méconnu la bonté de son frère ; et Gauvain voulant détourner le propos : « Cette

« maison, dit-il, à qui est-elle? — A moi, frère, « répond Agravain. Je la tiens du duc de Cam- « benic qui l'a conquise sur le roi de Norgalles. » Ici messire Gauvain, surprenant un sourire sur les lèvres de l'amie d'Agravain, la pria de lui en dire l'occasion : « Mon Dieu ! je ris des folles imagina- « tions du siècle. Une sœur que j'ai, plus jeune « que moi, n'a-t-elle pas fait vœu de vous gar- « der sa virginité? Aussi le roi notre père, qui n'a « pas d'autres enfants que nous, craignant que « cette fantaisie ne mît obstacle à son mariage, « la fait-il garder, pour l'empêcher de jamais « vous voir. — En vérité, dit messire Gauvain, « c'est prendre trop de précautions : j'ai toute « autre chose à penser qu'à relever votre sœur « de son vœu. Après tout, le temps et le lieu s'y « prêtant, je ne laisserais pas échapper une occa- « sion aussi agréable de la satisfaire.

« Maintenant, demoiselle à l'épée, me direz- « vous quels sont les deux prud'hommes dont « vous m'avez parlé? — Il est aisé de voir, ré- « pond-elle, que vous êtes l'un des deux; pour « l'autre, c'est le vainqueur des assemblées du « roi Artus et du prince Galehaut : je ne sais « quel est son nom. Quant à l'épée que je tenais « suspendue à mon cou, votre frère Agravain « m'avait chargé de vous la porter à la cour du « roi; j'y allais quand vous m'avez rencontrée. » Messire Gauvain ayant pris l'épée : « Si les lettres,

« dit-il, qu'on lit sur la lame (1) ne donnent pas le « change, elle serait destinée à quelque bachelier « de haute espérance. Maintenant, elle est des « meilleures, mais elle doit perdre de jour en jour « quelque chose de sa vertu, tandis que le che- « valier qui la portera doit croître en prouesse « dans la même proportion. — Personne, dit la « demoiselle, ne saurait mieux en disposer que « vous. — Au moins, reprend messire Gauvain, « je sais à quel bachelier elle pourra convenir. » Il entendait le jeune Hector qu'il avait vu chez la dame de Roestoc; l'épée lui fut en effet portée à quelques jours de là, par un chevalier que messire Gauvain allait combattre au carrefour des Sept-Voies et recevoir à merci.

« Ma sœur, » dit à son tour l'autre demoiselle, « avait chargé votre frère Agravain de vous la « faire tenir, pour lui donner occasion de vous « parler d'elle. — J'en sais beaucoup de gré à « votre sœur, répond messire Gauvain. Quant au « vainqueur des deux assemblées, c'est assuré- « ment le meilleur chevalier que j'aie vu de ma « vie, et c'est de lui que je suis en quête. Si je « puis le trouver, je vous l'amènerai, Agravain,

(1) Les épées de choix portaient alors des lettres tracées près de la poignée et rappelant soit le nom de l'ouvrier, soit la bonté de la lame. De là l'expression si fréquente dans les anciens romans et chansons de geste: *épée lettrée*.

« car il lui est réservé d'achever votre guérison.
« Son nom est Lancelot du Lac, le fils du roi Ban
« de Benoïc.

« Maintenant, frère, me direz-vous encore
« quelles étaient ces dames qui vous ont ainsi
« maltraité ?

— « Oui, car je crois bien le savoir. Un jour
« j'avais combattu et mortellement navré un
« chevalier qui avait en garde une demoiselle.
« Outrée de douleur, la demoiselle me dit qu'avant
« la fin de l'année elle saurait bien venger son
« ami. Une autre fois, j'étais entré dans la forêt de
« Broceliande (1), cherchant aventure. J'y ren-
« contrai une dame d'une grande beauté, et je
« l'arrêtai par le frein. Un chevalier qui l'avait
« en garde voulut la défendre, je l'abattis de
« cheval et le laissai assez mal en point. Puis je
« fis descendre la dame et la conduisis dans un
« épais fourré, avec l'intention d'en prendre mon
« plaisir. Elle essaya de résister, mais elle ne
« put m'empêcher de l'étendre sur l'herbe et de
« la découvrir. Je vis alors sa chair parsemée de
« clous et de rognes, et je n'allai pas plus
« avant. Oh, par Dieu ! dis-je en me redressant,
« vous n'aviez pas besoin de tant vous défendre :
« j'aimerais mieux avoir affaire à la plus vilaine
« lépreuse. Honni le chevalier qui vous prendra

(1) *Variante*, Landebelle. (Msc. 751, f° 112.)

« de force ! — Soit, répondit-elle ; mais un an ne « passera pas sans que ta jambe ne devienne « plus puante et plus rogneuse que la mienne. « Voilà, sire frère, les deux femmes qui m'ont « ainsi maltraité. — Et qui, reprit messire Gau- « vain, l'ont fait justement. La honteuse tache « dans un chevalier que l'orgueil et la vio- « lence ! »

Agravain était en effet le plus orgueilleux, le plus violent des chevaliers ; et la leçon qu'il avait reçue ne le rendit pas, dans la suite, moins pré- somptueux ni plus sage (1).

« Il me reste à savoir, reprit messire Gauvain, « pourquoi tant de gens armés voulaient me dé- « fendre l'entrée de cette maison. — Ces gens, « dit Agravain, sont tous vassaux de la demoi- « selle mon amie. Quand le roi son père eut des- « sein de la marier, il la mit en possession de la « terre qu'il lui devait céder, en ordonnant aux « chevaliers de cette terre de faire hommage à « leur nouvelle dame. Comme je devais attendre « ma guérison des deux plus preux chevaliers du

(1) L'histoire de la rencontre d'Agravain avec les deux dames dont il avait blessé les amis, est plus longuement racontée dans la partie inédite de l'*Artus*, msc. 337, f° 255. — Voyez dans le livre d'Artus (Rom. de la Table ronde, t. II, p. 283) la conversation des quatre fils de Loth, et l'allusion faite à l'aventure qu'on vient de lire.

« siècle, mon amie avait chargé plusieurs d'entre « eux d'éprouver la valeur de ceux qui se pré- « senteraient. Voilà pourquoi, quand après avoir « abattu le premier vous fûtes sur le point de « trancher la tête au second, mon amie ouvrit « une fenêtre et vous pria de l'épargner. Le che- « valier que ces fervêtus n'auraient pas empêché « d'arriver jusqu'à mon lit devait nous donner « volontairement de son sang, ou le voir prendre « de force par les dix chevaliers qui l'atten- « daient dans la chambre. Vous aviez refusé la « rançon demandée; voilà pourquoi mon amie « vous enlevait votre épée, pour laisser à ses « chevaliers le temps de faire couler votre sang « dont nous avions besoin. Mais enfin, elle a in- « terrompu le combat, dans l'espoir de vaincre « votre résistance et de vous faire consentir à « laisser prendre dans votre cuisse le sang qui « me devait guérir. Si vous aviez refusé, je « serais encore étendu sur mon lit de dou- « leur. »

Nous ne suivrons plus messire Gauvain, à partir du moment où il prend congé de son frère et des deux demoiselles. Il suffit de dire en peu de mots qu'il rentra dans la forêt de Brequehan; qu'il arriva au carrefour des *Sept-Voies*, où il eut à combattre un chevalier qu'il chargea de porter à Hector l'épée de la demoiselle de Norgalles. Enfin il arriva à l'entrée du Sorelois. Avant qu'il ait retrouvé Lancelot, nous aurons le temps de revenir à la pauvre dame de Roestoc.

XLII.

Nous avons vu qu'Hector, pendant que Gauvain s'éloignait de Taningue, battait vainement la forêt dans l'espoir de le joindre. La dame de Roestoc ne pouvait se consoler d'avoir laissé partir le vainqueur de Segurade, sans lui avoir rendu grâces de ce qu'il avait fait pour elle, et quand Hector revint annoncer le mauvais succès de ses recherches : « Je vais me rendre à la cour, » dit-elle à Segurade, au sénéchal, à Hector et à son amie, « Groadain sera du voyage ; car je « ne veux pas laisser impunies les injures qu'il « a vomies contre le meilleur des chevaliers. « Avant d'entrer dans les villes que nous vien- « drons à traverser, on l'attachera par un licou « à la queue de mon palefroi, dont je ne ralen- « tirai pas l'amble. Je ne lui ferai grâce que si « j'en suis priée par le bon chevalier qu'il a tant « outragé. »

La dame arriva à Caradigan où séjournait la cour (1). Le roi et la reine lui firent le plus gra-

(1) La plupart des manuscrits donnent ici Quimper-corentin, au lieu de Caradigan ; c'est une erreur. De

cieux accueil. Elle dit, en présentant Segurade, comment il était devenu son homme, grâce à la prouesse d'un chevalier dont elle regrettait d'ignorer le nom. « Je viens ici, ajouta-t-elle, « pour l'apprendre; parce que votre maison est le « rendez-vous des prud'hommes. Au nom du « Dieu vivant, sire, dites-moi, si vous le savez, « où je puis espérer de retrouver ce chevalier gé- « néreux. »

La reine se penchant alors à l'oreille du roi : « Ne serait-ce pas votre neveu Gauvain, qui nous « a quittés pour la quête que vous savez ? — Cela « peut être, mais n'en disons rien, fait le roi. « Vous savez qu'il tient à rester inconnu, pour « ne pas être arrêté, soit par des amis, soit par « ceux qui peuvent avoir à lui reprocher la juste « mort d'un de leurs parents. »

La dame de Roestoc reprit : « Si le chevalier « qui a combattu pour moi est messire Gauvain, « je ne me consolerai jamais d'avoir si mal re-

même, dans la partie inédite du livre d'Artus, au lieu de faire résider la belle Lyanor à Quimper, elle est dame de Caradigan ou Cardigan, en Galles. Il faut assurément préférer Caradigan. Cette étrange confusion dans le nom des résidences d'Artus semble tenir à ce que les plus anciens récits se rapportaient à la France *bretonnante*. Les assembleurs, en transportant la scène en Angleterre, auront oublié d'opérer, pour un certain nombre d'aventures, le même déplacement ou, si l'on peut parler ainsi, le même *déménagement*.

« connu ce que je lui devais, et de l'avoir laissé « maltraiter par un affreux nain tel que Groa- « dain. » La dame voulait prendre aussitôt congé; mais elle céda aux instances de la reine et promit de demeurer au moins huit jours : d'ici-là, il pouvait arriver quelque nouvelle du chevalier qu'elle cherchait.

Elle se mit au lit, sans avertir les gens de sa compagnie du parti qu'elle avait pris de séjourner. Et le lendemain, le nain Groadain allait trouver le sénéchal pour le supplier de lui faire parler à la reine. Il fut introduit, et se jetant aux pieds de la reine : « Dame, ayez compassion « du plus malheureux des hommes. Si j'ai dit et « fait honte au bon chevalier, ce fut dans l'in- « tention de l'encourager à bien faire. Quand je « le vis supporter tranquillement mes injures, « je supposai qu'il les méritait et je le traitai « comme s'il eût été le dernier des chevaliers. « Mais vous, madame, qui avez tout le sens, « toutes les bontés du monde, veuillez intercéder « pour moi: tout pauvre que je sois de corps, je « suis gentilhomme, et je promets, sur le corps- « Dieu, de ne plus jamais dire la moindre vilenie « à chevalier. — Que puis-je faire pour vous, « Groadain? demanda la reine. — Le voici : ma- « dame de Roestoc a résolu de ne s'arrêter qu'a- « près avoir retrouvé son chevalier. Quand elle « entre dans une ville, elle me fait attacher par

« un licou à la queue de son palefroi : je suis « contraint de suivre à pied son amble ; jugez de « ma honte et de mon supplice. Je vous prie, « par la pitié que Dieu ressentit pour sa digne « mère, d'avoir compassion de moi. » La reine le promit ; et le lendemain, quand la dame de Roestoc vint la voir, elle lui demanda un don : « Volontiers, madame ; quel est-il ? — Vous « pardonnerez au nain. — Madame, j'ai moins « encore à me plaindre du nain que de la nièce, « qui ne voulut jamais permettre à son ami de « combattre pour ma défense. En ce moment, je « pense au chagrin que je lui causerais si, pour « délivrer le nain, je l'obligeais à laisser partir « son ami en quête de mon chevalier. Mais si je « pardonne à l'oncle sans condition, ainsi que « vous le souhaitez, vous m'ôtez les moyens de « faire dépit à la nièce. — Confiez-vous à moi, « dit la reine, et tout ira bien. »

Elle laisse sortir la dame de Roestoc et envoie chercher le nain : « J'ai, dit-elle, obtenu votre « pardon, à la condition que votre nièce en« verra son ami en quête du vainqueur de Segu« rade. — Ma dame, répond le nain, je l'en prie« rai, mais j'ai grand' peur qu'elle ne refuse. »

Il va trouver la demoiselle : « Nièce, je suis « condamné à la mort, si vous ne me prêtez « Hector et ne le priez d'aller en quête du che« valier. — Plutôt, reprend-elle, renier Dieu et

« mourir moi-même ! » Le nain désespéré alla raconter aux deux dames le mauvais succès de son message : « Il faut, dit la dame de Roestoc, « que ce soit le plus dur cœur du monde. — « Savez-vous, dit la reine, ce que nous ferons ? « Vous direz à vos gens que vous m'avez refusé « de séjourner ici ; je vous demanderai un don, « et vous me l'accorderez. »

La dame de Roestoc avertit ses gens de tout disposer pour le départ du lendemain. Dès que la reine la revoit, elle insiste, devant tous, pour la décider à demeurer, et la dame répond par un refus absolu. Elles se lèvent, vont voir le roi qui aussitôt prend courtoisement par la main la dame de Roestoc, pendant que la reine de son côté tire à l'écart la demoiselle : « Si, dit-elle, « vous ne m'aidez à tromper la dame de Roestoc, « je ne vous aimerai jamais. — Que faut-il faire « pour cela, dame ? — Le voici : elle refuse de « séjourner, en disant que vous-même ne le vou- « driez pas et qu'elle ne devait pas vous laisser « partir seule. J'entends lui requérir un don en « votre présence, puis je vous en demanderai « un autre. Elle croira que mon intention est de « la faire consentir à demeurer, mais non : je « ne veux que la forcer à pardonner à votre on- « cle Groadain. — Ah ! madame, reprit la nièce, « que vous êtes sage et bien avisée ! »

Elles retournent alors vers la dame de Roestoc, de laquelle la reine réclame un don : — « Ma « dame, » répond-elle, comme si elle devinait l'intention de la reine, « vous savez que je ne « puis rester, si cette demoiselle tient à retour- « ner. — Eh bien, reprend la reine, je lui de- « manderai aussi un don. » La demoiselle fait semblant d'hésiter, puis l'accorde. « Voilà donc « votre foi engagée, toutes les deux. Écoutez ce « que je demande : dame de Roestoc, vous par- « donnerez au nain Groadain; vous lui rendrez « vos bonnes grâces. Vous, demoiselle, vous « prierez Hector votre ami d'entreprendre la « quête du chevalier vainqueur de Segurade. « N'ai-je pas trouvé moyen de satisfaire à ce que « chacune de vous désirait ? »

La nièce de Groadain ne put entendre la reine sans pâlir et sans une sorte de rage qui lui ôta pour un moment la parole. Quant à la dame de Roestoc, elle se contente de dire qu'après s'être engagée elle ne pouvait refuser la reine. — « A Dieu ne plaise que je m'y accorde jamais! » s'écrie enfin la demoiselle. « Madame la reine, il y « a moins de bien en vous que je ne pensais. Bel « honneur vraiment de tromper une pauvre de- « moiselle étrangère! — J'ai pourtant fait, répond « la reine, ce que toutes deux vous désiriez? Au « reste, si vous ne craignez pas de vous parju- « rer, c'est que vous êtes bien la nièce de Groa- « dain. — Vous croyez m'adoucir en parlant ainsi,

« par tous les saints du paradis, vous n'y par-« viendrez pas. — Peut-être ; et dans tous les cas, « puisque vous manquez à la foi jurée, vous êtes « indigne de tenir des terres en fief. — A votre « volonté ! — Sur la foi que doit au roi la dame « de Roestoc, je lui demande de défendre au nain « Groadain d'entrer jamais en possession du fief « qui devait revenir à cette indigne parjurée. — « J'obéirai à la reine, » répond la dame de Roestoc, pendant que la nièce sortait éplorée.

Avant de rentrer dans ses chambres, elle rencontre Hector : « Pour Dieu, lui dit-il, qu'avez-« vous, demoiselle ? — Je suis trompée par celle « qui trompe le monde entier. » N'en pouvant tirer autre chose, il la suit à son logis et la voit tomber sur un lit, perdue dans les sanglots. Le lendemain Groadain raconta à Hector ce qui s'était passé. « Il faut, dit celui-ci, retourner vers elle « et la prier de me laisser partir. Je commence-« rais ma quête dès aujourd'hui, sans la crainte « de lui déplaire. » La nièce resta inflexible ; leurs raisons, leurs prières n'y firent rien. « Fi, « fi ! dit-elle ; vous vous êtes tous entendus avec la « reine contre moi. Sachez-le bien : non-seule-« ment, Hector, je ne vous prierai pas de partir, « mais si vous le faites, vous ne me reverrez pas, « ou du moins je ne serai jamais à vous. » Les voilà plus désolés qu'auparavant. La reine, tout en s'indignant contre la demoiselle, ne pouvait cependant s'empêcher de compatir à sa peine. Elle va la retrouver avec la dame de Malehaut et lui témoigne toute l'amitié, tout le bon vouloir du monde, sans qu'elle en paraisse touchée. « Mais vous, » dit la reine à la dame de Roestoc, en passant dans une chambre voisine, « il « faut que vous aimiez bien ce chevalier, pour « tant désirer de le revoir. — Oui, madame ; ja- « mais je n'ai éprouvé pour un autre ce que « j'éprouve pour lui. Dès que je l'ai vu, je sentis « entrer dans mon cœur un amour qui s'est accru « de jour en jour. Faites donc tant, madame, « auprès d'Hector, si vous voulez que je vive, « qu'il se mette en quête de mon chevalier. » En parlant ainsi elle tombe aux pieds de la reine, qui la relève toute pensive et fait appeler aussitôt la nièce de Groadain. — « Eh bien, lui dit-elle, « êtes-vous revenue à de meilleures résolutions? « Aimerez-vous plutôt perdre votre terre et « même votre franchise, que d'accorder ce que « nous vous demandons ? — Si Hector, répond- « elle, veut fournir cette quête, il peut aller ; « je ne lui en saurai bon ni mauvais gré. » Voilà Hector tout joyeux. « Mais, ajouta la demoi- « selle, s'il veut entreprendre la quête, il n'ira « pas seul et j'entends le suivre. — Y pensez- « vous, firent toutes les dames, et voulez-vous « passer pour folle ? — Folle ou non, je le sui- « vrai. — Songez que s'il arrivait un cas de

« mauvaise fortune à votre ami, vous en subiriez « les conséquences : les plus preux ne sont pas « toujours les plus heureux. Si Hector est une « seule fois vaincu, vous le serez également, et le « vainqueur d'Hector fera de vous sa volonté. « — Oh ! répond-elle, s'il arrive mal à mon ami, « je ne lui survivrai pas. » Cependant on lui en dit tant qu'elle consentit à demeurer. Hector aussitôt demande ses armes ; il ceint l'épée, présent de la demoiselle de Norgalles que messire Gauvain venait de lui faire tenir, ainsi que le conte le dira tout à l'heure. Avant de lacer son heaume et ganté ses mains, il se rendit près du roi Artus, se mit à genoux et, devant les saints, il jura d'*enquerre* pendant un an le chevalier vainqueur de Segurade, et de dire au retour ce qui lui serait arrivé à son honneur ou à son désavantage. Puis il se hâta de lacer le heaume, pour cacher les pleurs qu'il ne pouvait retenir, et revint prier la reine de plaider sa cause auprès de sa dolente amie. La reine le mit au nombre des chevaliers de sa maison, et lui fit espérer d'être jugé digne à son retour de compter parmi les compagnons de la Table ronde. En ce temps-là, on ne pouvait aspirer à ce dernier honneur avant d'avoir fait acte signalé de prouesse, à la vue du roi ou d'après le récit des compagnons de la Table ronde. Mais quand d'autres gens d'honneur, barons ou dames, venaient témoigner des hauts faits d'un chevalier, la reine consentait parfois à le retenir de sa maison; et c'est ainsi qu'elle avait longtemps auparavant retenu Sagremor le desréé (1).

Après le départ d'Hector, la reine alla, comme elle avait promis, tenter de réconforter la nièce de Groadain, qui, dès qu'elle fut arrivée, lui dit froidement : « Madame, puisse Dieu vous don-« ner de votre ami la même joie que me donne « celui que vous avez fait partir! » Ces paroles firent tressaillir la reine qui ne devait pas tarder à les voir justifiées.

Comme la dame de Roestoc faisait ses préparatifs de départ, un valet était arrivé, portant un écu rompu, traversé de pointes de lances et de tranchants d'épée. L'écu était d'or au lion de sinople. Il demanda à voir la reine et la dame de Roestoc : «Madame, dit-il à la reine, je vous ap-« porte bonnes nouvelles de monseigneur Gau-« vain; il est sain et joyeux. » Avant de le laisser continuer, la reine touche à l'écu, le baise et le

(1) On voit que le rédacteur du Lancelot connaissait mal le livre d'*Artus*, où Sagremor, neveu de l'empereur de Constantinople, est admis, le jour même qu'il est présenté au roi, parmi les chevaliers de sa maison. (*Voy.* t. II. p. 204.) Ajoutons que dans une première rédaction du roman d'Artus, fournie par le manuscrit Bachelin, f° 96, Sagremor est fils de Nabor le desréé, père nourricier de Mordret.

rebaise comme elle eût fait de monseigneur Gauvain lui-même s'il eût été là. Le valet se tournant ensuite vers la dame de Roestoc : « Dame, « dit-il, monseigneur Helain de Taningue vous « salue et vous mande qu'il est enfin chevalier « comme vous le désiriez. — Qui l'a armé? demande la dame. — Monseigneur Gauvain, « après avoir combattu Segurade. » A peine la dame eut-elle la force d'écouter le valet, quand il raconta comment messire Gauvain avait échangé ses armes contre celles d'Helain de Taningue, et comment la sœur d'Helain avait su le guérir de ses plaies. La dame eût bien voulu retenir l'écu, mais le valet dit qu'il avait fait serment de le rapporter à son maître, et elle n'osa pas insister. Quand elle partit de la cour avec le valet, elle fit si bien que par surprise elle s'empara de cet écu, le même qu'elle avait présenté à messire Gauvain et que celui-ci avait donné à Helain de Taningue. De là des haines et des entreprises dont nous aurons peut-être à parler ailleurs.

En même temps que le valet d'Helain, arrivait à la cour une demoiselle portant un écu suspendu à son cou. Elle dit à la reine : « Ma« dame, la plus sage demoiselle qui vive vous « mande salut, et vous fait cet envoi ; elle con« naît le secret de toutes vos pensées, et vous « avertit de garder cet écu pour guérir la plus

« grande douleur que vous ayez eue jusqu'à « présent. — Voilà, répond la reine, de bonnes « raisons de le conserver; bonne aventure à qui « l'envoie! mais ne pourrai-je savoir quelle est « cette sage demoiselle? — Madame, elle se « nomme la Dame du lac. » La reine savait déjà combien elle devait à sa protection : elle embrasse la messagère, lui ôte de ses propres mains l'écu qu'elle regarde avec une inquiète attention. Il était fendu de la pointe au chef, la boucle seule en retenait les deux parties, entre lesquelles on pouvait aisément passer la main. Sur l'une était figuré un chevalier armé, sauf la tête; sur l'autre, une dame qu'on eût crue vivante, tant elle était bien peinte, approchait son visage de l'autre visage, et leurs joues se seraient touchées sans la fente qui les éloignait l'une de l'autre.

« Il n'y aurait qu'à louer dans cet écu, dit la « reine, si les deux tranches n'en étaient pas « séparées; et cependant, il paraît avoir été fait « nouvellement. Veuillez nous dire, demoiselle, « la raison de cette brisure (1), et quel est ce che-

(1) Il se peut que la *brisure*, dans le blason, ait tiré sa raison d'être de ce passage du Lancelot. Elle devait indiquer la distinction des branches puînées, et disparaissait quand le droit ouvert de succession donnait à celui qui l'avait prise la primogéniture. C'est ainsi que la branche de Bourbon-Orléans porte encore la *brisure* du lambel.

« valier, quelle est cette dame. — Quant au « chevalier, répond la pucelle, c'est assurément « le meilleur du siècle ; il a dû l'amour de sa « dame à d'incomparables prouesses. Jusqu'à pré- « sent, il n'y a rien eu entre eux au-delà du baiser « et de l'accoler : mais sachez que les deux par- « ties de l'écu se rejoindront, quand les deux « amants auront eu complète et parfaite posses- « sion l'un de l'autre. Alors la dame sera remise « du plus violent chagrin qu'elle aura ressenti. »

La reine, toute joyeuse de ces nouvelles, fit grande fête à celle qui lui apportait un si merveilleux présent; avant de lui donner congé, elle fit pendre l'écu aux parois de sa chambre, de façon à l'avoir constamment sous les yeux ; et quand elle devait séjourner ailleurs qu'à Kamalot, elle avait soin de le faire porter dans sa nouvelle résidence.

XLIII.

Suivons maintenant le bon Hector dans la quête qu'il a entreprise. Il savait, par le chevalier qui lui avait remis l'épée de la demoiselle de Norgalles, que messire Gauvain avait traversé le carrefour des Sept-Voies, sur les marches du royaume de Norgalles. Il passa donc la Saverne et s'engagea dans la forêt de Brequehan. La matinée était belle et, comme les vrais amoureux, il se perdit si bien en rêveries (1) qu'il passa sans rien voir tout près d'une demoiselle arrêtée sous un chêne, et tenant sur ses genoux un chevalier percé de plusieurs coups d'épée. A quelques pas de là, un écuyer gardait le palefroi de la demoiselle. Hector, qui songeait à l'amie qu'il venait de quitter, ne vit pas son cheval froisser le pied du chevalier navré. — « Sire, » lui cria la demoiselle, « vous n'êtes pas des plus « courtois ; peu s'en est fallu que vous n'écrasiez « ce chevalier, autant ou même peut-être plus « gentilhomme que vous. » Hector n'entend pas et ne répond rien ; l'écuyer court à lui et saisissant la bride du cheval : « Puissiez-vous, dit-il, « vous rompre le cou ! — Et pourquoi, beau « frère ? — Parce que vous dormez apparem« ment, au lieu de veiller à votre cheval : ne « voyez-vous pas ce malheureux chevalier dont « ma demoiselle soutient la tête ? — Hector regarde, et, tout confus, revient crier merci à la demoiselle. « Je pensais, lui dit-il, à la chose « que j'aime le plus au monde, et j'étais au re« gret de l'avoir quittée; pardonnez-moi, et con« sentez à me recevoir pour votre chevalier, si

(1) Ces rêveries sont fréquentes chez Lancelot, chez Hector et même chez Gauvain. Elles sont le type de celles de Guilan le pensif dans l'*Orlando furioso*.

« vous pensez avoir besoin d'aide. — Vous igno-
« rez, reprend la demoiselle, à quoi vous vous « engagez; de quel côté allez-vous, sire? — Je « voudrais gagner le carrefour des Sept-Voies « et je ne sais pas bien les chemins. —Si je pou- « vais me confier en votre garde, je vous condui- « rais, et je laisserais à mon écuyer le soin de ce « pauvre chevalier. — Demoiselle, il n'est per- « sonne dont vous puissiez rien craindre, tant « que vous serez sous ma garde. — Je vous con- « duirai donc. »

Elle fait asseoir à sa place l'écuyer et lui pose sur les genoux la tète du chevalier navré. Hector l'aide à monter; ils se mettent à la voie. Chemin faisant, Hector demande quel est ce chevalier si cruellement blessé qu'elle soutenait sur ses genoux : « Près d'ici, répond-elle, habite un che- « valier félon et outrageux, qui ne croit pas que « personne puisse lutter contre lui; c'est le cousin « germain de mon malheureux ami. Un jour ce « chevalier félon chassait dans le bois : il entra « dans un pavillon qui lui appartient; mon ami « l'y avait précédé et, pour se reposer, s'était « jeté sur un lit où dormait déjà l'amie de son « cousin. Celui-ci les trouvant tous deux endormis « supposa le mal auquel ils ne pensaient, lui ni « la demoiselle; il perça mon ami de plusieurs « coups d'épée, et s'éloigna croyant lui avoir « donné la mort. La nouvelle de cette injuste

« violence étant venue jusqu'à moi, j'étais ac-« courue et je bandais ses plaies quand vous êtes « arrivé. »

Ainsi devisant, ils approchaient du pavillon où le meurtre avait été commis. Devant la porte, un chevalier assis dans un fauteuil faisait lacer ses chausses de fer, sans paraître ému de grands cris qui partaient du pavillon : « Sire, dit la « demoiselle à Hector, voilà le traître dont je « vous ai parlé : si vous ne consentez à me dé-« fendre, je vais retourner à mon chevalier. — « N'avez-vous à craindre que lui ? — Lui seul, « tous ceux qui habitent ce pavillon me veu-« lent du bien. — Rassurez-vous, demoiselle, je « puis suffire à vous protéger; mais d'où vien-« nent les cris que nous entendons? — C'est la « pucelle qui dormait près de mon ami, et qui « est accusée d'une faute qu'elle n'a pas com-« mise: elle a beaucoup aimé et sans doute « aime encore celui qui refuse de croire à sa « fidélité. »

Hector s'avança plus près du chevalier : « Di-« tes-moi, chevalier, la raison des cris qu'on en-« tend. — Qu'en avez-vous à faire? — Je le dé-« sire savoir, et je vous prie de me l'apprendre. « — Moi, j'entends ne le dire à vous ni à la pu-« tain qui vous accompagne. — C'est parler vi-« lainement et plus à votre honte qu'à celle de « ma demoiselle. — Je n'ai dit pourtant que la

« vérité. — Oh ! s'écrie la demoiselle, Dieu sait « que vous avez menti. »

En entendant ces mots, le chevalier se lève rouge de colère et s'élance vers la demoiselle ; mais Hector a le temps de pousser son cheval entre les deux. — « N'avancez pas, lui dit-il ; « cette demoiselle est en ma garde, et vous pen- « seriez mal de moi si je ne la défendais. Mais « je suis armé et vous ne l'êtes pas ; prenez votre « temps. — Je n'ai pas besoin d'autres armes « que mon écu pour t'abattre, l'enlever et l'at- « tacher par les tresses au premier chêne. » Et tout en parlant, il essayait de détourner le cheval pour arriver à la demoiselle ; mais Hector donne un bon coup d'éperon, le heurte du poitrail, le jette à terre et aurait passé sur son corps, s'il n'eût retenu le frein. — « Tu t'en repentiras, » crie en se relevant le chevalier furieux, « Dieu « me damne, si j'entre au lit avant de t'avoir « arraché la vie. — Nous verrons bien, dit tran- « quillement Hector ; allez vous armer, et si vous « en avez le meilleur, vous ferez votre volonté. « — Oh ! je ne te crains pas assez pour m'armer « plus que je ne suis. »

Il demande un heaume à l'écuyer qui lui avait attaché les chausses, et quand on lui a lacé, il monte l'écu au cou, l'épée à la ceinture, une forte lance au poing. Ils prennent alors du champ, reviennent et se précipitent l'un sur l'autre. Le chevalier du pavillon brise son glaive ; Hector, qui avait ôté le fer du sien, pour rendre le combat moins inégal, l'atteint en pleine poitrine et le lance rudement à terre. Il lui laisse tout le temps de se relever ; mais alors il le frappe de la taille de l'épée, le rejette à terre et lui foule le bras. Le chevalier se relève encore, prend à deux mains son épée, et l'abat sur le heaume d'Hector qui répond en faisant sauter la lame et en forçant le chevalier à chercher un abri dans le pavillon où il pénètre après lui. L'autre, voyant sa vie en danger, se hâte d'ôter son heaume et de s'avouer outré : « J'étais mal armé, « ajoute-t-il, et ce n'est pas à vous grand honneur « de m'avoir vaincu. Si vous me donniez le temps « de me couvrir, vous pourriez être fier de votre « victoire. — Eh bien ! si tu tiens à recom- « mencer, va mieux t'armer, mais dis-moi d'a- « bord d'où venaient les cris que j'ai entendus. « — D'une pucelle que j'ai longtemps aimée : elle « m'a honni, je ne veux pas le lui pardonner, et « de là son chagrin, ses cris. — C'est pour elle « apparemment que tu as navré ton cousin sans le « défier ? — Justement : l'outrage qu'il me faisait « ne m'obligeait pas à le défier. » Pendant qu'il s'arme, la demoiselle reproche vivement à Hector de n'avoir pas profité de son premier avantage : « A votre place, il eût agi tout autre- « ment. — Demoiselle, cela peut être, mais j'étais

« le mieux armé et j'aurais été blâmé dans toutes « les cours d'avoir usé de rigueur envers lui. »

En ce moment, le chevalier revenait complètement armé : « Vous pourriez, lui dit Hector, éviter le combat, en faisant amende honorable à « la demoiselle que je conduis. — A d'autres, de « perdre l'occasion de me venger d'elle, aussi « bien que de celui dont elle était concubine. » Le combat recommence ; Hector lui fait encore mesurer la terre. Pour rendre la lutte égale, il descend et commence l'escrime : l'avantage reste plus longtemps indécis entre eux et la demoiselle, inquiète de l'issue du combat, s'enfuit dans le bois, pour ne pas tomber entre les mains d'un vainqueur détesté. Enfin Hector terrasse son adversaire : il lui arrache le heaume, et il allait lui trancher la tête quand le vaincu lui crie merci. La demoiselle était revenue : « Sur-« tout ne l'épargnez pas! » criait-elle. — « Vo-« tre vie, dit Hector, dépend de cette demoiselle. « — Ha! je suis mort : à quoi me servira de « reconnaître que j'ai mépris envers elle, et que « son ami ne m'a pas outragé? Mais, sire che-« valier, je n'ai rien fait pour mériter de vous « la mort : voici mon épée, contentez-vous de « m'avoir outré. — Demoiselle, que voulez-vous « que j'en fasse? — Vengez la mort de mon « ami. — Il faut donc vous satisfaire, » et il abattait la ventaille du chevalier, quand la pucelle du pavillon, voyant en tel danger l'homme qu'elle aimait en dépit de ses mauvais traitements, accourt échevelée et se précipite aux genoux d'Hector en lui criant merci. « Ce n'est pas « à moi, demoiselle, c'est à celle-ci qu'il la faut « demander. » Alors celle qui avait tant demandé la mort du chevalier s'attendrit, fond en larmes et se tournant vers Hector: « Sire cheva« lier, faites-en votre volonté, je m'y accorde « d'avance. » Le vaincu, de son côté, offre de se rendre prisonnier de la demoiselle offensée, et Hector lui permet de remonter. Ils gagnent le moutier voisin; le vaincu lève la main, jure en présence de l'ermite de faire ce que la demoiselle exigera. « Et maintenant, leur demande Hector, « suis-je encore loin du carrefour des Sept-Voies? « — Vous en avez été détourné, répond le cheva« lier; mais si vous le trouvez bon, voici mon « jeune écuyer qui vous servira de guide, et « pourra vous conduire à la maison de son père. » Hector accepte, le chevalier le supplie de lui dire son nom : « On m'appelle Hector. — Et moi « Guinas de Blaquestan. » Là dessus, ils se recommandent à Dieu. Guinas et les deux demoiselles vont rejoindre le chevalier navré, pendant qu'Hector se laisse conduire par l'écuyer.

XLIV.

Avant de passer du duché de Cambenic dans le royaume de Norgalles, Hector eut souvent occasion de montrer sa prouesse. D'abord, deux chevaliers nouvellement armés, neveux du duc de Cambenic, l'obligent à se mettre en garde; il les abat l'un après l'autre assez rudement pour leur apprendre à montrer moins d'outrecuidance. L'écuyer de Guinas le conduit à la porte d'une bretèche, en avant de la maison de son père ; le vieillard l'accueille avec honneur, le fait entrer dans la plus belle de ses chambres, éclairée de nombreuses chandelles : on le désarme, les plaies qu'il a recueillies dans les rencontres précédentes sont visitées et pansées. Le lendemain il remercie ses hôtes, remonte et découvre enfin la Lande du carrefour. Deux poteaux étaient dressés au milieu de la voie ; un clerc de rencontre lui apprend pourquoi on les avait posés : ils soutenaient naguère deux liasses de lances ; le chevalier qui les avait dressées invitait les chevaliers errants à jouter, et pendant longtemps il abattit tous ceux qui répondaient au défi. Enfin, un chevalier de la maison du roi Artus, après l'avoir réduit à merci, lui avait ordonné d'aller trouver la reine Genièvre et la dame de Roestoc, pour remplir un double message auprès d'elles.

Hector reconnut dans ce chevalier vaincu celui qui lui avait remis l'épée lettrée de la demoiselle de Norgalles envoyée par messire Gauvain. Il venait de quitter la lande du carrefour, quand il aperçut sur un tertre un beau château. On distinguait aisément sur le chemin qui y conduisait la marque récente du fer des chevaux. Bientôt passèrent près de lui trois chevaliers poussant devant eux une demoiselle éplorée, montée sur palefroi. C'était, comme il l'apprit ensuite, la femme d'un preux chevalier. Hector commence par joindre les ravisseurs et les oblige à lâcher prise; il tue le premier d'entre eux, auquel les autres ne faisaient qu'obéir, escorte la dame jusqu'à l'entrée du château, et sur l'avis qu'elle lui donne du besoin qu'avait son époux de secours, il chevauche du côté que lui indique un écuyer, et se jette au milieu de quatre gloutons qui pressaient vivement l'époux de la châtelaine et deux de ses chevaliers. Grâce à son intervention, les assaillants furent tués, navrés ou mis en fuite. Plein de reconnaissance et d'admiration pour les prouesses de son libérateur, le châtelain le pria de l'accompagner jusqu'au château, et, chemin faisant, il le mit au courant de ce qui venait d'arriver.

« Vous êtes, dit-il, dans un pays désolé par la

« guerre : parents, voisins, tous sont armés les « uns contre les autres ; je suis moi-même sur la « défensive avec ceux qui devraient être mes amis. « Voici à quelle occasion : quand le père de la « dame que vous avez secourue avait vu le mo- « ment de sa mort approcher, il avait appelé sa « fille unique et lui avait fait promettre sur les « reliques de ne prendre conseil pour se marier « que de ses hommes-liges (1), et de choisir celui « que sa prouesse aurait le mieux recommandé. « La demoiselle entendit de moi plus de bien qu'il « n'y en avait, et me donna son amour. Je tra- « vaillai de mon mieux à m'en rendre plus digne. « Un jour, ses parents, qui ne tenaient rien d'elle, « vinrent lui proposer un époux : elle les reçut « assez mal et répondit qu'elle entendait se ma- « rier non à leur choix, mais au sien. La réponse « les irrita grandement : ils menacèrent de lui « enlever son héritage, et se mirent à faire des « courses sur ses terres. Un jour, ils surprirent la « proie (2) qui venait de sortir du château : averti « bientôt par le cri des pâtres, je fis armer les « vingt-sept chevaliers chargés de la garde des

(1) Apparemment parce que leurs devoirs à son égard ne leur auraient pas permis de la contraindre, et parce qu'ils avaient un intérêt réel à ce que leur suzerain fût homme à bien défendre sa terre et ses vassaux.

(2) *Proie*, dans le véritable sens qu'il avait encore, répond à *prædium*, le bétail.

« murs, et, avec l'aide de Dieu, nous parvinmes « à ramener les troupeaux. La joie fut grande au « retour : mes compagnons me donnèrent la plus « grande part à leur victoire, si bien qu'ils con- « seillèrent à leur dame de me prendre pour « époux. C'était là justement ce qu'elle souhaitait, « mais elle jugea plus à propos de dissimuler : elle « fit semblant d'y être peu disposée, et voulut que « chacun d'eux lui dît par serment ce qu'ils en « pensaient. Comme elle en avait l'espoir, ils « s'accordèrent à louer le mariage proposé, et « elle ne parut me choisir que par déférence pour « leur avis. Quand ses parents apprirent son ma- « riage,ils m'envoyèrent défier. Jusqu'à présent, « je m'étais assez bien gardé ; mais apprenant ce « matin que j'étais sorti, seulement accompagné « de trois chevaliers, à l'heure où madame avait « coutume d'aller au moutier pour y lire ses heu- « res, quatorze d'entre eux se mirent à ma pour- « suite, et les autres attendirent madame à la « sortie du moutier : ils l'emmenaient quand vous « les avez arrêtés, ainsi que vient de me l'ap- « prendre l'écuyer votre guide. Vous avez tué « celui dont ils suivaient les ordres, c'est un « puissant chevalier dont la mort entraînera sans « doute des représailles ; puis, vous êtes venu me « porter le secours dont j'avais tant besoin. Grâ- « ces vous en soient rendues, seigneur chevalier ! « A qui dois-je un si généreux service ? »

Hector dit son nom et demanda celui du châtelain ; on l'appelait Sinados, et le château qu'il tenait de par sa dame épousée était Windesores (1). Hector remarqua sa situation avantageuse : elle ne laissait à désirer qu'un plus large cours d'eau, et des vignes, ce qu'on ne rencontre guère en Grande-Bretagne. En s'entretenant ainsi, ils arrivèrent à la porte ; la dame, qu'un écuyer était venu prévenir, avait eu soin de faire joncher les salles, et d'avertir les bourgeois de la ville d'aller au-devant d'eux. En revoyant celui qui l'avait sauvée, elle lui tendit les bras et le tint longuement serré sur sa poitrine : « Sire, « lui dit-elle, ce château est à vous ; veuillez en « user comme de votre bien. — Ah ! dame, ré- « pond Hector, il est en trop bonnes mains, et « Dieu me garde de vous en dessaisir ! » Alors dames et demoiselles demandèrent à l'envi le plaisir de le désarmer et de le servir à qui mieux mieux. Les tables dressées, on s'assit au manger, Sinados entre Hector et la dame du château. Et le lendemain, il prit congé de ses hôtes, en leur disant de compter sur lui, partout où ils pourraient avoir besoin d'aide.

(1) Nouvelle preuve de l'ignorance où était le romancier de la topographie de la Grande-Bretagne. Windsor au nord du pays de Galles, au milieu d'une grande forêt !

XLV.

Après avoir chevauché tout le jour, Hector, à la nuit tombante, se trouva devant un château fortement situé, mais dont les alentours n'offraient que des ruines et des débris. La roche escarpée qu'il dominait était fermée de l'autre côté par une profonde et large rivière qui mettait le château à couvert d'un assaut et de la disette.

Hector descendit au pied de la roche qu'il se mit à gravir, en tenant son cheval par la bride. Avant d'atteindre la moitié de la montée, il sentit une telle lassitude qu'il prit le parti de se remettre en selle et d'avancer ainsi lentement jusqu'à la porte de la ville.

Elle était ouverte ; il s'engagea dans les rues : mais, à son approche, il vit les habitants rentrer avec précipitation dans leurs maisons et s'y enfermer ; de sorte que, sans avoir pu joindre âme vivante, il traversa la ville et atteignit la porte opposée. Celle-ci était fermée : il heurte, il appelle, nulle réponse. « Maudite soit, dit-il, « l'engeance de ce château ! si Dieu l'aimait au- « tant que moi, il serait renversé de fond en com- « ble. Que faire cependant, sinon revenir sur « mes pas, et redescendre la roche par la pre-

« mière porte ? » Il retourne son cheval, et rebrousse chemin jusqu'à ce qu'il aperçoive un vilain qui rentrait au moment même où l'on fermait cette première porte. Ce vilain revenait la cognée sur l'épaule ; à l'approche d'un étranger, il s'enfuit vers une maison voisine ; Hector l'arrête : « Donne-moi, lui dit-il, les moyens de sor-« tir d'ici, ou tu es mort. — Ah ! seigneur, vous « seriez le roi Artus qu'il vous faudrait demeu-« rer. — Pourquoi fuyez-vous tous à mon ap-« proche ? — Sire, parce qu'il nous est défendu « d'héberger ni de recevoir aucun étranger, « sous peine de mort ; tout chevalier qui s'aven-« ture ici doit passer la nuit au château. — « Comment ! on voudra me retenir malgré moi ? « — Assurément. — Au moins faudra-t-il d'au-« tres bras que les tiens ; donne-moi ta cognée. » En même temps, il la prenait et allait droit à la porte. « Ma cognée ! criait le vilain, rendez ma « cognée. — Va-t'en, vilain, ou je te fends la « tête. » Le vilain ne le fait pas répéter et se sauve. Hector descend, attache son cheval à l'entrée de la maison, et va donner de la cognée sur la porte. Comme il s'escrimait de son mieux, un valet arrive : « Arrêtez, sire, lui dit-il, « vos efforts sont inutiles ; vous feriez bien mieux « d'aller demander un gîte pour votre cheval « et pour vous au seigneur du château. » Hector soupçonnait quelque trahison, quand il voit le valet enfourcher rapidement son cheval et piquer des deux ; il court après lui, mais il comprend aisément qu'il ne pourra le joindre, jette la cognée et se résigne à monter au palais. Au milieu du degré, des chevaliers viennent à lui. « Sire, lui dit le plus âgé en lui rendant son sa-« lut, les chevaliers de votre pays sont-ils char-« pentiers, pour dépecer les portes ? — Sire, ré-« pond Hector, j'ai grand intérêt à ne pas faire « séjour ; veuillez ordonner qu'on me rende le « cheval qu'un valet de la ville vient de me lar-« ronner. — Volontiers ; mais faites-moi d'abord « raison de la porte que vous avez endommagée. « — Je l'aurais rompue, si j'en avais eu loisir, « tant j'ai trouvé de mauvais vouloir dans les « gens de la ville. » Le vieillard sourit et demanda qui il était. « Un des chevaliers de la « reine Genièvre. — Alors, soyez le bienvenu ! « Je pardonne le méfait, sauf les droits du châ-« teau ; vous allez vous laisser désarmer, mais « vous seriez le roi Artus, qu'il vous fau-« drait passer ici la nuit ; ainsi le veut la cou-« tume. »

Les valets approchent pour le désarmer ; Hector veut savoir auparavant quelle est cette coutume, et le sire du château, le voyant si beau et de si doux parler, consent à le satisfaire.

« Ce château est, vous le voyez, de grande « force ; la possession m'en est disputée par mes

« trois voisins, le roi Tradelinan (1) de Norgal-
« les, Malaquin le roi des Cent-chevaliers, et le
« duc Escaus de Cambenic. Ils ont déjà immolé
« bon nombre de mes chevaliers; mais, grâce à
« la guerre émue entre le roi Tradelinan et le
« duc Escaus, je n'ai dans ce moment à redouter
« que Malaquin; encore est-il en Sorelois, près
« du prince Galehaut son cousin. Malaquin a
« pour sénéchal un vassal des plus renommés,
« c'est Marganor : il ne nous laisse pas une heure
« de repos; ses chevaliers sont jour et nuit de-
« vant le pont qui défend les abords de la place.
« Ils espèrent ainsi me décider à leur rendre
« le château, ce que je ne ferai jamais. Cepen-
« dant vous le voyez, je suis vieux, je n'ai d'en-
« fant qu'une pucelle belle et sage que j'aurais
« déjà bien mariée, si j'avais pu me résoudre à
« lui choisir un époux parmi ceux qui me doi-
« vent compte de la mort de mes parents. Je vou-
« drais pour gendre un preux chevalier, capable
« de défendre contre eux mon château. Mais, il y
« a trois ans, mes bourgeois vinrent me déclarer
« qu'ils me blâmaient de ne pas marier ma fille:
« ils allèrent jusqu'à me dire qu'ils quitteraient
« la ville, si je ne trouvais un moyen de termi-
« ner la guerre, et ils me firent promettre sur
« les saints d'arrêter tous les chevaliers que

(1) Var. Belinan. — Benian. — Halinan.

« l'aventure conduirait ici, en les contraignant
« à demeurer au moins une nuit, pour défendre de
« leur corps le château, et à jurer, avant de
« partir, une haine mortelle à tous les ennemis
« de l'*Étroite marche*, c'est le nom de mon châ-
« teau, s'ils n'étaient pas les hommes de ceux qui
« voudraient s'en emparer.

— « En vérité, dit Hector, voilà une méchante
« coutume. Quel intérêt peut avoir un chevalier
« étranger à défendre votre *Étroite marche?* —
« Telle qu'est la coutume, je suis tenu de la
« faire observer. Il peut ici nous arriver un che-
« valier assez preux pour mériter ma fille avec
« l'honneur de ce château, le plus fort de toute
« la Bretagne. Huit jours ne sont pas encore
« passés que deux vassaux du roi Artus ont été
« faits prisonniers par Marganor, pour n'avoir
« pas suivi mes recommandations : l'un est mes-
« sire Yvain, l'autre Sagremor. Ils m'avaient
« dit, en arrivant, qu'ils allaient, de concert
« avec messire Gauvain, en quête du meilleur
« chevalier qui jamais ait porté écu. Sagremor
« refusait de devenir mon homme d'un jour;
« mais messire Yvain lui représenta que j'étais
« moi-même vassal du roi Artus, et que mes
« ennemis étaient aux portes. Ils jurèrent donc
« tous les deux. Quand ils furent armés, ils me
« prièrent de les laisser faire montre de prouesse.
« Je mis à leur demande une condition : c'est

« qu'ils ne dépasseraient pas le ponceau jeté sur « les mares à l'extrémité de la chaussée, et qu'ils « ne jouteraient que contre un seul chevalier. « Ils avancèrent, et Marganor fut averti d'en-« voyer deux de ses meilleurs champions : « messire Yvain abattit le premier, Sagremor « rompit quatre lances contre le second, mais « fut porté à terre à la cinquième passe. Au re-« tour, messire Yvain nous avoua qu'il n'avait « pas encore rencontré d'aussi forts jouteurs, « si ce n'est un chevalier qu'ils avaient naguère « provoqué devant une fontaine, comme il se « laissait frapper par un misérable nain. Ce « chevalier, ajoutaient-ils, avait, en présence de « messire Gauvain, abattu quatre des compa-« gnons de la Table ronde. »

Hector rougit à ces dernières paroles (1). « Mais, dit-il, comment furent pris Sagremor et « messire Yvain? — A peine revenus, Sagremor « dit qu'il deviendrait fou, si je ne leur permet-« tais une seconde joute sur le ponceau: il me « fallut y consentir. Du premier poindre il abat-« tit celui qui l'avait abattu la veille, et messire « Yvain en fit autant de son côté. Ils en vinrent « aux épées et firent tant d'armes qu'on avait

(1) L'imprimé qui fait ici rappeler l'aventure de la Fontaine du Pin, avait passé le récit de cette aventure; si bien qu'on ne peut savoir, avec lui, pourquoi Hector rougit de modestie.

« de la peine à suivre des yeux leurs prouesses. « Mais ils comptèrent trop sur leur bonne for- « tune : Sagremor, que vous surnommez à bon « droit le *desréé*, s'avançait avec si peu de pru- « dence que je donnai ordre à mes hommes de le « soutenir. En les voyant approcher, les deux « chevaliers crurent avoir le droit de passer « outre le ponceau et furent aussitôt envelop- « pés. Je vis tomber trois de mes meilleurs « chevaliers ; je les regrette moins que la prise « de Sagremor et de messire Yvain. »

Après ce récit on s'assit à table, et quand les nappes furent levées, on conduisit Hector dans une belle chambre où il se mit au lit. Il dormit peu la nuit, toujours cherchant comment il pourrait délivrer les deux bons chevaliers qu'il ne connaissait pas encore, mais dont il avait souvent ouï vanter les prouesses.

Au point du jour, il entendit le cri qui annonçait l'approche des ennemis, et il demanda ses armes. Mais, avant tout, le seigneur du château voulut recevoir son serment : on le conduisit au moutier, pour y entendre la messe et jurer sur les saints d'être l'homme du seigneur de l'Étroite marche, tant qu'il serait dans le château. Dès qu'il fut armé, il vint avec les autres chevaliers à la porte qu'on leur ouvrit. En avant du pont était une barbacane fermée (1) : les chevaliers de

(1) Var. « bretesche. » La barbacane, dit fort bien

Marganor avançaient volontiers jusqu'à cette barbacane, et les archers de l'Étroite marche n'osaient guère s'élancer contre eux. Cette fois, Hector demanda au sire de l'Étroite marche la permission d'avancer jusqu'au pont : « Je vous « la donne, à condition de ne pas aller au delà. »

On ouvre la barbacane, Hector prie les chevaliers du château de demeurer en arrière : « Lais-« sez-moi, dit-il, leur courir sus : s'il en tombe, « vous viendrez les prendre et les conduirez dans « la barbacane. — Mais surtout, » dit le seigneur châtelain, « ne passez pas outre le ponceau. »

Cependant arrivent sur la chaussée un, deux, trois chevaliers de Marganor. Hector court sur eux, passe la pointe de son glaive dans la mâchoire du premier, abat le second, homme et cheval; son glaive vole en éclats, il tire l'épée et étourdit le troisième en le couchant sur le cou de son cheval. Ceux de la barbacane viennent saisir les désarçonnés ; Hector leur demande un second glaive : mais le seigneur de l'Étroite marche trouve qu'il en a fait assez, et ne lui

M. Viollet-le-Duc, était un ouvrage de fortification avancé qui protégeait un passage ou une porte, et qui permettait à la garnison d'une forteresse de se réunir à couvert et, de là, faire des sorties ou protéger une retraite. » (Dict. de l'architecture franç.) L'excellent dessin qu'on trouve t. II, p. 113, s'applique parfaitement à la barbacane du château de l'*Étroite marche*.

permet pas de demeurer sur le pont. Cependant on allait dire à Marganor qu'un preux chevalier nouvellement arrivé dans le château avait démonté et retenu deux de ses hommes : « Il serait « encore plus preux, dit Marganor, qu'il trou« vera meilleur que lui. » Et il fait avancer tous ses chevaliers sur le pont, en dépit des flèches, des pierres et des épieux tranchants que les chevaliers du château faisaient pleuvoir. Hector obtient du seigneur de l'Étroite marche une seconde permission de sortir de la barbacane, mais aux mêmes conditions. A peine a-t-il poussé son cheval sur la chaussée qu'il vise un chevalier de Morganor et lui fiche dans le bras la pointe de son glaive. Resté maître de la chaussée, il avance sur le pont; un deuxième chevalier lui fait de l'autre côté signe de venir à lui : « Je ne puis, dit Hector; j'ai pro« mis de m'arrêter ici : passez vous-même. — « Oh! ce n'est pas la crainte du parjure qui « vous retient. » Ces mots font monter la rougeur au front d'Hector : « Attendez au moins, répond-il, que j'aille dégager ma promesse. — « Je le veux bien; mais je doute que vous re« veniez. »

Tout ce qu'Hector put obtenir, c'est qu'il ne passerait pas si Marganor refusait de s'engager à ne lui opposer qu'un seul chevalier, et à le laisser librement retourner à la barbacane.

Marganor promit ; mais, pour donner le change, il avertit ses sergents de dépecer le ponceau, dès que le chevalier du château aurait passé de l'autre côté.

Hector passe le ponceau en toute confiance : les deux champions s'entre-éloignent, puis reviennent de toute la vitesse de leurs chevaux. La rencontre est rude : hommes et chevaux roulent à terre. Hector, le premier relevé, entend le bruit de planches qu'on dépèce : il remonte et furieux va frapper les sergents du plat et de la pointe de son épée ; il tue les uns, navre ou met en fuite les autres. Marganor accourt : « Vous « avez méfait, lui dit-il, en allant battre mes « gens. — C'est vous qui avez faussé nos con« ventions, en laissant dépecer le ponceau, pour « m'ôter tout moyen de retour. — Mes sergents « n'ont pas mis la main sur vous ; le ponceau « ne vous appartient pas. — Beau sire, dit Hec« tor, laissez-moi finir ma joute ; si vouz avez en« suite à réclamer, je vous ferai droit. — A la « bonne heure. — Vous m'assurerez contre vos « gens et vous me laisserez emmener votre che« valier si je parviens à l'outrer. — Soit ! » répond Marganor. Et, pendant ce devis, le chevalier qu'Hector avait abattu s'était relevé. La seconde rencontre ne lui fut pas plus favorable ; il fut de nouveau rudement jeté à terre, et, comme il se relevait, Hector le saisit par la pointe du heaume et le lui arrache en le faisant tomber lui-même sur les dents. Sans descendre de cheval, il jette au loin le heaume, et de son épée frappe le chevalier qui, le visage tout inondé de sang, essaye encore de se relever. « Avouez-vous vaincu, « ou je vous tranche la tête. » L'autre était pâmé et ne pouvait répondre. Hector descend, abat la ventaille et allait lui donner le coup mortel, quand Marganor intervient, la tête nue, pour ne pas laisser douter de son intention : « Sire, dit-il, « ne le tuez pas : je crie merci pour lui. » Mais le vaincu, revenant à lui, se soulevait et tentait de résister. « Assez ! lui dit Marganor, vous « êtes outré; j'ai demandé pour vous merci. — « Je ne puis qu'obéir à mon seigneur. — Mais « vous, » reprend Marganor, en s'adressant à Hector, « vous me ferez droit pour avoir maltraité « mes gens, quand la lutte devait être seulement « entre vous deux. — C'est à vous de me faire « droit; car ces gens-là voulaient rendre mon re- « tour impossible. — Vous n'en avez pas moins « outre-passé nos conventions et je vous appelle « de foi-mentie, prêt à le prouver de mon corps « contre le vôtre. — Il n'est pas de cour où je « ne m'en défende. — Et moi, où je ne vous « accuse. — Eh bien ! qui nous empêche de vi- « der tout de suite la querelle ? »

Pendant ce temps, le seigneur de l'Étroite marche s'était approché : « Hector, dit-il, si vous

« combattez contre Marganor, faites que la ren-
« contre ait lieu sur la chaussée; dès qu'il sera
« passé, nous dépècerons le ponceau. » La proposition est soumise à Marganor : — « Quelle
« assurance aurai-je du sire de l'Étroite mar-
« che, si le retour m'est fermé? — Je jure, dit le
« châtelain, de ne pas intervenir, ni mes hom-
« mes; si vous êtes vainqueur, vous pourrez
« emmener votre prisonnier. » Tout fut ainsi convenu. Marganor lace son heaume et franchit le ponceau; Hector sort de la barbacane, ils s'élancent l'un contre l'autre. Dès la première rencontre les deux glaives volent en éclats. Marganor vide les arçons; Hector se maintient, mais tellement étourdi qu'il a peine à se reconnaître. Quand il a retrouvé son haleine, il pousse si violemment sur le cheval de Marganor étendu près de son maître, que le sien bronche et le fait tomber; il se relève, met la main à l'épée, et revient sur Marganor dont le cheval effrayé retournait au galop vers le ponceau, et enfonçait les pieds de devant dans les mares : les gens de Marganor eurent grand'peine à le dégager. Hector, voyant à pied son adversaire, descend, donne à garder son cheval, et, l'écu serré contre la poitrine, va à Marganor, qui compte bien reprendre l'avantage au jeu de l'escrime.

Tous deux couverts de leurs écus se frappent

longtemps à coups menus et pressés. Marganor pourtant se hâtait moins de jeter que de bien atteindre. Hector, plus confiant dans ses forces, faisait tomber une grêle continue de coups sur les armes de son adversaire, jusqu'à ce que son haubert fendu, sa chair sanglante et découverte, son bras alourdi, tout lui fit une nécessité de parer au lieu de pousser en avant. Enfin vers midi il reprend l'offensive. Marganor, inquiet, étonné de ce retour, recule et se défend comme il peut : « Sire chevalier, dit-il, « je reconnais votre prouesse : mais, puisque « nous combattons sans raison sérieuse, ne se« rait-il pas dommage qu'un de nous laissât ici « la vie ? Croyez-m'en, posons les armes : j'ai« merais mieux perdre dix de mes hommes que « d'avoir à me reprocher votre mort. — Si vous « voulez cesser, chevalier, confessez-vous outré. « — Jamais, s'il plaît à Dieu ! et puisque vous « refusez mes offres, que l'honneur soit à qui « Dieu le donnera ! »

Le combat fut long encore. Hector enfin, d'un effort suprême, lève à deux mains son épée qui retombe sur le heaume, l'entr'ouvre et fait ployer à genoux le sénéchal. Il arrache ensuite aisément le heaume et le jette dans les mares : « Criez merci ! — Non ! » répond Marganor en se débarrassant de son étreinte ; « ce « heaume m'échauffait trop. » Et la tête à demi couverte des lambeaux de son écu, il veut reprendre l'offensive : mais il est repoussé jusqu'à l'ouverture du ponceau. « Prends garde, « Marganor, » dit Hector ; et il va se placer entre lui et la marge du ponceau : « Rends-toi ! — « Non ! plutôt mourir. — Tu mourras donc. » Marganor recule encore ; le pied va lui manquer, quand Hector l'avertit une seconde fois du danger où il est de tomber dans la mare. Étonné de tant de générosité, Marganor se dit qu'il eût été moins courtois. Un nouveau coup sur sa tête le force à reculer d'un pied ; il tombe, il enfonce dans la fange jusqu'à la ceinture : « A Dieu ne « plaise, dit alors Hector, qu'un si bon chevalier « finisse d'une façon aussi honteuse ! » Il se baisse, le saisit par les mains et le tire à grande peine sur la chaussée. « Comment vous trouvez-« vous ? lui dit-il. — Assez bien, Dieu merci, « pour confesser que vous êtes le premier des « preux. Voici mon épée, je vous crie merci. » Hector lui tend la main et le soutient jusqu'à la barbacane. On vient à leur rencontre, on les accueille avec des transports de joie. La fille du châtelain arrive, moins désireuse de voir Marganor que le vainqueur de Marganor. Elle délace elle-même le heaume d'Hector : « Bien soit « venu le chevalier le plus digne d'être aimé de « la meilleure ! » dit-elle, en le baisant.

Rentrés au château, elle conduit Hector à sa

chambre et le désarme, sans permettre de le toucher à d'autres qu'à ses demoiselles. Elle lui lave les mains, le cou, le visage. Elle passe sur ses épaules un riche manteau, et plus elle le regarde, plus elle est émue, enivrée. « Ah ! » pensait-elle, « combien de bontés, combien de « beautés ! Dieu pouvait-il se montrer envers « homme plus débonnaire ? » Mais le premier soin d'Hector est de rappeler à Marganor qu'il doit rendre les deux chevaliers de la maison d'Artus. Le sénéchal donne ordre de les amener ; Sagremor et messire Yvain arrivent et demandent quel est celui qui les a délivrés ; on leur nomme Hector ; ils paraissent surpris de n'avoir pas encore entendu parler d'un chevalier de ce nom. Mais quand il leur dit qu'il vient de Roestoc, ils échangent un sourire d'intelligence qui n'échappe pas à l'attention d'Hector : « Nous son« geons, disent-ils, à un chevalier qui nous a « naguère assez durement traités, moi, Giflet et « Keu, en présence de messire Gauvain, tout en « se laissant lui-même assez malmener par un « nain. — Eh bien ! dit Hector, mieux ne lui « valait-il pas supporter les coups du nain que « jouter contre messire Gauvain ? » Cette réponse accrut encore la haute estime qu'ils faisaient du chevalier. « Sire, dit Yvain, vous nous « avez dit que vous étiez à la reine Genièvre ; « l'avez-vous quittée depuis longtemps ? — Non,

« j'ai pris congé de ma dame la reine, pour com« mencer la quête d'un preux chevalier dont je « ne sais pas le nom d'une manière assurée. J'ai « pourtant quelque raison de croire que c'est « messire Gauvain, et je donnerais un de mes « doigts pour que ce fût un autre, tant je lui ai « fait peu d'honneur et de compagnie, quand il « m'arriva de le rencontrer. »

Le soir même, Hector fit la paix du seigneur de l'Étroite marche et de Marganor, celui-ci s'engageant au nom de son seigneur le roi des Cent chevaliers. Comme ils étaient au manger, un valet entre dans la salle et demande à parler à Hector. « Sire, dit-il, Sinados de Windesore « vous salue. Il a su que vous aviez été retenu « dans l'Étroite marche et il a mandé ses che« valiers pour venir à votre aide. Mais je vois « que vous n'avez aucun besoin de secours. » Le valet raconte ensuite comment Sinados et sa dame ont été délivrés de leurs ennemis. La nouvelle de cet autre exploit d'Hector arrive aux oreilles de la demoiselle, déjà surprise d'amour. « Belle fille, va lui dire le père, prendrais-tu « volontiers pour mari le vainqueur de Marga« nor ? — Si volontiers, que je ne veux en« tendre parler de nul autre. » Le père prend alors Hector à part et lui demande s'il voudrait épouser sa fille en recevant l'honneur du château ? — « Sire, je ne suis pas à moi : j'ai trop à

« faire pour prendre femme ou tenir terre. Non « que je refuse votre fille et qu'on puisse à mon « avis lui préférer une autre demoiselle. » La demoiselle, à laquelle on rapporte la réponse d'Hector, jure de n'avoir jamais d'autre époux que lui ; et le père, approuvant sa résolution, revient entretenir Hector jusqu'à l'heure qui invite au sommeil.

La demoiselle prépare le lit de celui qu'elle aime dans une chambre isolée, et quand tout le monde est endormi, elle se rend dans cette chambre avec une de ses pucelles qui tenait devant elle plein poing de chandelles. Elle s'arrête un peu en arrière du lit, s'agenouille et reste longtemps immobile dans cette position. Hector ne dormait pas, mais il avait ailleurs sa pensée. Enfin, l'apercevant, il tend les bras vers elle : « Belle demoiselle, dit-il, bien soyez-vous « venue ! Quel besoin vous amène ici ? — Sire, » répond la pucelle, pleurant et rejetant sur ses épaules ses larges tresses, « ne pensez pas mal « de moi si j'arrive à pareille heure : je ne « viens que pour me plaindre de vous à vous ; « seul vous pouvez me faire droit. — Demoiselle, « croyez bien que je suis prêt à amender le tort « que j'ai pu faire. Quel est-il ? — Sire, vous avez « refusé mon père quand il offrit de me donner « à vous. Me direz-vous la raison de ce refus ? « — Belle amie, ce n'est pas, Dieu m'est témoin,

« que vous ne soyez assez belle, assez sage, assez « riche pour le plus vaillant des chevaliers ; mais « tant que je n'aurai pas achevé la quête que « j'ai commencée, je ne dois pas prendre femme « Si je vous épousais maintenant, il n'en faudrait « pas moins m'éloigner avant le soir, pour ac- « quitter mon vœu (1). Si la mort m'empêchait « de revenir, vous auriez trop à regretter d'avoir « engagé votre liberté. — Oh ! que Dieu vous dé- « fende de la mort ! Mais, chevalier, me pro- « mettez-vous au moins de ne pas prendre femme « avant de m'avertir ? — Non, demoiselle, car il « peut arriver tel incident qui me conduirait à « fausser ma promesse. — Alors, accordez-moi « une autre grâce ; c'est de ne pas vous enga- « ger pour raison de lignage ou de richesse, « mais pour amour véritable. — Oh ! cela, je le « promets volontiers ; vous pouvez être sûre que « je ne mentirai pas. »

Elle rentra dans sa chambre, et le lendemain elle alla, toute joyeuse, conter à son père ce que lui avait promis Hector. « Avant la fin de l'an- « née, dit-elle, je saurai bien faire qu'il n'aime « personne autant que moi. — J'en aurai, dit le « père, la plus grande joie du monde. » Elle va, surprend Hector au moment où il se levait :

(1) Les chevaliers en quête ne devaient jamais reposer deux jours de suite dans la même maison. (Voy. t. II. *Artus*, p. 267.)

« Dieu, lui dit-elle, vous donne le bon jour ! — « Et à vous, douce amie ! — Sire, ne voudrez-« vous pas emporter de mes drueries ? Prenez « cet anneau, et avec lui mon cœur. Je vous les « donne, à condition que vous me les garderez. » Hector sourit, prend l'anneau et le passe à son doigt. C'était là tout ce que pouvait espérer de mieux la demoiselle : car la pierre était de telle vertu que celui qui la portait ne pouvait se défendre d'aimer celle qui la lui avait donnée (1).

Hector ensuite demanda ses armes, ainsi firent messire Yvain et Sagremor. Tous trois prirent congé de la demoiselle, du seigneur châtelain, de Marganor et des autres chevaliers qui les convoyèrent jusqu'au chemin qui conduisait en Norgalles.

XLVI.

Hector, Sagremor et messire Yvain recommandèrent à Dieu les chevaliers de l'Étroite marche et s'en séparèrent à l'entrée d'une an-

(1) Cet épisode prouve une fois de plus que le Lancelot est composé de laisses (ou plutôt de *lais*) recueillies de diverses parts, sans lien des unes avec les autres. On a vu Hector follement amoureux de la nièce du nain Groadain ; une fois en quête de Gauvain, il n'est plus question de cette nièce, et il se laisse enchaîner sans trop de résistance en d'autres amours.

cienne forêt qu'il fallait traverser avant d'arriver dans une vaste lande. Ils aperçurent alors, à leur droite, une pucelle qu'un chevalier emmenait de force ; à leur gauche, un autre chevalier qui, vivement poursuivi par deux fervêtus, cherchait un refuge dans la forêt. « Voilà, « dit Sagremor, deux aventures : il en manque « une troisième pour que nous ayons chacun la « nôtre. » En ce moment un grand bruit de plaintes et de malédictions part de la forêt : « Vraiment, dit Hector, je crois que Dieu a en- « tendu Sagremor : c'est la troisième. Prenons « chacun la nôtre. » Sagremor dit : « J'irai au « chevalier poursuivi. » Messire Yvain : « Je sui- « vrai la demoiselle. — Et moi, dit Hector, je « verrai d'où part le grand bruit. »

Nous pourrons savoir plus tard ce qu'il advint de Sagremor et de messire Yvain. Pour Hector, il chevaucha du côté des voix et joignit bientôt une grande assemblée de gens qui escortaient une bière avec de grandes démonstrations de douleur. Un nain monté sur un maigre cheval fermait le cortége : « Pourquoi ce grand deuil ? » lui demande Hector. Le nain ne répond pas. — « Je te demande pourquoi ce grand deuil. » — Même silence. — « Tu es bien vilain de ne pas « répondre, et tu mériterais une buffe. — « Frappe, et je répondrai. — Le diable te frappe ! « moi, je ne daignerais. Parle de ton plein gré.

« — Je ne dirai rien. — Demande ce que tu « voudras et parle. — Je demande que tu me « frappes, si tu veux me faire parler. » En même temps, il saisit le frein du cheval d'Hector et le tire avec violence. Hector perd patience et donne de son pied sur le nain qu'il abat de son roncin. « Maudite l'heure, dit Hector, où je « te rencontre, chétive pièce de chair ! il faut « que les nains soient nés pour mon malheur. « — Tu n'en as pas fini avec eux, » reprit le nain en se relevant, « et tu ferais bien de me « tuer, car ma vie sera la fin de la tienne. — Je « me soucie peu de tes menaces ; je voudrais seule« ment savoir pourquoi ces gens-là pleurent ? — « Pour un chevalier dont ils sauront bien ven« ger la mort. » Et il fait un récit qui ne laisse pas douter à Hector que celui qu'on porte en bière ne soit le chevalier qu'il avait lui-même tué pour délivrer la dame de Windesore.

La crainte des parents de la victime ne l'arrête pas : il pousse en avant du convoi et salue la compagnie qui ne semble pas le voir. Mais, en passant près de la bière, les plaies du mort se rouvrent et le sang jaillit. Et le nain de crier : « Arrêtez le meurtrier ! » Un des vingt chevaliers qui entouraient la bière regarde les armes d'Hector et reconnaît par elles le chevalier venu au secours de Sinados. Il avertit les autres ; tous s'élancent sur Hector qui porte le premier à terre, puis un second, un troisième ; et quand il a rompu son glaive, il tient en respect les autres avec son épée. « Surtout, criait le nain, gardez bien qu'il ne vous échappe ! » Hector allait être écrasé sous le nombre, quand surviennent un chevalier et une demoiselle. C'était précisément Sinados, ~~celui qu'il avait vengé de Guinas de Blaquestain~~. « Ah ! cher sire, » disait à Sinados la demoiselle, « hâtez-vous ; c'est le chevalier qui « nous a sauvé l'honneur. Si vous tardez, c'en « est fait de lui. »

Sinados s'avance et, d'un air d'autorité, avertit les assaillants de baisser les armes ; mais on lui dit que le chevalier dont il prend la défense est le meurtrier de son frère ; il hésite et pâlit. « Sire, dit-il à Hector, vous avez tué mon frère ; « et vous avez tant fait pour moi que je ne « puis me joindre à ceux qui veulent nous ven- « ger. Vous n'avez ici rien à craindre ; mais je ne « pourrais ailleurs me rendre votre garant. »

Hector le remercie et revient sur ses pas. Le nain, dès qu'il le voit s'éloigner, appelle un valet et lui glisse à l'oreille quelques paroles. Le valet prend un chemin de traverse qui lui fait devancer Hector, et arriver avant lui sur la grande voie. Quand il est assis près de lui : « Puis- « je vous demander, sire, où vous pensez aller ? « — En Norgalles. — Vous n'êtes pas dans la « meilleure voie. Je vais moi-même dans ce

« pays, et, si vous le trouvez bon, je vous remet-
« trai sur le chemin. » Hector le remercie et se laisse conduire. Ils suivent un sentier peu frayé : « Ne soyez pas inquiet, nous prenons de ce côté « pour gagner du temps. » Une source, la *Fontaine à l'Ermite*, était sur leur passage : « N'au-« riez-vous pas envie de manger ? » demande le valet. « Pour moi, je me sens un grand appétit : « j'ai un pain que nous pouvons partager ; mais « je n'aurais pas faim que je puiserais encore de « l'eau à cette fontaine, la plus merveilleuse de « toute la Bretagne. Il n'est pas de plaie grave « et merveilleuse qu'elle ne ferme et ne cica-« trise. Descendez, s'il vous plaît, nous y ferons « deux ou trois soupes (1). » Hector se laisse persuader, descend, ôte son heaume, suspend son écu à une branche voisine, et l'écuyer, après s'être chargé d'attacher le destrier, taille plusieurs soupes qu'il présente à Hector. Quand il le voit penché sur la fontaine, il passe l'écu à son cou, saisit le heaume, monte sur le destrier et s'éloigne à toutes brides. Hector se tourne, voit qu'il est trahi, enfourche le roncin et suit le valet d'aussi près qu'il peut, jusqu'à la porte d'un château qu'on appelait les *Mares*. Alors l'écuyer s'esquive en entrant dans une maison

(1) Le mot *soupe* répond exactement à tranche de pain trempé.

où Hector a beau chercher, il ne le retrouve plus. Il prend le parti de monter le degré qui conduisait à la tour : un homme de grand âge était à l'entrée, il le salue : « Sire, dit-il, faites-« moi rendre mon cheval, mon heaume et mon « écu qu'un valet de céans vient de m'enlever. — Qui êtes-vous, sire? — Je suis de la maison « de la reine de Logres. » En même temps arrivait un chevalier suivi de quinze sergents, parmi lesquels Hector reconnaît le larron de ses armes. « Voici, dit-il, celui qui s'est emparé de « mon cheval. — Ne le croyez pas, répond l'é-« cuyer, c'est un meurtrier, celui même qui a tué « sans le défier votre fils Maugalis. » Hector rougit de colère et, mettant la main à l'épée, fend le valet de la tête aux épaules. Puis, prenant le mur pour point d'appui, il se couvre d'un écu pendu au-dessus de lui, et reçoit ainsi tous les hommes armés qui se ruaient sur lui. Le seigneur du château arrête ses gens, il s'approche d'Hector et l'invite à se rendre. « Mais quelle « sera ma rançon? dit Hector : je tiens à le sa-« voir, et je ne me rendrai que si je puis défier « quiconque soutiendra que j'aie tué votre fils « en trahison. »

En ce moment la porte s'ouvre pour laisser entrer ceux qui avaient escorté la bière. Sinados reconnaît Hector auquel il devait tant, et il essaye de lui venir en aide. « Sire père, dit-il,

« n'épargnerez-vous pas ce chevalier, auquel je « dois l'honneur et la vie ? — Qu'il commence « par se mettre en notre merci. » Sinados joignant ses instances à celles du père, Hector remet son épée et se laisse conduire dans une chambre éloignée. Cependant on transporte la bière dans le milieu de la salle : on mande les clercs et les prêtres, pour faire le service du mort, et le lendemain il est enseveli dans l'intérieur du château en grande pompe et douleur. Hector en voyant passer le corps gémit d'être la cause de tant de deuil. Nous le laisserons dans la chambre où on le tient enfermé, mais où la dame de Windesore vient souvent lui faire compagnie. Lancelot nous réclame, et on pourrait nous accuser de l'oublier trop longtemps.

FIN DU TROISIÈME VOLUME DES ROMANS DE LA TABLE RONDE.

ADDITIONS ET CORRECTIONS.

P. 7, l. 14, si je pouvais *le croire*, lis. *en douter*.

P. 9, l. 21, *Banin*, lis. *Ban*.

P. 32, l. 26, *la reine Hélène*. Méprise : Hélène était le nom de la reine de Benoïc, mère de Lancelot.

P. 32, l. 13, la ville de *Logres*, lis. *Londres*. (Le nom de *Logres* appartient au royaume ; celui de *Londres* à la ville.)

P. 34, l. 13, *Uren*, lis. *Urien*.

P. 36, l. 1re, *n'avait pas oublié*, lis. *savait tout*.

P. 159. Le mot belic, *obliquus*, répond encore mieux peut-être aux bandes en forme de *chevron*.

P. 167, l. 1re, *frrée*, lis. *frère*.

P. 169, *de nombreuses lames que le seigneur du château avait couvertes d'inscriptions fausses*. Méprise : ce sont les chevaliers captifs qui, pour mieux inviter le roi à venir les délivrer, avaient tracé ces fausses inscriptions sur les tombes encore vides.

P. 305. *Elle en tira une courroie à rainures d'or, un fermail ciselé en or d'Arabie*. Les présents de ce genre étaient assez de mode au douzième siècle, date de la composition de notre Lancelot. Girold ou Giraud de Barri, pour capter la bienveillance d'un chancelier de la cour de Rome, lui envoie, une première fois, deux de ses livres avec deux onces d'or pour les faire dorer, *cum duobus unciis auri quibus deaurari possent;* la seconde fois, une très-belle ceinture dorée, *zonam pulcherrimam auro et argento egregie distinctam;* la troisième fois, une autre ceinture à membres d'argent doré, avec un couteau garni de deux anneaux d'argent aux bouts d'un manche d'ivoire, *zonam membris argenteis sed deauratis non indecenter ornatam, cum cnipulo duobus circulis argenteis ad capita manubrii eburnei signato.* (Giraldi Cambrensis opera, London, 1861, t. I, epistol. xxx.)

TABLE DES MATIÈRES

CONTENUES DANS LES LAISSES OU CHAPITRES.

PUBLICATIONS NOUVELLES

DE LA

LIBRAIRIE LÉON TECHENER

rue de l'Arbre-Sec, n° 52, à Paris.

Lettres de Marie de Rabutin Chantal, marquise de Sévigné, édition revue, annotée et avec une introduction, par M. Silvestre de Sacy, de l'Académie française : 11 volumes ancien format in-12, ornés de deux portraits dessinés et gravés à l'eau-forte par M. Jules Jacquemart. Prix brochés (édition complète) : 55 fr.

Grand papier vergé de Hollande, imprimés sur format petit in-8 (à petit nombre), brochés et doubles portraits avant et avec la lettre et les entourages. 110 fr.

Cette édition, d'une correction irréprochable, d'une belle exécution typographique et d'un format commode, ne s'adresse pas aux savants, aux curieux, aux amateurs d'anecdotes et de détails historiques ; elle est faite pour ceux qui ne cherchent dans les lettres de Mme de Sévigné que Mme de Sévigné toute seule, et qui souffrent avec impatience les longues notes, les commentaires multipliés.

Prenant pour base de son travail les éditions originales dont il relève les variantes, M. de Sacy s'est attaché principalement à donner dans toute sa pureté le texte de cette admirable correspondance ; les notes concises qu'il y a jointes ont seulement pour but d'ajouter des dates, des noms de famille, ou d'expliquer les locutions hors d'usage aujourd'hui et les allusions à des circonstances oubliées.

Ces soins judicieux répondent à tout ce qu'on devait attendre du goût délicat de l'éditeur, et sa préface, où brillent la grâce et la finesse de cet éminent écrivain, sera lue surtout avec un vif plaisir, et ajoutera encore à la valeur de cette intéressante publication.

Réflexions sur la miséricorde de Dieu, par la duchesse de la Vallière, suivies de ses lettres et des sermons pour sa vêture et sa profession, par M. de Fromentières, évêque d'Aire, et Bossuet; édition revue, annotée et précédée d'une étude biographique, par Pierre Clément, de l'Institut. 2 vol. in-12, fleurons et portrait sur acier de la duchesse de la Vallière. 8 fr.

Les Souvenirs de Madame de Caylus. Nouvelle édition avec une introduction et des notes, par Ch. Asselineau. Un vol. in-12, portrait et figures sur acier. 8 fr.

Souvenirs ou *Indiscrétions* d'une des dames les plus spirituelles du siècle de Louis XIV. Ce livre est par sa forme tout à fait attrayant et digne de figurer dans les bibliothèques d'élite.

Cette édition est la seule qui contienne des figures; elles sont gravées sur acier d'après les compositions de M. J. Leman, représentant : *Madame de Montespan fait l'office de femme de chambre près mademoiselle de la Vallière. — Réconciliation du roi avec madame de Montespan. — Promenade de madame de Maintenon et de madame de Montchevreuil dans la forêt de Fontainebleau. — Le prince de Condé refusant de laisser entrer le roi chez la princesse de Condé atteinte de la petite vérole et dangereusement malade. — Portrait de madame de Caylus.*

Les Historiettes de Tallemant des Réaux, édition originale, revue sur le texte original et publiée par Paulin Paris et Monmerqué. 1862; 6 vol. in-12, br. 24 fr.

Jolie édition portative et complète de ces curieux mémoires biographiques et anecdotiques, renfermant beaucoup de particularités et de détails intimes qui ne se trouvent point ailleurs, relatifs à des personnes du règne de Henri IV et Louis XIII.

Lettres de saint François de Sales adressées à des gens du monde, publiées avec une introduction de M. Silvestre de Sacy. 1 vol. in-12, br., 6 fr.

Grand papier de Hollande, 15 fr.

Traité de la connaissance de Dieu et de soi-même, suivi de l'Exposition de la doctrine de l'Église catholique, par Bossuet, avec une introduction, par M. Silvestre de Sacy, de l'Académie française. 1 vol. in-12, broché, de 528 pages. 6 fr.

Grand papier de Hollande. 15 fr.

Les Aventures de Maître Renart et d'Ysengrin, son compère, mises en nouveau langage, racontées dans un nouvel ordre et suivies de nouvelles recherches sur le roman du Renart, par Paulin Paris, membre de l'Institut. 1 vol. in-12. 4 fr.

Les Aventures de maître Renart et de son compère le Loup ont joué certainement un grand rôle dans la littérature du moyen âge. L'idée de peindre ainsi la ruse aux prises avec la force dut en effet se présenter de bonne heure à l'esprit des poëtes. Renart et Ysengrin sont deux personnages qui bientôt acquirent une popularité très-grande ; la légende s'établit d'autant mieux que l'époque ne prêtait que trop à des allusions piquantes ; sous le règne des Loups les stratagèmes du Renart semblent assez excusables. On voyait avec plaisir Ysengrin dupe des roueries de son camarade, et maints traits lancés en passant contre les gens d'église trouvaient aussi de nombreux amateurs. Aujourd'hui même il conserve le privilége d'amuser les lecteurs, les principaux personnages du poëme trouvant encore leur place dans notre société moderne, qui ne manque ni de loups ni de renards.

La Noble et furieuse Chasse du loup, composée par Robert Monthois, en faveur de ceux qui sont portez à ce royal deduict ; suivant l'édition de 1642, petit in-8, papier vergé avec une eau-forte de Jules Jacquemart. Prix : 12 fr.

Publié par les soins et avec une introduction de M. le baron Jér. Pichon, et tiré à cent exemplaires.

Journal de Rosalba Carriera, pendant son séjour à Paris en 1720 et 1721, publié en italien, par Vianelli, traduit, annoté et augmenté d'une biographie et de documents inédits sur les artistes et les amateurs du temps, par Alf. Sensier. 1 vol. petit in-8, broché. Prix 6 fr.

Papier vergé dit de Hollande. Prix : 15 fr.

Souvenirs de la maréchale princesse de Beauvau, suivis des **Mémoires du maréchal prince de Beauvau.** Recueillis et publiés par Mme Standish (née Noailles).

Un volume grand in-8, avec deux portraits gravés à l'eau-forte. 10 fr.

— Tirage sur papier vergé des Vosges. 16 fr.

— Sur grand papier jésus (dit de Hollande), tiré à petit nombre, portrait avant la lettre. 30 fr.

Le Dix-huit Mars, récit des faits et recherche des causes. Rapport officiel fait à l'Assemblée nationale au nom de la commission d'enquête sur l'insurrection. 1 volume in-8 (de 42 feuilles), 668 pages. 8 fr.

Sur papier vergé, tiré à 100 exemplaires. 18 fr.

Souvenirs sur Théodore Rousseau, par Alfred Sensier. 1 vol. in-8, avec un portrait. 8 fr.

Papier vergé. 18 fr.

Life of madame de Lafayette, by Madame de Lasteyrie her daughter, preceded by the life of the duchesse d'Ayen by madame de Lafayette her daughter, translated from the french by Louis de Lasteyrie. 1 vol. in-12 broché 5 fr.

État actuel de la maison de France. Lignée des princes et princesses, dates de leur naissance, leurs qualités et leurs alliances, etc. 50 c.

De l'Éducation des filles, par Fénelon, suivi de ses Dialogues sur l'éloquence et de sa Lettre à l'Académie française; avec une introduction par M. Silvestre de Sacy, de l'Académie française; 1 vol. in-12. 6 fr.

Grand papier de Hollande. 15 fr.

Pensées sur divers sujets de religion et de morale, par Bourdaloue, précédées d'une Introduction par M. Silvestre de Sacy, de l'Académie française; 2 vol. in-12 br. Prix : 12 fr.

Grand papier de Hollande (15 fr. le volume). 30 fr.

Philippe de Remi, sire de Beaumanoir, jurisconsulte et poëte national du Beauvaisis (1246-1296), par H.-L. Bordier. 1869; grand in-8 de 124 pages, 4 pl. et 1 carte. Prix : 5 fr.

Tiré à 200 exemplaires.

Vie d'une religieuse du Sacré-Cœur (1795-1843), par le prince Augustin Galitzin, in-12 br. 3 fr.

Les Romans de la Table ronde, mis en nouveau langage et accompagnés de recherches sur l'origine et le caractère de ces grandes compositions, par Paulin Paris, de l'Institut. Paris, 1868 ; 2 vol. in-12, ornés de quatre planches, br. Prix : 12 fr.

Papier vergé, tiré à 100 exemplaires, 15 fr. le vol. 30 fr.

Souvenirs de Charles-Henri, baron de Gleichen, précédés d'une Notice par Paul Grimblot. Paris, 1868 ; 1 vol. in-12, broché. Prix : 4 fr.

Le baron de Gleichen, né en 1735, est mort en 1807.

Mémoires de Philippe Boudon, sieur de la Salle (1626-1652), publiés sur le manuscrit inédit, avec notes et introduction, par le comte de Baillon ; petit in-8, papier vergé. 8 fr.

Papier de Hollande. 16 fr.

Jolie publication de bibliophile ; mémoires particuliers relatifs à l'histoire de France et très-intéressants.

Vie de Madame de Lafayette, par Mme de Lasteyrie, sa fille, et précédée d'une notice sur la duchesse d'Ayen (mère de Mme de Lafayette), 1737-1807 ; un volume in-12. 5 fr.

Une Fabrique de faux autographes, ou récit de l'affaire Vrain-Lucas, par MM. Henri Bordier et Émile Mabille ; in-4, accompagné de 14 fac-simile des principaux documents mis en cause. Prix : 10 fr.

Répertoire universel de Bibliographie, par Léon Techener, ou Catalogue général, méthodique et raisonné de livres rares et curieux ; 1 vol gr. in-8 de 753 pages. Prix : 10 fr.

État actuel de la maison de France ; brochure in-12. Prix : 0 fr. 50

Bibliothèque spirituelle, publiée par M. Silvestre de Sacy, avec notice à chaque ouvrage. 17 vol. format in-16, brochés. 100 fr.

Papier vergé de Hollande, il ne reste que quelques exemplaires complets. 255 fr.

Cette collection choisie parmi les chefs-d'œuvre de la littérature chrétienne, en langue françoise, est ainsi composée : LE NOUVEAU TESTAMENT DE N.-S. JÉSUS-CHRIST. 3 vol. — IMITATION DE J.-C., traduction du chancelier Michel de Marillac. 1 vol. — INTRODUCTION A LA VIE DÉVOTE, avec une notice inédite sur la vie et les ouvrages de saint François de Sales. 2 vol. — LETTRES SPIRITUELLES DE FÉNELON. 3 vol. — CHOIX DE PETITS TRAITÉS DE MORALE DE NICOLE. 1 vol. — LETTRES SPIRITUELLES ÉCRITES PAR BOSSUET à la sœur Cornuau, suivies du TRAITÉ DE LA CONCUPISCENCE, par le même. 2 vol. — CHOIX DES TRAITÉS DE MORALE CHRÉTIENNE DE DUGUET. 2 vol. — SERMONS CHOISIS DE BOSSUET, DE BOURDALOUE, DE MASSILLON. 3 vol.

(Chaque ouvrage se vend séparément, 6 fr. le vol. et 15 fr.)

Paris. — Typ. Georges Chamerot, rue des Saints-Pères, 19.

www.ingramcontent.com/pod-product-compliance
Lightning Source LLC
LaVergne TN
LVHW010534100826
845148LV00001B/179

* 9 7 8 2 0 1 2 6 9 8 4 0 6 *